大學叢書

中國繪畫史

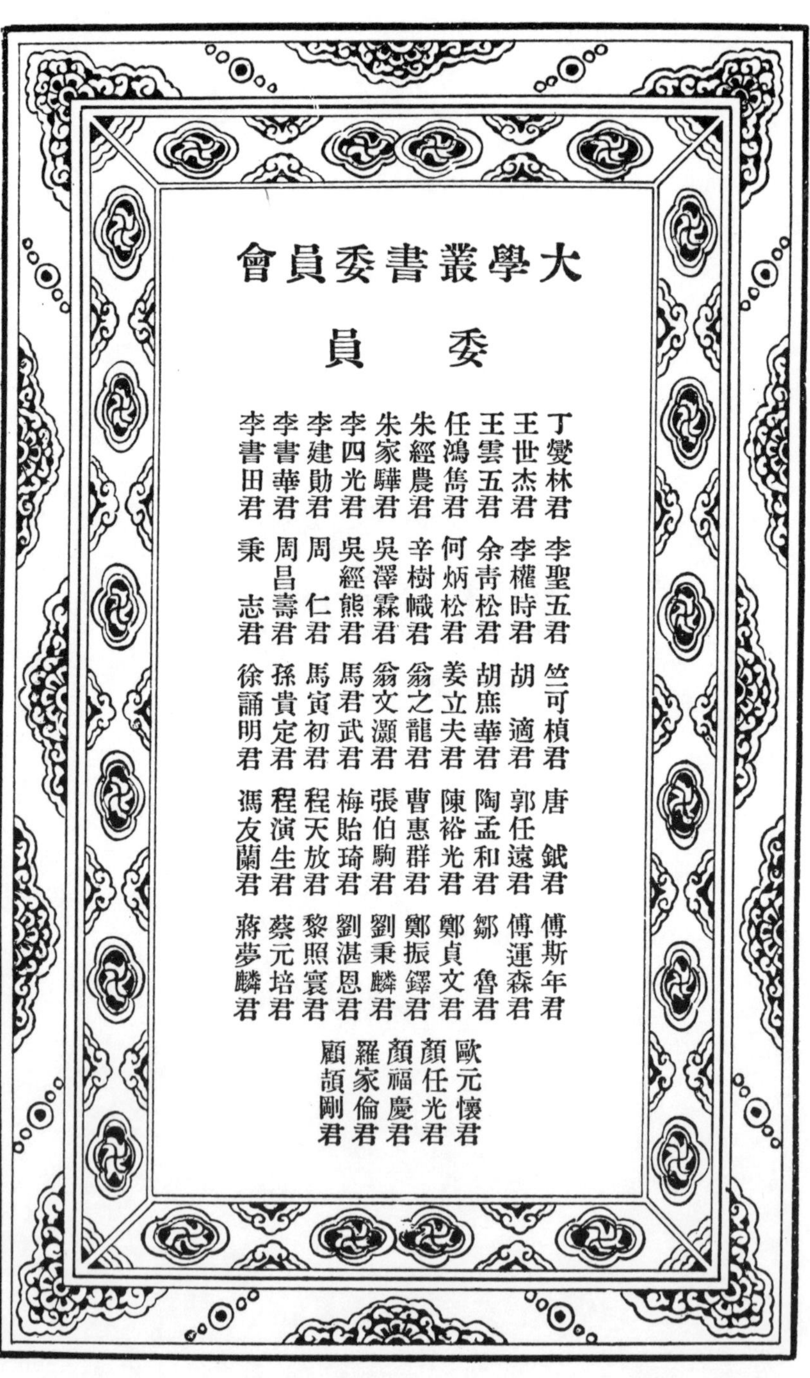

大學叢書委員會

委員

丁燮林君
王世杰君
王雲五君
任鴻雋君
朱經農君
朱家驊君
李四光君
李建勛君
李書華君
李書田君
李聖五君
李權時君
余青松君
何炳松君
辛樹幟君
吳澤霖君
吳經熊君
周　仁君
周昌壽君
秉　志君
竺可楨君
胡　適君
胡庶華君
姜立夫君
翁之龍君
翁文灝君
馬君武君
馬寅初君
孫貴定君
徐誦明君
唐　鉞君
郭任遠君
陶孟和君
陳裕光君
曹惠群君
張伯駒君
梅貽琦君
程天放君
程演生君
馮友蘭君
傅斯年君
傅運森君
鄒　魯君
鄭貞文君
鄭振鐸君
劉秉麟君
劉湛恩君
黎照寰君
蔡元培君
蔣夢麟君
歐元懷君
顏任光君
顏福慶君
羅家倫君
顧頡剛君

大學叢書

中國繪畫史

潘天壽著

原上海美術專門學校叢書
商務印書館發行

弁言

民國十二年春，與老友諸聞韻任教於上海美術專校，擘畫添設中國畫系，發揚吾國固有之畫學。至秋，卽開始招新生約二十餘人，十三年春，復添新生約三十八人，成績良嘉。夫旣設立專系，課程中當然不能無中畫變遷史一科。顧其時研究是學而有統系者，寥若晨星；無已，迺參覽古畫品錄、續畫品錄、唐朝名畫錄、歷代名畫記、益州名畫錄、圖畫見聞志、畫繼、圖繪寶鑑、圖繪寶鑑續編、繪事備考、國朝畫徵錄、國朝畫識、墨香居畫識、墨林今畫、佩文齋書畫譜、支那繪畫史諸書纂成是編，勉爲擔任。然穿九曲之珠，祇刻七旬之燭，艸創急就，魚豕良多。堪資研求，寧敢問世。第「他山之石，可以攻玉。」倘或以此引起世人於固有畫學之注意及興趣，精研博討，發揮而光大之，實爲壽所深企者也。十五年夏，由商務印書館出版以來，承一二舊友及讀者不吝指示，尤爲銘感。淞滬之役，全版燬於彈火。去春，該館大學叢書委員會，以是編羼入大學叢書，重行製版，屬爲復檢。爰循舊恉，都損益之；粗心之處，無減從前，仍希賢明，有以教我，則幸甚矣！

民國二十四年十二月二十九日壽艸於西子湖聽天閣。

目次

第三編 中世史

第四編　近世史……一五五

五　唐韓幹畫馬
六　五代人作雪漁圖
七　宋巨然秋山問道圖
八　宋賈思古大士像
九　宋夏珪長江萬里圖長卷之一部
十　宋楊補之梅花
十一　元黃公望富春山長卷之一部
十二　元王蒙春卞隱居圖
十三　元倪瓚西林禪室圖
十四　元吳鎮墨竹
十五　明戴進羅漢圖
十六　明沈周採菱圖
十七　明文徵明山水
十八　明董其昌秋林書屋圖
十九　明陳洪綬人物

二十　明丁雲鵬佛像

二十一　清八大山人山水

二十二　清釋道濟王原祈合作蘭竹

二十三　清王翬夏木垂蔭圖

二十四　清王原祈山水

一　東漢孝堂山祠石刻之一部

二 東漢武氏祠石刻之一部

三　六朝顧愷之女史箴圖卷之一部

四　唐吳道子送子天王圖長卷之一部

五　唐韓幹畫馬

六　五代人作雪漁圖

七　宋巨然秋山問道圖

八　宋賈思古大士像

九　宋夏珪長江萬里圖長卷之一部

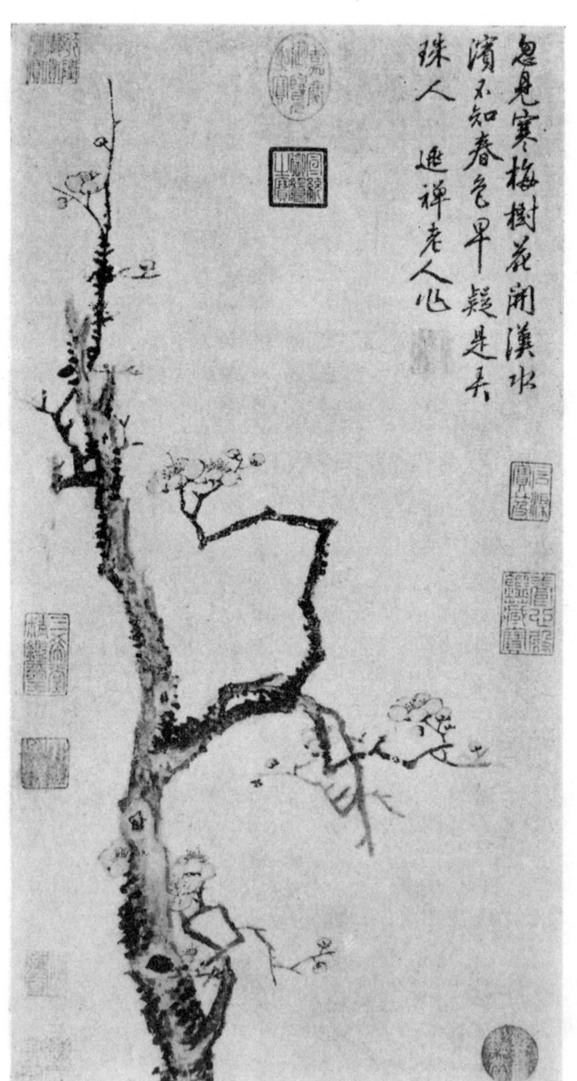

十　宋揚補之梅花

十一　元黃公望富春山長卷之一部

十二　元王蒙春卞隱居圖

十三　元倪瓚西林禪室圖

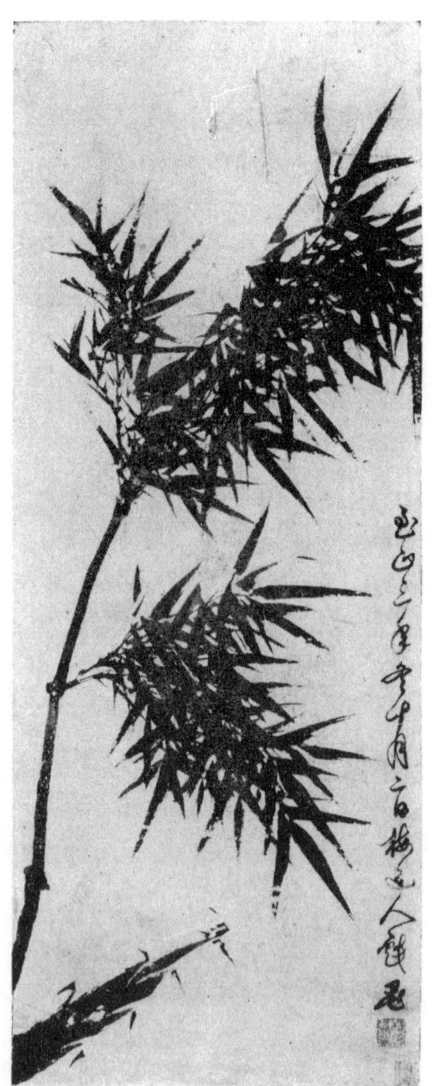

十四　元吳鎮墨竹

十五　明戴進羅漢圖

十六　明沈周採菱圖

十七　明文徵明山水

十八　明董其昌秋林書屋圖

十九　明陳洪綬人物

二十　明丁雲鵬佛像

二十一　清八大山人山水

二十二　清釋道濟王原祁合作蘭竹

二十三　清王翬夏木垂蔭圖

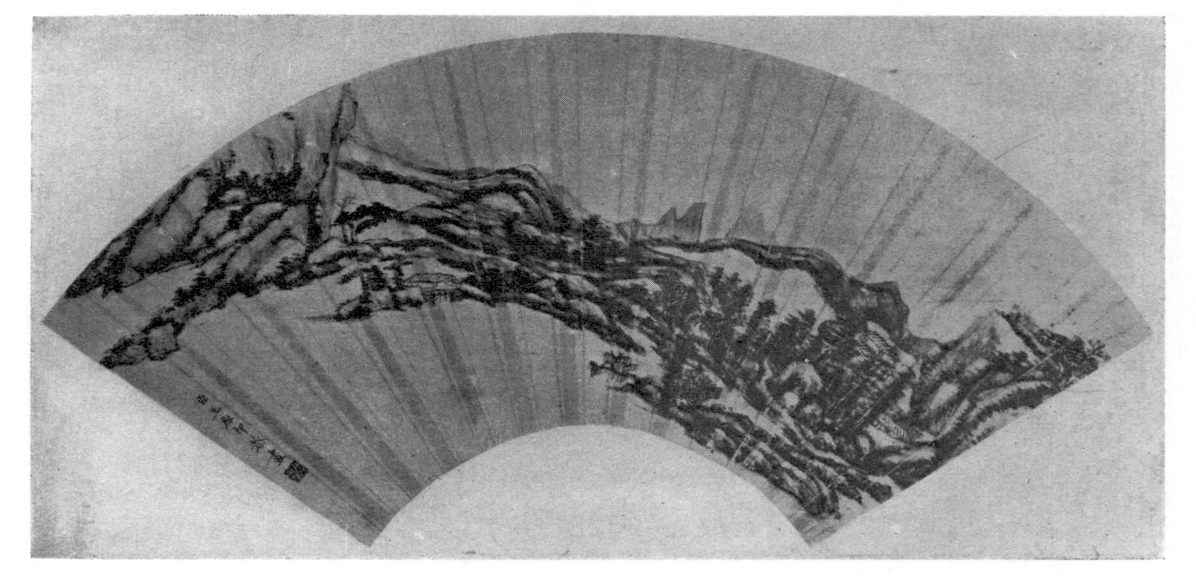

二十四　清王原祈山水

中國繪畫史

緒論

嘗考世界文化發源地，在西方爲意大利半島，在東方爲中國。意大利吸收埃及與中央亞細亞古代文明之養素，啓發希臘、羅馬兩時代，分枝布葉，蔭蔽全歐，移植美洲；中國則採納美索八達米亞與印度文明之灌溉，彙成東方特殊統系之泉源，波翻浪湧，沿朝鮮、臺灣泛濫於琉球、日本諸域；繪畫上亦不外此線索。故言西方繪畫者，以意大利爲產母，言東方繪畫者，以中國爲祖地。而中國繪畫，被養育於不同環境與特殊文化之下，其所用之工具發展之情況等，均與西方繪畫大異其旨趣。

吾國自有繪畫以來，經先民專心壹志之研求，四五千年長期間之演進，作手名家，彬彬輩出，或甲先而乙後，或星羅而棋布，各發揮一代之光彩。雖三代以前，純爲出於人類現實生活之要求，其意義在於應用，僅簡載實用繪畫之史實，不著繪畫作者之姓名。虞、夏、商、周之世，畫旂畫壁，亦多係廊廟典章，是猶華飾之用。至前漢毛延壽等，其姓名即見著於傳記，聲華漸著。魏晉以降，如顧愷之、陸探微、張僧繇、展子虔，均以能畫號稱大家，已煩屈指。迄唐代，李思訓、王維出，更樹爲南北二大派。是後，遞相祖述，作家如風雲湧起，誠有不可勝數之概。故述上下數千年之中國繪畫史，

於敍事上簡便起見，大略可分爲古代史，上世史，中世史，近世史，四篇，以尋求其變遷推移之痕跡。古代史，始於有巢氏，終於秦。其爲時古遠，所傳事跡，每多荒誕，史傳記載，亦殊簡略，難以徵信，卽太史公所謂「薦紳先生難言之」者是也。上世史始於漢，終於隋。蓋吾國繪畫，漢以前，殊闕淸楚之面目。至漢，可徵之書史漸多，金石遺物之存留，亦遠比前代爲豐富。至魏、晉、南北諸朝，如顧愷之、王廙、宗炳、王微、顏推之、謝赫、姚最諸人，均有論畫之作。而顧愷之女史箴圖，亦尙留存於人間，足供吾人之參考。此畫曾著錄於宣和畫譜。米芾畫史，陳繼儒妮古錄，朱彝尊曝書亭書畫跋，石渠寶笈諸書。淸庚子之役，由內府散出，今藏英國博物館。無論其爲摹本，修繕本，均足窺見顧氏及當時畫風之大略。雖其間畫風及技巧諸面，累有所變遷，如兩漢之雄肆樸厚，六朝之漸進精工，有隋之大見精麗。然大體均以墨線勾輪廓，次第賦以彩色，前後循一貫之統系，成亞洲大陸共通之式樣。印度阿近他窟，吾國燉煌石室，日本法隆寺金堂等之壁畫，均係類似手法，僅無印度新壁畫之陰影法而已。魏晉以降，吾國書學大發達，繪畫上亦開始受書法運筆之影響。至唐尤甚，大發揮畫線上抑揚頓挫之特趣，開吳道玄蘭葉描等諸新法，一變隋陳細潤之習，成正大雄渾之風格。兼以唐宋二代，禪風與詩理學之互相因緣，大促進水墨畫之發展，與山水花鳥畫之流行，使玩賞繪畫之旨趣，亦頓呈一新趨勢，而開吾國繪畫史上之新紀元。元代畫風，雖爲中近二世過度之橋梁，然大體尙承唐宋之餘波，仍可劃入於中世。明淸二代，除明初畫院中之水墨蒼勁派外，其畫風概以纖濃輕輭呈其特色，而存近體之姿致。雖其間史實風俗畫之興起，西洋畫風之輸入，足以開一時之新生面而呈其變潮；然均係局部中之小波瀾焉。雖然，繪畫爲藝術之一種，其演進之途程，每依當時之思想政教，及特殊之環境而異其趨向。吾國四五千年來，思潮之起落，政局之更易，變化多端，其間直接間接影響於繪畫，而各呈其不同狀況者，直如形影之相隨。故亦須劃分其段落爲實用化，禮教化，宗

教化，文學化四時期。大概自有巢氏至陶唐以前，爲實用化時期；三代至漢爲禮教化時期；魏晉至五代，爲宗教化時期；兩宋至清，爲文學時期；以輔本史古、上、中、近，分篇法之不足。俾注意吾國繪畫史實者，閱讀一過，卽能十分明瞭吾國過去繪畫思潮之大概。而歷朝畫論，均爲累代有識之鑒賞家，及有心得之畫家所著述。或論理法，或談流變，或評優劣，讀其文，卽足以明鑒一時一代繪畫之情況與思想等。故本編於敍述各代繪畫變遷外，特選當時諸畫論之重要者殿之，以便互收參證之效。

又吾國近七八年來，關於繪畫流變之著述，無慮近十種，可謂蓬勃；然多繁於古，略於近。蓋吾國自宋以還，史事盛滋，元後尤甚，其流變亦愈綜錯；每有治絲易棼之苦。與其棼也，不如簡，成一時之通弊。本編乘是次損益之便，頗注意於近代材料之較詳；故明清二代，幾占全書之五・二焉。

第一編　古代史

第一章　繪畫之起源與成立

太古狀態，雖邈遠不可考；但中華民族，到三皇五帝時，已在黃河流域上，發見文明之曙光。相傳有巢氏，繪輪圜螺旋，或係一種繩墨？然推其形象，已略存繪畫之意味。又先賢每謂通天事者莫如河。河有圖，而龍馬出之，因謂吾國繪畫以此爲最先。易繫辭上傳云；「河出圖，洛出書，聖人則之。」論語云：「子曰『鳳鳥不至，河不出圖，吾已矣夫！』」唐張彥遠敍畫源流云：「龜書效靈，龍圖呈寶，自巢燧以來，已有此端。」關於發見河圖一事，傳說殊多，有謂由河龍貢之於世者；春秋說題辭云：河以通乾，出天苞。洛以流坤，吐地符，河龍圖發。有謂由河精貢之於世者；尚書中候云：伯禹觀於河，有長人魚身，出曰：河精也。授禹河圖，躍入淵。有謂由河魚負之而出者；挺佐輔云：黃帝遊翠嬀之川，有大魚出，魚沒而圖見。有謂河馬負之而出者；禮運：山出器車，河出馬圖。全近恠誕。但上古人智幼稚，其發明一事一物，自不能無所憑藉。大約古聖賢觀河龍蜿蜒之形，靈龜斑駁之文，因而製作圖書，極合情理，且易有此事實。故河圖實爲吾國先賢發明繪畫之動機。又易繫辭下傳云：「包犧氏之王天下也，仰則觀象於天，俯則觀法於地，觀鳥獸之文與地之宜，近取諸身，遠取諸物，始作八卦。」周禮春官大卜疏云：「卦之爲言，掛也；掛萬象於上也。」其意義原在於圖形。不過當草創之始，對於表現之方法等，均未完備，僅以簡單之線條，以象徵之

意味，為天地水火山澤之標記而已。實為吾國繪畫之雛形。

伏義以後，華族勢力日見擴張，由黃河上遊，東展至中下各部，與先據黃河流域之苗族，多相接觸，而與華苗種族之戰爭。使華族之武功文教，亦日益輝發，至黃帝時，已燦然可觀。黃帝並發明五彩，染衣裳，以為文章。通鑑外紀云：「黃帝作冕旒，正衣裳，視翬翟草木之華，染五彩為文章，以表貴賤。」吾國繪畫之成立，亦當在此時代。然考吾國古籍關於繪畫起源與成立兩問題之傳說殊多，茲約錄於左：

(1)神農之臣白阜，即能圖畫。　畫史會要云：「火帝神農氏，命其臣白阜，甄四海，紀地形而圖畫之，以通水道之脈。」

(2)繪畫起於黃帝。　魚龍河圖云：「黃帝遂畫蚩尤形像，以威天下。」又雲笈七籤云：「黃帝以四嶽皆有佐命之山，乃命潛山為衡嶽之副，帝乃造山躬形寫象，以為五嶽眞形之圖。」

(3)吾國先賢多主書畫同源，因謂書畫兩者，同開始於倉頡。　孝經援神契云：「奎主文章，倉頡效象。」宋均注：「奎星屈曲相鈎，似文字之畫。」朱德潤存復齋集云：「書畫同體而異文，如⊙之為日，[illegible]之為川，[illegible]之為山，[illegible]之為鳥，[illegible]之為蟲，[illegible]之為冠，類皆象其物形而制字；蓋字書者，吾儒六藝之一事，而畫則字書之一變也。」

(4)圖畫作於史皇。　雲笈七籤云：「黃帝有臣史皇，始造畫。」世本云：「史皇作圖。」舊註：「史皇，黃帝臣，圖畫物象。」畫史會要云：「史皇與倉頡，俱黃帝臣，史皇善畫。體象天地，功侔造化。寫魚龍龜鳥之形，以授倉

頡，而作文字。」

(5)書畫爲史皇倉頡所共同發明者。一說，史皇即倉頡，書畫同發明於一人者。唐張彥遠歷代名畫記云：「軒轅氏得於温洛中，史皇倉頡狀焉。是時也，書畫同體未分，象制肇而猶略。」宋濂學士集云：史皇與倉頡，皆古聖人也。倉頡造書，史皇制畫，書與畫，非異道也，其初一致也。」又呂氏春秋云「史皇作圖。」高誘註：「史皇即倉頡。」路史史皇紀云：「倉帝史皇，名頡。」註云：「倉頡廟碑作『蒼』，非是。」

(6)畫嫘爲繪畫之祖。畫史會要云「畫嫘，舜妹也。畫始於嫘，故曰『畫嫘』。」畫麈云：「敤首脫舜於瞍象之害，則造化在手，堪作畫祖。」

(7)繪畫作於封膜。畫麈云：「世但知封膜作畫。」

據以上諸說，第一種，不知畫史會要根據於何書？且爲吾國古人討論書畫起源各問題時，極少提及者，不足爲繪畫起源或成立之據。第六種，以舜妹嫘爲畫祖，似嫌稍遲。蓋吾國文化，至唐虞時，已大有頭緒，書與畫之發明與分科，證之於虞作繪作繡，及十二服章等，應在唐虞以前爲較妥。且古籍對於敤首繪畫之情況及貢獻等，一無記載。雖列女傳盛稱其能繪畫，亦以脫舜於瞍象之害一事，證其造化在心，別具神技而已。第七種，全爲唐張彥遠氏見穆天子傳「封膜畫於河水之陽。」誤以封爲姓，以畫爲畫，並造郭樸註以實之，遂使後人誤傳有封膜一人，爲吾國畫家之祖，尤爲錯誤。四庫於王毓賢繪事備考提要中，辨之甚詳。其餘諸種，或謂黃帝能圖畫；或謂史皇作圖；或謂繪畫支分於文字；或謂史皇即倉頡；雖莫終一是，然均爲各古集中所常見，其人並同爲黃帝時代，則一也。吾故謂吾國繪畫，

成立於黃帝時代，較爲簡概。

第二章　唐虞夏商周之繪畫

自黃帝後，歷少昊、顓頊、帝嚳、帝摯四代，文化漸次開展。循至唐虞之世，更發揮而光大之。社會之各制度及秩序等，亦入有條理之狀態，稱郅治之世。繪畫亦由起源成立而見漸漸之長成。尚書益稷篇云：「余欲觀古人之象日、月、星辰、山、龍、華蟲、作會；宗彝、藻、火、粉米、黼黻、絺繡，以五采施於五色作服。」孔安國註云「會五采也以五彩成此畫焉。」又漢書刑法志云：「蓋聞有虞氏之時，畫衣冠，異章服，以為戮，而民弗犯。」蓋吾國繪畫至虞代，所謂繪宗彝，畫衣冠，其應用漸廣；象形色彩諸端，固由簡單而臻複雜，技巧亦由生疎而臻純熟矣。又周禮春官司服注云：「古天子冕服十二章，王者相變，至周而以日月星辰畫於旗。」考虞書十二服章圖譜，其式樣一為日輪中三脛之鴉。二為月輪中兎擣不死之藥。三為星辰。四為山。五為龍。六為華蟲。即雉 七為宗彝。即畫猴之杯 八為水藻。九為火。十為粉米。十一為黼。即斧形之圖案 十二為黻。即亞字形之文字 與日人中村不折氏所言者相同。恐中村不折氏，亦以虞書十二服章圖譜為根據。 證之吾國古陶器之圖案等，亦相脗合，當無相差耳。當時以能畫名者，有舜女弟敤首，見列女傳等各書籍中，為吾國畫家之祖。

吾國唐虞以前之繪畫，純為出於人類現實生活之要求，其意義全在於實用，可謂實用化時期。虞舜以後，君權確立，因以禮教輔助政治法律之不足，以增君權特殊之穩固。致繪畫亦漸由實用而為禮教之傀儡。至其極，竟使凡百繪畫，無不寓警戒誘掖之意，誠如張彥遠所謂：「成教化，助人倫，窮神變，測幽微，與六籍同功，四時並運者也。」例

唐虞而後，夏商繼起，繪畫之思想，雖漸見範圍於禮教之下，然其技巧方法等，卻有與時俱進之進展。左傳云：「昔夏之方有德也遠方圖物貢金九牧鑄鼎象物，百物而爲之備，使民知神姦。」是畫用之於鑄金矣。史記稱伊尹從湯言素王及九主事，劉向別錄曰：九主者，有法君、專君、授君、勞君、等君、寄君、破君、國君、三歲社君、凡九品，圖畫其形。」又尚書商書說命篇云。「高宗武丁，恭默思道，夢帝賚予良弼，其代予言，乃審厥象，俾以形，旁求於天下。說築傅巖之野，惟肖，爰立作相。」已開人物畫之歷史故實與寫眞之先聲矣。原吾國繪畫，至夏商之世，作用既大，應用之範圍亦廣，卽諸工藝品上，亦施以便化之繪畫，以爲美觀。如鐘鼎彝器之雞彝、黃彝、斧木爵、大巳卣等，或魚鳥其形體，或蟠龍其柄蓋；又以雲靁紋卍字回字紋等，點綴其間，益見精工巧整，爲後世諸工藝品上所因襲。又吾國之建築，虞夏初期，尙屬簡陋。至夏桀，極欲窮奢，大興土木，卽有瓊室瑤臺等宏麗之建築。商紂加厲，南距朝歌，北距邯鄲，皆爲離宮別館，開亙古所未有。原建築與繪畫，爲姊妹藝術，每相攜手而生長。有此等壯麗之建築，自必需多量之繪畫，以爲裝飾，以促其進步。惜吾國史例，慣以奢侈華麗，爲淫巧傷德，多缺而不記，致無從考查耳。

周代，承夏商二代政教之美，以成郁郁彬彬之文化。對於繪畫，尤爲重視，並設官分掌其事。周禮考工記云：「設色之工，畫繢鐘筐㡛。畫繪之事，雜五色，青與白相次，赤與黑相次，玄與黃相次。」布彩之次第，皆有一定之法度矣。周禮地官大司徒，掌建邦土地之圖。鄭氏註：土地之圖，卽今司空郡國輿地圖。則輿圖與繪畫，已分科而專工其事矣。周代冕服之章凡九，馬融曰：「周制冕服之章九，則畫宗彝於衣。」尚書益稷疏云：「冕服九章，一龍，二山，三華蟲，四火，

五宗彝，皆以畫以繢。六藻，七粉米，八黼，九黻，以絺爲繡。則袞之衣五章，裳四章，凡九也。」蓋因襲虞十二服裝，而缺其日月星辰三者。旗常之章亦九，周禮春官掌九旗：曰常，曰旂，曰旜，曰物，曰旗，曰旟，曰旐，曰旞，曰旌，王者畫日月，象天明也。諸侯畫交龍，一象其升朝，一象其下復也。畫熊虎，鄉遂出軍賦，象其守猛莫敢犯也。鳥隼，象其勇健也。龜蛇，象其扞難避害也。尊彝亦春官司之。彝六種：曰雞彝、鳥彝、斝彝、黃彝、虎彝、蜼彝。尊亦六種：曰犧尊、象尊、壺尊、著尊、大尊、山尊，皆宗廟之彝器也。均刻而畫之，以爲雞鳳凰牛象之形，極精工富麗，各視其禮之所用而異。山罍，亦刻而畫之，爲山雲之形。又圖畫見聞志載：「舊稱周穆王八駿，日馳三萬里。晉武帝所得古本，乃穆王時畫，黃素上爲之，腐敗昏潰，而骨氣宛在，逸狀奇形，亦龍之類也。」按周穆王約在西紀前一千年；晉武帝，約在西紀後四百年；其間約相差一千四百年。原本雖係絲質，恐不易保存如是其久？且周時繪畫，無以卷軸裝者，或爲漢人僞品，不足徵信。又周制明堂，置畫斧之扆，天子負扆南鄉以朝諸侯。扆，卽今之屏風，畫以斧，置戶牖之間以爲障者，以示威嚴也。禮記喪大記：「君，龍帷。大夫，畫帷。」別等級也。禮記曲禮：「飾羔雁者以繢。」孔潁達注：「畫布爲雲氣，以覆羔雁爲飾以相見也。」又云：「前有水，則載靑旌。前有塵埃，則載鳴鳶。前有車騎，則載飛鴻。前有士師，則載虎皮。前有摯獸，則載貔貅。」鄭氏註：「禮，君行師從，卿行旅從，前驅舉此，則士衆知所有也。」又王門則畫虎以示勇守。周禮春官師氏，居虎門之左，司王朝。戰盾，則畫龍以明應變。毛詩，龍盾之合。天子大廟之節梲，則文以山藻以爲華飾。禮記明堂位，山節藻梲，復廟重檐，刮楹，達鄉，反坫，出尊，崇坫，康圭，疏屏，天子之廟飾也。蓋尙文之周，固無處不以繪畫爲應用耳。

此外周代繪畫，最可爲吾人注意者，卽爲壁畫之新興，大啓發秦漢繪畫之進展。孔子家語云：「孔子觀乎明堂，

覩四門墉，有堯舜之容，桀紂之象，各有善惡之狀，興廢之誡焉。」又有周公相成王，抱之負斧扆，南面以朝諸侯之圖。孔子徘徊而望之，謂從者曰：「此周之所以盛也！」孔子家語又云：「有周盛時，褒賞功德，或藏在盟府，或紀於太常，或銘於昆吾之鼎。獨周公有大勳勞於天下，迺繪像於明堂之墉。周代爲吾國禮教興盛時代，其注意繪畫之動機，原非爲繪畫美感之鑑賞，實處處欲藉形象色彩之力，與吾人以具體之觀感，而達禮教之意旨耳。夫鐘鼎刻，則識魑魅而知神姦；旂章明，則昭軌度而備國制；清廟肅而尊彝陳，廣輪度而疆理辨，勳臣圖而德範留。誠如陸士衡所謂：「丹青之興，比雅頌之述作，美大業之馨香；宣物莫大於言，存形莫善於畫者也。」繪畫固爲禮教所傀儡，然亦藉禮教之傀儡而得特殊之進展。

第三章　春秋戰國及秦之繪畫

周室既衰，中央集權，漸次陵夷。封建之制，因以瓦解。禮樂征伐，出自諸侯。壇坫之場，藉爲干戈之地；尊君之義，飾爲非分之求。歷春秋而戰國，殺伐無寧歲。國無常君，士無定臣，得士者富強，失士者敗亡。故諸侯之欲爭霸者，無不禮賢下士，招致才能以自輔。於是才智之士，蔚然競起，或爲合從連橫之說，或倡堅白異同之談。言論無拘忌，思想無束縛，三代理教之壁壘，固破壞無遺；而學術文藝之煥發，實爲吾國之黃金時代。繪畫之事，亦與西周之但求功於典章文飾之應用者不同。即述於左：

春秋戰國，雖戰亂頻仍，然以學術思想之煥發，關於繪畫之韻聞軼史，在古籍可查考者，殊屬不少。且西周以前之繪畫，雖各代均極重視；然從事繪畫者，例與工匠等量齊觀，無有以畫名者。至是，始有齊之敬君，魯之公輸班等，均以能畫稱於世。說苑云：「齊王起九重之臺，國中有能畫者，則賜錢。狂卒敬君，居常饑寒，其妻端正，敬君工畫，貪賜畫錢，去家日久，思念其婦，遂畫其像，向其喜笑。傍人見之，以白王；王以錢百萬請妻，敬君惶怖許聽。」水經注云：「舊有忖留象，此神嘗與魯班語，班令其神出，忖留曰：『我貌獰醜，君善圖物，客在，我不能。』班於是拱手而言曰：『出首見我。』忖留乃出，班於是以腳畫地，忖留覺之，便還沒入水。故置其像於水上，唯背以上立水上。」此說殊近神話。然公輸班爲吾國有名之建築家，並善繪畫，蓋爲後人意想附會而成之耳。又韓非子云：「客有爲周君畫莢者，三年而成，

君觀之，與髹莢者同狀，周君大怒。畫莢者曰：『築十版之牆，鑿八尺之牖，而以日始出時，加莢其上而觀。』周君爲之望見其狀，盡成龍蛇禽獸車馬萬物之狀備具，周君大悅。」據此非特可推見當時畫人藝術程度之高妙，並於鑑賞繪畫竟研及光線與方位矣。（或謂畫莢之說，出於韓非之寓言，不足以置信。然韓非爲戰國時一刑名法術之學者，而非畫人，倘非實有其事，則其寓言之意想，已於偶然中，竟到畫人所未到之境，殊疑其非是。）

壁畫，則有楚辭章句云：「楚有先王之廟及公卿祠堂，圖以天地、山川、神靈、琦瑋、僪佹，及古聖賢怪物行事。」又莊子云：「葉公子高之好龍，雕文畫之。天龍聞而示之，窺頭於牖，施尾於堂，葉公見之，五色無主。是葉公，非好龍也；好其似龍非龍也。」劉向新序亦云：「葉公子高好龍，門亭軒牖皆畫龍形，一旦眞龍垂頭於窗，掉尾於戶，葉公驚走失措焉。」蓋謂葉公所好之龍，乃神似之龍，而非眞是之龍也。此語實爲東方繪畫之準則。按壁畫在周初僅見於明堂，至是即王公之祖廟宮室，以及士大夫之宅第等，均甚盛行。惟所畫之題材，爲山川神靈與怪物行事等，與明堂壁畫之全屬禮教化者不同耳。原楚屬長江流域，爲老莊哲學之產地，對於繪畫之思想及趣味，自與周明堂之壁畫相逕庭。觀後人所續之離騷圖，即可想見楚公卿祠堂壁畫狀況之大略。此外莊子所載：「宋元君將圖畫，衆史皆至，受揖而立，舐筆和墨，在外者半。有一史後至，儃儃然不趨，受揖不立，因之舍，公使人視之，則解衣般礴羸。君曰：『可矣，是眞畫者也！』」實得圖畫之眞解，非當時學術思想自由煥發之影響，固不足以致此。又韓非子載：「客有爲齊王畫者，齊王問曰：『畫孰最難者？』曰：『犬馬最難。』『孰易者？』曰：『鬼魅易。』夫犬馬，人所知也，旦暮罄於前，不可類之，故難。鬼魅無形者，不罄於前，故易之也。」其論寫生畫與意象畫之難易，極爲確切，爲吾國畫論之嚆矢。

春秋戰國，爲吾國禮教中衰時期，繪畫漸傾向自我獨立之滋長。時人對於繪畫之注意，亦不復如前此之岑寂。

畫人對於繪畫之態度，亦大注重於寫實技巧之熟練，及自由情趣與自我意想之表現。

秦起於戰國之季，負其虎狼之力，削平六國，統一天下。其間凡十有五年，而亡於楚。誠所謂金戈未熄，狐火旋鳴，匆匆短祚，不過爲季周與漢過度之引線，無特殊學術文藝之足稱。然始皇爲一雄毅之主，知封建之弊，而矯之以郡縣，懲兵爭之禍，而銷毀其兵器；鑒游學之紛擾，而謀思想之統一；明秦法術之致強，更進而深刻之。雖私心自用，冀成其萬世帝皇之策；然其事業固有可驚者。例如阿房宮之建築，驪山陵寢之經營，十二金人及鐘鐻之鑄造，在吾國藝術史上，自有相當之價值。對於繪畫，當時雖不見若何之提倡，亦不見若何之抑制。然自焚詩書坑儒士以後，戰國自由怒茁之學術思想，遽摧殘殆盡，繪畫亦隨之挫其自由發展之勢力。故古籍關於秦代繪畫事實之記載，亦甚寥寥。史記始皇本紀云：「秦每破諸侯，寫放其宮室，作之咸陽北阪上。南臨渭，自雍門以東至涇渭，殿屋複道，周閣相屬。則其所寫者爲當時各國宮室之營造圖樣。蓋對於建築上之繪畫，以實際之應用，殊得相當之重視。又三齊略記載：「始皇入海三十里，與海神相見，左右有巧者，潛以腳畫神。」此說，與魯班之寫忖留像，全爲一轍，荒誕不足徵信。然始皇之左右有能畫之巧者，如忖留像之與魯班一事相似，似尚近理而可據。然始皇兼並六國後，以餘威大擴版圖，西南遠至羗中、桂林、象郡、南海諸地。兼以當時商業之發展，吾國西南商人，均與西南夷通商往來。或謂秦西南商人，即與印度開陸上之貿易。漢書五行志載：「始皇二十六年，有大人十二，皆夷服，見於臨洮。故銷兵器鑄而象之。」即爲印度人來中國邊境之證。而西域諸國，亦多有歸附中國者。則中國與西域兩地之文明，自必發生交互之事實。西域畫人烈裔，即於始皇元年，東來中土。拾遺記云：「始皇元年，騫霄國獻刻玉善畫工名裔，使含丹青以漱地，即成魑魅及詭怪羣物之象；刻玉爲百獸之形，毛髮宛若眞矣。方寸之內，畫以

四瀆五岳列國之圖。又畫爲龍鳳，騫翥若飛。」吾國繪畫，向爲獨自萌芽與獨自滋長，至此，始接觸外來之新式樣。惟烈裔之住中國，久暫不可考。其技術固精妙，對於吾國繪畫，亦似無若何影響耳。

秦代藝術，自以建築爲最可觀。既寫放各國宮室之制，作之咸陽北阪上。復營阿房宮，開空前未有之壯麗。三輔黃圖云：「規恢三百餘里，離宮別館，彌山跨谷，輦道相屬，閣道通驪山八十餘里，表南山之巔以爲闕，絡樊州之地以爲池，作阿房前殿。東西五十步，南北五十丈，上可坐萬人，下可建五丈旗。以木蘭爲梁，以磁石爲門，周馳複道，渡渭至咸陽。」其間畫棟雕梁，山節藻梲，所需繪畫以爲裝飾者，當不減吾人意想之繁多。則裝飾繪畫之技工式樣等，亦不減吾人意想之進步。惜被項羽一炬，盡成焦土，顧無痕跡可尋耳。

第二編　上世史

第一章　漢代之繪畫

漢繼秦統一天下。雖不如秦之尚嚴刑峻法；然政令法度，一如嬴秦之舊。兼以當時君權之集一，與漢高之刻薄寡恩，尤影響於漢初人民思想之束縛。又漢初承春秋戰國兵爭之紛亂，嬴秦土木戰伐之勞役，社會凋敝，民生之痿憊，皆呈厭世之傾向。於是寧靜虛無之黃老學說，盛行於文景之際。故言漢初繪畫，其寥落實與嬴秦堪伯仲。然文景處身恭儉，勸農商，薄賦斂，寬刑罰，吏安其官，民樂其業，及武帝之初七十年，國家無事，漸入昌平殷富之境。文帝並效法古制，以繪畫點綴政教，唐盧碩畫諫曰：「漢文帝三年，於未央宮承明殿，畫屈軼草、進善旌、誹謗木、敢諫鼓、獬廌。」啓西漢繪畫勃興之先河。至武帝雄材大略，在外經營四遠；征匈奴，通西域，遠如波斯印度之文明，亦漸播及中土。雖當時繪畫之技術上，似無受外來繪畫之影響；然繪畫所取之題材，已大見新異，如銅器天馬蒲桃鏡之鏤紋等，是取材大宛所獻之天馬蒲桃，卽其明證。在內設大學，置博士，表章儒術，以爲政治標準。於是文藝大興，學者蔚起。雖其罷黜百家，用意與始皇之統一學術相似。然對於繪畫，則反與以尊重。並大興土木，建築上林苑等，以增繪畫之需要。其餘諸帝，對於繪畫，亦多重視。於是畫家輩出，或供奉帝室，黼黻典章；或隱身工匠，粉飾金石；或頌德業，或表學行，或揚

貞烈；大而宮殿門壁之類，小而經史文籍之屬，無不可以圖寫，可謂盛矣！雖中間被王莽篡位，中絕，分爲前漢後漢兩時期。然兩時期中，約有四百年之治世，使人民得長期之休養生息，爲季周以後所未有。

藝術養育於文化雨露之下，始能開花結實。漢代文運之隆盛，即爲漢代繪畫啓發之朕兆。然漢代之武力，如遠通西域等，亦大增漢代繪畫之新進展。印度佛教繪畫，即於後漢佛教東傳而輸入；使吾國繪畫上發生空前之波動。又張道陵修煉於龍虎山，成五斗米道，爲道教之首倡者，已植道教之基礎。兼以漢人盛尚黃老，自佛教來中土後，每視佛與黃老爲一流。後漢書西域傳，楚王英，始信其術，中國因此頗有奉其道者。後桓帝，好神仙，數祀浮圖老子，百姓稍有奉者，後遂稱盛。漸爲人民所信仰，與佛教並駕齊驅而下，獨立道釋畫之一科。原吾國漢以前之繪畫，殊缺清楚之面目，至漢可徵之書史漸多，金石遺物之留存，亦比前代爲豐富，故吾國明瞭之繪畫史，可謂開始於炎漢時代。

漢初繪畫，除文帝畫承明殿外，殊寥落無可記載，已如上述。至武帝時，始欣然如春木之向榮，不可抑止。漢書郊祀志云：「武帝作甘泉宮，中爲臺室，畫天地太一諸鬼神，而置其祭具，以致天神。」又漢書霍光傳載；「武帝使黃門畫者，畫周公負成王朝諸侯之圖，以賜光。」蓋當時黃門之署，附備畫者，以供應詔。實淵源周代設色之工，爲後代設立畫院之濫觴。又武帝並嘗創置祕閣，蒐集法書名畫，以爲鑑賞，開後代鑑藏書畫之先河。漢書蘇武傳，宣帝甘露三年，單于始入朝，上思股肱之美，迺圖霍光、張安世、韓增、趙充國、魏相、丙吉、杜延年、劉德、梁丘賀、蕭望之、蘇武，凡十一人於麒麟閣，法其形貌，署其官爵。論衡謂：「宣帝時，圖畫烈士，或不在畫上者，子孫恥之。」所謂署其官爵者，實爲後代繪畫題款之濫觴。原炎漢自武帝之好大喜功，合其張皇文物之心，每藉繪畫以達其用。自是以後，凡紀功業，頌德行，

留紀念等事，始於王家，次及士夫，均慣以繪畫爲工具。其促進繪畫技巧之進步，固多；影響於當時之倫理政教者尤巨。元帝時，擴漢初黃門附置畫者之例，特置尙方畫工於宮廷。西京雜記云：「元帝後宮旣多，不得常見，迺使畫工圖形，案圖召幸之。諸宮人皆賂畫工，多者十萬，少者亦不減五萬。獨王嬙不肯，遂不得見。匈奴入朝，來求美人爲閼氏。於是上案圖以昭君行。及去，召見，貌爲後宮第一；善應對，舉止閑雅。帝悔之，而名籍已定；帝重信於外國，固不復更人。乃窮案其事，畫工皆棄市，籍其家資皆巨萬。畫工有杜陵毛延壽，爲人形，醜好老少，必得其眞。安陵陳敞，新豐劉白，洛陽龔寬，並工爲牛馬飛鳥衆勢，人形好醜，不逮延壽。下杜陽望亦善畫，尤善布色。樊育亦善布色，同日棄市。」又漢書成帝紀：「漢元帝在太子宮，成帝生甲觀畫堂。」顏師古注：「畫堂謂畫飾。」又成帝遊於後庭，欲以班婕好同輦載。婕好辭曰：「觀古圖畫，聖賢之君皆有名臣在側。三代末主乃有嬖幸，今欲同輦，得近似之乎？」成帝善其言而止。又成帝時，漢書金日磾傳：「金日磾母，教誨兩子，甚有法度，上聞而嘉之，詔圖畫於甘泉宮。」王延壽魯靈光殿賦云：「圖畫天地，品類羣生，雜物奇怪，山神海靈。」又漢官典職載：「明光殿省中皆以胡粉塗壁，紫青界之，畫古烈士，重行書贊。」漢書景十三王傳：「廣川惠王越殿門，有成慶畫，短衣、大褲、長劍。」在民間，則畫雞於牖。拾遺記，陶唐時，有秖支之國，獻重明之鳥，一名雙睛，言雙睛在目，狀如雞，鳴似鳳，時解落毛羽，肉翮而飛，能搏逐猛獸虎狼，使妖災羣惡，不能爲害。飴以瓊膏，或一歲數來，或數歲不至，國人莫不灑掃門戶，以望重明之集。其未至之時，國人或刻木，或鑄金，爲此鳥之狀，置於門戶之間，則魑魅醜類，自然退伏。今人每歲元日，或刻木鑄金，或圖畫爲雞於牖上，此其遺像也。畫虎於門，漢應劭風俗通義云，畫虎於門，冀以衛凶也。畫人於桃板，佩文齋書畫譜，載漢應劭風俗通義記畫桃板。謂黃帝時，有神荼鬱壘二人，能執鬼於度朔山桃樹下，簡閱百鬼之無道者，縛以葦索，執以飼虎，帝乃立桃板於門，畫二人像以禦鬼，謂之仙木。以爲退伏凶邪之用。」後代之畫門神，實淵源於此。又漢書景十三王廣川惠王越傳云：「坐畫室，爲男女贏交

接，置酒與諸父姊妹飲，令仰視畫。」爲吾國秘戲圖之濫觴，而出於禮教之外者。哀平以後，王莽篡立，則又兵戈相尋，爲漢運中衰時期，繪畫亦無可記述矣。

王莽盜竊，海內雲擾，學者爭事阿附。光武中興，乃大崇儒學，砥礪名節，推奬氣概，以明經修行爲進退人材之表的。明帝承之，步武遺規，成漢代儒術隆盛之極點；爲吾國禮教最盛時期，亦卽爲吾國禮教化繪畫之最盛時期。

自前漢以來，常畫古代聖帝賢后諸圖像於宮室中，以爲鑒誡。此種風氣，已盛行王室及大夫之間。光武因之，嘗圖列娥皇女英陶唐諸像，以爲觀瞻。魏曹植畫贊云：「昔明德馬后，美於色，厚於德，帝用嘉之。常從觀畫，過虞舜廟，見娥皇女英，帝指之戲后曰：『恨不得如此爲妃。』又前見陶唐之像，后指堯曰：『嗟乎！羣臣百寮，恨不得爲君如是。』帝顧而笑。」又中元間，東平憲王蒼入朝，帝特留之，賜以列仙圖。明帝尙文藝，雅好丹青，創立鴻都學，以集天下之奇藝。又別立畫官，詔博洽之士班固賈逵輩，取諸經史事，命尙方畫工圖之。又永平中，帝追感前世功臣，圖畫鄧禹，馬成，吳漢，王梁，賈復，陳俊，耿弇，杜茂，寇恂，傅俊，岑彭，堅鐔，馮異，王霸，朱佑，任光，祭遵，李忠，景丹，萬修，蓋延，邳彤，姚期，劉植，耿純，臧宮，馬武，劉隆，二十八將於南宮之雲臺。其外有王常，李通，竇融，卓茂，合爲三十二人。於是繪畫爲經傳之羽翼矣。明帝一面並變光武之柔遠政策，繼西漢武帝之用兵西域。當時班超在西域屢立戰功，西域諸國，競朝漢廷，因大增西域之交通，以造成佛教東傳之機會。史載明帝嘗夢見金人，長大頂有白光，飛行殿庭。以問羣臣，傅毅以佛對。帝乃遣蔡愔等，求佛經於天竺；抵月氏，偕沙門攝摩騰，竺法蘭，以白馬馱經及白氎釋迦立像，東還洛陽。明帝命畫工圖佛，分置於淸涼臺及顯節陵上。見魏書釋老志。後漢書西域傳亦云，「漢明帝夢見金人，長大頂有光明，以問羣臣。或曰，西方有神，名曰佛，其形丈六尺而黃金色。帝於是遣使天竺，問

佛道法。遂於中國圖畫形像焉。」復建白馬寺於洛陽城西之雍門。寺之中壁，畫以千乘萬騎羣象遶塔圖，使二僧翻譯經典於寺中。當時二僧人，亦曾畫二十五觀之圖於保福院。至是，吾國繪畫，殆有所謂佛畫者矣；為吾國繪畫受宗教影響之始。然漢代畫家，無有能作佛畫稱者；蓋佛畫初來，除尚方畫工，應詔圖釋迦像外，尚不為中國畫士所習耳。又順帝梁皇后，雅好藝術，常置列女圖於左右，以自觀省。後漢書皇后紀，順烈梁皇后，常以烈女圖畫，置左右，以自監戒。魏志倉慈傳注，漢桓帝立老子廟於苦縣之賴鄉，畫孔子像於壁，用以奉祀。後漢書蔡邕傳，光和元年，置鴻都門學，畫孔子及七十二弟子像。為尚方畫工劉旦楊魯所作，其遺蹟傳至唐代。又靈帝詔蔡邕畫赤泉侯五代將相於省，兼命為讚及書，見東觀漢記。當時稱為三美。邕書畫與讚皆擅名，已露唐宋文人畫之端緒。其他郡尉之府舍，畫以山神海靈，以示莊嚴。後漢書南蠻傳云。「肅宗時，郡尉府舍，皆有雕飾，畫山神海靈，奇禽異獸，以炫燿之，夷人益畏憚焉。郡府之聽事壁，畫以歷代諸尹之事蹟，以昭炯戒。後漢書郡國志註。「郡府聽事壁諸尹畫，肇自建武，迄於陽嘉，注其清濁進，退。此外陵墓中亦有壁畫，後漢書趙岐傳云：「趙岐自為壽藏，畫季札，子產，晏嬰，叔向四像，居賓位；自畫像居主位；皆為贊頌。」吾國壁畫，開始於周，盛於兩漢晉唐之間。現時各地祠廟中，尚存此種習慣。其式樣題材等，雖依時代有所變遷，然概以油漆及水彩為畫材，可以山東岱廟及燉煌等壁畫證之。案吾國漆，發明極早。筆史載：「虞舜造筆以漆書於方簡，」可與周禮髹飾一語，互相證印，近年朝鮮樂浪出土之後漢明帝永平十二年所作之漆畫盤，繪男女神像，青龍白虎，甚工，足證吾漆畫，至後漢已大進展，又晉書輿服志云。「畫輪車，駕牛，以綵漆畫輪，故曰畫輪車。」又云。「公主乘油畫安車。」惜未進展光大，迄今僅殘留於漆工之手中耳。其他關於建築者，有明堂圖，甘泉宮圖等。關於疏浚者，有山海經圖，禹貢圖等。關於明飾文籍者，有三禮圖，列女圖，王孫圖，魏公子圖，風后圖等。以及民間之個人畫像與應用裝飾諸類，尤不可勝記，足徵漢代之文獻矣。

漢代繪畫，除壁畫外，畫於縑帛者殊多。可與當時之文書，任意庋藏與舒卷。如元帝時之后宮圖，明帝時之釋迦

像。以及天文鹵簿經傳等均是。惟不能如現今卷軸之裝裱耳。惜因董卓之亂，圖書縑帛，盡爲武人所取。甚至以爲帷囊。凡漢武秘閣之圖書，漢明鴻都學之奇藝，多遭毀損。雖當時王允曾收七十餘乘，車載西去，亦因天雨道難，半皆遺棄。於是兩漢寶貴之庋藏，殆散失無餘矣。欲考漢代繪畫之作風式樣題材等，惟有索諸金石。考之記載而已。

漢代金石之遺留於後世者，大而石壁碑刻之類，小而鐘鼎鏡鑑之屬，不勝屈指。其最有名與技工之最繁富工整者，當推山東肥城縣西之孝堂山祠，及山東嘉祥縣武宅山之武氏祠二石刻。按孝堂山祠爲前漢孝子郭巨墓之享堂。其圖爲周公成王之故事、大王車、胡王、獻俘、升鼎，貫胸國人、戰爭、狩獵，以及演劇、奏樂、庖廚、駝象等，係陰刻。武氏祠，爲郡從事武梁、執金吾武榮，以及武斑、武開明數墓之享堂。武梁祠，約係桓帝建和年間作。其圖爲三皇、五帝、聖賢、名士、孝子、刺客、列女諸像，戰爭、庖廚、升鼎、樂舞諸事，以及鬼神、魚龍、奇禽、異獸、樓閣、舟車、輿馬、弓矢、斧鉞、釜甑、權衡諸物皆備。武榮祠，約係桓帝永康年間作。其圖爲文王、武王、周公、秦王、齊桓公、孔子及諸弟子，以及孝子、刺客、列女、神鬼、奇禽、異獸、玉兎、蟾蜍、戰爭、燕飲、舞樂、庖廚、侍女、車騎、導從，與武榮之閱歷諸項，均系陽刻。足徵吾國古代之神話歷史，服用裝飾，以及生活狀態等，變化極爲多端。其高古樸茂，琦瑋僑佹之趣，誠非想象所及。雖其形象之表現每有不合理之處，然能運其沈雄古厚之筆線，以表達各事物之神情狀況，而成一代特殊之風格，非晉唐人所能企及。

考漢代繪畫需要之廣，畫蹟之多，則當時以畫名家者，定大有人在。惜當時畫人全注意於實用，不如後人之每畫必有圖章款識，易於流傳。前漢畫人尤少，士大夫者流，其姓名每不著於記載，致多掩沒，無從考查。茲據古籍上所見者，在前漢僅有尙方畫工毛延壽、陳敞、劉白、龔寬、陽望、樊育凡六人。在後漢有張衡、蔡邕、趙岐、劉褒、尙方畫工劉旦、

楊魯，亦凡六人。陳敞、安陵人，工牛馬飛鳥衆勢。劉白、龔寬繼之，爲吾國最早之翎毛走獸作家，即爲吾國走獸畫與花鳥畫之先驅者。茲擇諸畫人中之重要者，簡述於左：

毛延壽　漢元帝時尚方畫工，杜陵人，擅長人物畫，人形醜好老少必得其眞。

張衡　字平子，南陽西鄂人，善屬文，通五經，貫六藝，長繪畫。安帝時，徵拜郎中，遷侍中，出爲河間相。異物志謂其曾圖建州浦城縣山獸駭神之形象。

蔡邕　字伯喈，陳留圉人。初平元年，拜中郎將，封高陽侯。善鼓琴，工書畫，有講學圖，小列女圖等傳於世。

趙岐　字邠卿，京兆長陵人，少明經，有才藝，擅長人物，官至太常。

劉褒　桓帝時人，官至蜀郡太守，博物志載褒嘗畫雲漢圖，人見之覺熱。又畫北風圖，人見之覺涼云。

畫論，則有劉安之「畫者，謹毛而失貌。」高誘注：「謹悉微毛，留意於小，則失其大貌。」張衡之「畫工惡圖犬馬而好作鬼魅，誠以實事難形，而虛僞無窮也。」其內容質量均甚尋常。然漢代繪畫，全牢籠於禮教之下，審美之力量，尚甚淺薄，所論者，除技工難易等經驗外，顧不易有特殊之進展。然已稍見論畫之曙光，殊有記述之必要。

第二章　魏晉之繪畫及其畫論

漢運漸衰，魏曹丕篡漢稱帝，建元黃初，與吳蜀鼎足而立，是爲三國。其間互相紛爭，號稱亂世者，凡五十年。西紀二二零年至二六四年。然承兩漢文教之餘，學術文藝猶未衰息。魏則據東漢故都，尤得兩京文獻之傳，振鬣揚鰭，頗有建樹。王室士大夫之尚好繪畫，亦堪承漢末之遺勢而順進之。兼以當時羣雄割據，魏武知天下之人材不可拘求於儒術也，於是崇尚跅弛之士，輕視節行之人，振申韓之法術，以推轂老莊之玄虛。吳蜀亦奬勵權術機智之士，於是禮教之防破，繪畫思想亦隨之大解放，其爲狀殆與周代之與春秋戰國相似，大開寄興寫情之畫風。一面並因兵爭之紛亂，老莊思想之蔓衍，帝王士大夫之信仰佛教者，亦漸見增多。當時中土人士之信仰佛教，始爲沙門者，有魏之朱士行。天竺僧人，由海道遠來中土者，有康僧會。康並得吳主孫權之信仰，爲立建初寺於建業，爲江南佛教之祖。吳畫家曹不興，曾見康僧會攜來之西國佛像，而摹寫之，盛傳後世，實爲吾國佛畫家之祖。又不興除佛畫外，每以龍爲畫材，蓋亦老子猶龍之意，遂爲道教之特殊象徵，促成佛道教繪畫之盛起。至晉如顧愷之等，作者尤多，足證吾國繪畫接近超現實生活之例。又漢代卷軸繪畫，全以縑帛爲畫材，雖自蔡倫造紙以後，顧無人以紙作畫者。至吳之曹不興，始以雜紙畫龍頭樣、龍虎圖等，開吾國以紙作畫之始。

五十年分爭之三國，有名於畫事者，自不甚多，然比諸秦漢，則已大有過之無不及。在魏則有曹髦、楊修、桓範、徐

邈等。在蜀則有諸葛亮、諸葛瞻、關羽、張飛、李意期等。在吳則有吳王趙夫人，曹不興等。楊修、字德祖，華陰人。謙恭才博，建安中舉孝廉，署倉曹主簿。長人物，有西京圖及嚴君平吳季札等像傳於世，桓範，字元則，有文學。正始中，拜大司農。歷代名畫記謂範係沛國龍亢人，善丹青。徐邈，字景山，薊人，封都亭侯，正始中，拜司空。性嗜酒，善畫。續齊諧云：「魏明帝遊洛水，見白獺數頭，美靜可憐，見人輒去，帝欲見之，終莫能遂。侍中徐景山曰：『獺嗜鯔魚，乃不避死。』畫板作兩生鯔魚，懸置岸上，於是羣獺競逐，一時執得。帝甚嘉之，曰：『聞卿善畫，何其妙也？』答曰：『臣未嘗執筆，然人之所作，可須幾耳。』」諸葛亮，字孔明，陽都人，封武鄉侯，以其經天緯地之才華，於三分割據之餘，降而為工藝，則有木牛流馬；溢而為圖畫，則有賜南夷諸圖，寫有天地、日月、君臣、城府、神龍、牛馬、駝羊、及夷人牽牛負酒齎金寶等事跡，曲盡情致。見華陽國志。諸葛瞻，字思遠，亮之子也，工書畫。關羽，字雲長，河東解人。能畫竹，傳世石刻，凜凜剛正，直節干霄，稱為吾國畫竹之鼻祖。見解州志。所謂傳世石刻，恐係後人偽托。李意期，佩文齋書畫譜作意其，蜀人。葛洪神仙傳云：「劉玄德欲伐吳，使迎意期，問其伐吳吉凶，意期不答，而求紙畫作兵馬器仗十數萬，乃一一裂壞之，又畫作大人，掘地埋之。」蓋亦善畫者。三國畫人中之最有名者，當推魏之曹髦，吳之吳王趙夫人，及曹不興三人，茲列述如左：

曹髦　字彥士，文帝孫，少好學，通經史。正始中，封郯縣高貴鄉公。擅人物故實，唐張彥遠謂其畫蹟獨高魏代。有盜跖圖、黃河流勢圖、卞莊刺虎圖、新豐放雞犬圖、於陵子黔婁夫妻圖等傳於世。

吳王趙夫人　丞相趙達之妹，多擅絕藝，善畫，巧妙無雙。孫權常歎魏蜀未夷，軍旅之隙，思得善畫者，使圖山川地勢軍陣之形，達乃進其妹。權使寫九州江湖方岳之勢，夫人曰：「丹青之色，甚易歇滅，不可久寶，妾能刺繡，」

作列國方帛之上，以五岳河海城邑行陣之形。既成。乃進於吳王，時人謂之針絕。見拾遺記。爲巾幗中纖毅首後而著名於畫史者。

曹不興　一作弗興，吳興人。以善畫名冠一時，最長人物佛像，喜作大幅。嘗在五十尺之絹上畫人物，運其迅速之手筆，轉瞬卽成手足胸臆肩背，不失尺度，其衣紋皺摺，別開新樣。廣畫新集謂：「不興嘗見康僧會所攜來之西國佛畫而儀範之，故天下盛傳曹也。」吳大帝孫權嘗使畫屏風，誤落筆點素，因就以作蠅。既進，權以爲生蠅，舉手彈之，可知其寫生之神妙。不興除畫人物及佛像外，特擅畫龍，唐朝名畫錄云：「吳赤烏元年冬十月，帝遊青谿，見一赤龍，自天而下，淩波而行，遂命弗興圖之，帝爲之贊傳。至劉宋爲陸探微所見，歎其神妙不置。又尙書故實載：「謝赫善畫，嘗閱秘閣，服歎曹不興所畫龍首，以爲若見眞龍」云。又歷代名畫記云：「不興有雜紙畫龍虎圖，紙畫青谿龍、赤盤龍、南海監牧十種、馬夷子、蠻獸樣、龍頭樣四，並傳於前代。

晉司馬炎，簒魏併吳而統一中國，凡三十七年，而晉室遂偏安江左。內而元氣未復，卽遭八王之禍，外而異族侵入，繼擾五胡之亂，所謂兵戈縱橫，殺伐無已，人民旣苦於死亡離亂之頻仍，當局者亦疲於驅夷禦敵之無策，致相率逃於清靜無爲，形成厭世之風尙。聰明才智之士，因多攻藝事以爲消遣，繪畫亦乘此風會而發展。一面承漢魏崇尙老莊之弊而爲玄虛之清談。何叔平等倡導於先，嵇康、阮籍等相繼於後，競相崇尙文采，張皇幽妙，以爲曠達。其結果促成道釋繪畫之盛行，大有取經史故實而代之之勢。當時由西域而來中土之高僧，則有佛馱跋陀羅等，各挾西域印度之佛畫以俱來，爲宏宣佛教之工具；皆爲時人所信仰。於是建寺造像，漸成風習，由黃河流域遍及長江南北。魏

書釋老志云：「凡宮塔制度，猶依天竺舊狀而重構之，從一級至三五七九，世人相承，謂之浮屠；或云佛圖。晉世洛中，已有四十二矣。可和當時佛院建築之盛，中土畫家之於佛畫，一因當時易於獲得西來之範本而為技術上之試驗與摹仿。二因佛像需要於寺壁等之崇奉裝飾，進為精深之研求。證之晉武帝時所謂寺廟圖像，已崇京邑者，可以知之矣。至晉之衞協更以吾國故有之技法，與佛畫混合而陶鎔之，大變漢魏古簡之作風，而趨於細密，其工力之精深華妙，允稱集佛畫之大成。至東晉顧愷之，尤加而進之，啓發南北朝繪畫之新幾運。至是，凡以繪畫名者，無不能作佛畫矣。

吾國山水畫，雖由黃帝之五嶽眞形圖，漢劉褒之雲漢圖、北風圖、魏曹髦黃河流勢等，已露其端倪。然略備格法，得見山水畫之幼芽者，實在晉室東遷之後。蓋晉室東遷，江北諸地，盡為諸胡所割據。北方漢族，為胡人所壓迫，不易安其故居，遂與晉室相率南下。當時中國文化之中心點，亦由黃河流域移至長江流域。長江流域，原為老莊思想浸淫之地，人民羣趨於愛自然之風尚。兼以山川景物之優秀，擅自然之至美，南下諸漢人，頓得此新環境，所謂對景生情，自足激動江山風物之雅興，以促山水畫之萌起。徵之史册，如晉明帝之輕舟迅邁圖，顧愷之之雲臺山圖雪霽望五老峯圖，史道碩之金谷園圖，戴逵之吳中溪山邑居圖，戴勃九州名山圖，風雲水月圖，皆係晉室東遷後山水題材之名作。然諸名作中，尙多以人物為主題，未完全脫離人物之背景而獨立。獨顧愷之之雲臺山圖，顧從人物之背景而稍進之，有吾國山水畫祖之稱。讀愷之畫雲臺山記中之「蓋山高而人遠耳」一語，及全幅布景之繁多，即可瞭然。花鳥草蟲，亦滋長於斯時。查當時衞協有毛詩圖，（名賢畫錄云：「唐太和中，文宗好古重道，以晉明帝朝衞協畫毛詩圖，草木鳥獸古賢君臣之像，不得其眞，召程修已圖之。）

皆據經定名，任意採掇，由是冠冕之製，生植之姿，遠無不詳，幽無不顯。」，郭璞有爾雅圖，郭璞爾雅序曰：「別爲音圖，用祛未寤，」邢昺疏謂：「注解之外，別爲音一卷，圖贊二卷。字形難識者，則審音以知之，物狀難辨者，則披圖以別之。」此種經集中之插圖實爲吾國花鳥草蟲諸科漸見完備之證。蓋含思緜邈，游心於天地草木之華，而使人之神與造化爲合，惟兩晉人士性多灑落，崇尙淸虛者能之。愷之，原爲深崇信老莊而有心得者也。然孫暢之之述畫記謂「戴勃之山水，則勝於顧。」蓋顧前戴後，山水畫至戴，又加一層之進步耳。但當時作山水者，究極寥寥，花鳥草蟲，除圖爾雅毛詩外，亦無人以此爲正式畫材，遠不能與道釋人物等相提並論也。

魏晉以前之繪畫，大抵爲人倫之補助，政教之方便，以及帝王公卿玩賞裝飾之應用。作畫者，除極少數之士大夫外，多屬被豢養之工匠。全爲貴族階級所獨占。至魏晉，各君主均以戰爭之紛擾，多整軍經武之不暇，自無閒心顧及藝事。或間有以此爲雅好者，亦不與以有力之提倡，一任其自然發展。兼以兩晉佛道教之日見盛行，人民以佛教信仰之靈力，每以共同之力量，建立偉大之佛宇佛院，而有畫大規模佛教壁畫與多量之卷軸佛教儀像之機會；致吾國繪畫由貴族之手中，開始移向於民間。又兩晉畫人，受南方地理風習與淸談之特殊影響，對於繪畫之觀念，亦由審美蹈入自由制作之境地，使吾國繪畫史上漸見自由藝術之萌芽。社會審美之程度，亦因以上諸原因之關係，而見有特殊之進展。例如顧愷之創白描人物，爲吾國白描繪畫之始祖。四友齋叢說云：「畫家各有傳派，不相混淆。如人物，其白描有二種，趙松雪出於李龍眠，李龍眠出於顧愷之，此所謂鐵線描。馬和之馬遠，則出於吳道子，此所謂蘭葉描也。」陶淵明、王逸少、石季龍。陶靖節集扇上畫贊，荷篠丈人，長沮，桀溺，於陵仲子，張長公，丙曼容，鄭次都，薛孟嘗，周陽珪，凡九人。鄴中記載：「石季龍作雲母五明金薄莫難扇。薄打純金如蟬翼，二面，采漆畫列仙奇鳥異獸。」等，皆置有畫扇，出入攜之，以爲雅賞，開後代扇頭作畫之風。因之當時書畫之鑑藏，亦漸興盛，西晉內府所庋藏之漢魏名蹟，雖被劉曜陷洛陽時，毀散殆

盡。至東晉明常，又大為蒐集。蓋明帝明鑒識，善書畫，喜以繪畫為玩賞也。桓玄性貪，必使天下之法書名畫，盡歸己有而後快。及篡晉位，內府眞蹟，皆為玄有。劉牢之遣其子敬宣請降時，玄大喜，陳書畫共觀之。足證其嗜好書畫之篤，與當時玩賞書畫之風行。

西晉之有名於繪畫者，有司馬昭、衞協、荀勗、張墨、嵇康、張收、溫嶠等。東晉之有名於繪畫者，有明帝、王廙、王羲之、王獻之、謝安、王濛、康昕、顧愷之、史道碩、夏侯瞻、范宣、戴逵、戴勃、釋惠遠等。司馬昭，字子上，懿次子，善畫佛像，頗得神氣。荀勗，字公曾，潁川人，多才藝，善書畫，有大列女小列女等圖。張墨，與荀勗同時，善人物。謝赫古畫品錄謂其「風範氣韻，極妙參神，但取精靈，遺其骨法，可謂微妙。」嵇康，字叔夜，譙國銍人，能文辭，善鼓琴，工書畫，有獅子擊象圖、巢由圖等。張收，晉太康中益州刺史，益州學館記云：「周公禮殿梁上，畫仲尼七十二弟子，三皇以來名臣耆舊云西晉太康中益州刺史張收筆。」郭熙林泉高致亦謂：「三代至漢以來，君臣賢聖人物，燦然滿殿，令人識萬世禮樂。故王右軍恨不克見云。」溫嶠，字太眞，有識量，博學能文，善畫，見孫暢之述畫記。王羲之，字逸少，廙從子也，書既為古今之冠冕，丹青亦妙，有雜獸圖、臨鏡自寫眞圖、扇上畫小人物傳於代。王獻之，字子敬，羲之第七子，工草隸丹青，鳥獸牛馬，風神超越。謝安，字安石，陽夏人，封建昌郡公，贈太傅。王濛，字仲祖，晉陽人。康昕，字君明，皆善畫。史道碩兄弟四人，並善畫，工人物故實及馬，江陵龍寬寺、鄴中本紀寺，皆有其畫蹟，見裴孝源貞觀公私畫史。戴逵，戴勃長子，有父風，長山水人物及馬，有三馬圖、九州名山圖、秦皇東游圖、朝陽谷神圖、風雲水月圖傳於代。釋惠遠，雁門樓煩人，幼好博學，綜六經，尤善莊老，工詩，能山水，有江淮名山圖，為吾國方外習畫之第一人。然兩晉畫人中之最著名者，當推明帝、衞協、王廙、范

宣、戴逵、顧愷之等數人，卽述如左：

晉明帝　姓司馬，名紹，字道畿，元帝長子也。幼而聰哲，爲元帝所寵異，雅好文辭，善書畫，最長佛像。張丑清河書畫舫謂：「明帝畫本師王廙，而沉著過之。」有洛神賦圖、游獵圖、雜禽圖、洛中貴戚圖、人物風土圖等傳於代。又晉書蔡謨傳謂：「樂賢堂有明帝手畫佛像，經歷寇難，而此畫猶存」云。

衞協　吳曹不興弟子，道釋人物冠絕當代，與張墨並有畫聖之稱。顧愷之論畫嘗亟稱之曰：「偉而有情勢。」曰：「巧密於情思，世所並貴。」曾作七佛圖，人物不敢點睛。孫暢之述畫記謂：「上林苑圖，協之跡最妙。」雖畫名不及顧愷之，然晉代畫學之隆盛，衞協實爲之先鋒，當代畫家如張墨、顧愷之、史道碩等，皆師法之。有史記伍子胥圖、吳王舟師圖、穆天子讌瑤池圖等傳於世。

王廙　字世將，瑯琊臨沂人，元帝時，累官荆州刺史。能文，工書，善音樂、射御、博奕、諸雜技，人物、鳥獸、魚龍，靡不精妙。歷代名畫記謂：「晉室過江，王廙書畫爲第一。」明帝嘗從之學畫。有異獸圖、吳楚放牧圖、魚龍戲水圖等。

范宣　字宣子，陳留人，少尙隱遁，博綜羣書，譙國戴逵等，皆聞風宗仰，自遠而至。歷代名畫記盛稱之謂：「荀衞之後，范宣第一。」

戴逵　字安道，譙郡銍人，少博學，好談論，多絕藝，尙氣節，工書畫，善鼓琴。太宰武陵王晞召之，對使者破琴曰：「安道不爲黃門伶人。」其傲如此。世說新語謂：「安道年十餘歲，在瓦官寺畫，王長史見之曰：「此童非徒能畫，亦終當致名。」最工人物故實及佛像走獸，有五天羅漢圖、三馬伯樂圖、三牛圖、漁父圖、吳中溪山邑居

圖等。

顧愷之字長康，小名虎頭，無錫人，宏才淵博，義熙初爲散騎常侍，精老莊之學，尤善丹青，圖寫特妙，人物、佛像、美女、龍虎、鳥獸、山水，無不精妙。謝安深重之，以爲自蒼生以來，未之有也。每畫人成，或數年不點睛，人問其故，答曰：「四體妍媸本無闕少，於妙處傳神，正在阿堵中。」其用心如是。寫人形絕妙於時，嘗圖裴楷像，頰上加三毛，觀者覺神明殊勝。又爲謝鯤像於石巖裏，云：「此子宜置丘壑中。」興寧中，初置瓦官寺，僧衆設會，請朝賢鳴刹注疏，其時士大夫莫有過十萬錢者，既至長康，直打刹注百萬。長康素貧，衆以爲大言，後寺僧請勾疏，長康曰：「宜備一壁。」閉戶往來一月餘，所畫維摩詰一軀，工畢，將欲點眸子，乃謂寺僧曰：「第一日觀者請施十萬，第二日可五萬，第三日可任例責施。」及開戶，光照一寺，施者塡咽，俄而得百萬錢，可知其技術之神妙。畫斷云：「顧公運思精微，襟靈莫測，雖寄跡翰墨，神氣飄然，在煙霄之上，不可以圖畫間求之。象人之美，張得其肉，陸得其骨，顧得其神，神妙無方，以顧爲最。」可謂確論。生平畫蹟極多，有中興帝相列像、列仙圖、三天女圖、虎豹雜鷙鳥圖、白麻紙十一獅子圖、女史箴圖等。女史箴圖至今尚留存英倫敦之博物館中，爲吾國最古之畫卷，其用筆緊勁聯綿，循環飄忽，極格調超逸之妙作也。此卷原爲清內府藏物，庚子之役，爲英人所掠取耳。（女史箴圖，爲吾國最古之橫卷，允爲吾國手卷之祖。）

晉代論畫因繪畫技術之進步，審美程度之增高，遠比漢魏爲盛。晉以前之論畫，如劉安、張衡等，均屬極短之斷片。至晉之王廙、顧愷之始有長篇之著作，或專論繪畫之學養與格趣，或兼論繪畫之學理與經驗，以愼重之態度，下

精審之評語，顧愷之尤以科學之方法，批評繪畫，爲吾國最早之名批評家。茲摘錄王顧兩家之說於左，以證當時畫學思想之大略。

王廙與其從子羲之論畫　余兄子羲之，書畫過目便能，就予請書畫法，余畫孔子十弟子圖以勵之。畫乃吾自畫，書乃吾自書，吾餘事雖不足法，而書畫固可法。欲汝學書，則知積學可以致遠，學畫，可以知師弟子行己之道。

顧愷之畫雲臺山記　山有面則背向有影可令慶雲西而吐於東方清天中凡天及水色盡用空青竟素上下以映日西去山別詳其遠近發迹東基轉上未半作紫石如堅雲者五六枚夾岡乘其間而上使勢蜿蟺如龍因抱峯直頓而上下作積岡使望之蓬蓬然凝而上次復一峯是石東隣向者峙峭峯西連西向之丹崖下據絕磵畫丹崖臨澗上當使赫巘隆崇畫險絕之勢天師坐其上合所坐石及廕宜磵中桃傍生石間畫天師瘦形而神氣遠據磵指桃迴面謂弟子弟子中有二人臨下到身大怖流汗失色作王良穆然坐答問而超昇神爽精詣俯盼桃樹又別作王趙趨一人隱西壁傾巖餘見衣裾一人全見室中使輕妙冷然凡畫人坐時可七分衣服彩色殊鮮微此正蓋山高而人遠耳中段東面丹砂絕蕚及蔭當使嵃巇高驪孤松植其上對天師所壁以成磵磵可甚相近相近者欲令雙壁之內悽愴清神明之居必有與立焉可於次峯頭作一紫石亭丘以象左闕之夾高驪絕蕚西通雲臺以表路路左闕峯似巖爲根根下空絕並諸石重勢巖相承以合臨東磵其西石泉又見乃因絕際作通岡伏流潛降小復東出下磵爲石瀨淪沒於淵所以一西一東而下者欲使自欲

爲圖雲臺西北二面可一圖岡繞之上爲雙碣石象左右闕石上作孤遊生鳳當婆娑體儀羽秀而詳軒尾翼以眺絕澗後一段赤岓當使釋弁如裂電對雲臺西鳳所臨壁以成磵磵下有清流其側壁外面作一白虎匍石飲水後爲降勢而絕凡三段山畫之雖長當使畫甚促不爾不稱鳥獸中時有用之者可定其儀而用之下爲磵物景皆倒作清氣帶山下三分倨一以上使耿然成二重「此篇文辭詰屈，不可句讀，唐張彥遠謂：自古相傳脫錯，未得妙本勘校」云云，然自有流傳之價值，仍錄之。

顧愷之畫評　凡論人最難，畫列女，刻削爲容儀，不畫生氣，又插置丈夫支體，不似自然。衣髻俯仰中，一點一畫，皆相與成，其艷姿覺然易了。畫漢王龍顏一像，超越高雄，覽之若面。畫孫武，尋其置陳布勢，是達畫之變者。畫穰苴類孫武而不如。畫醉客，多有骨，俱生變趣。畫壯士有奔騰大勢，恨不盡激揚之態。畫藺生，有恨意不似英賢，以求古人未之見也。畫烈士，有骨。秦王之對荊卿，雖美而不盡善。畫三馬，雋骨天奇，其騰踔如躡虛空，於馬勢盡善也。畫東王公，居然有神靈器，不似世中生人。畫七佛，有情勢，皆衞協手傳。畫北風詩，亦衞協手。美麗之形，尺寸之製，陰陽之數，纖妙之蹟，世所並貴。神儀在心，末學詳此，思竭半矣。畫清游池，不見京鎬形勢。見龍虎雜獸，雖不極體，變動多。畫七賢，唯嵇生一像，頗佳。其餘雖不妙合，前諸竹林之畫，莫能及者。並戴手也。畫嵇輕騎，作嘯人似人嘯，然容悴不似中散，處置意事既佳，又林木雍容調暢，亦有天趣。畫太邱二方，畫嵇興，各如其人。尾後作臨深履薄意，是爲法戒。此篇錄自秦祖永畫學心印，文筆古雋，與歷代名畫記所載之畫評，係條舉式者不同，蓋已經後人所删綴耳。

此外顧愷之尚有魏晉勝流畫贊，似論筆墨與傳神之關係，文辭亦詰屈不可句讀。其內容，亦不如畫雲臺山記

之重要，故從略。其餘如庾道季見安道所畫行像，謂「神明太俗，由卿世情未盡」云云。是憑老莊玄虛思想爲基點，以評繪畫之格趣者，成爲吾國幾千年來批評繪畫格趣之要件，殊有記載之必要。

第三章　南北朝之繪畫及其畫論

晉室既東，黃河流域，盡爲五胡所割據。至西紀四百二十年頃，劉裕受東晉禪，統御南方，稱爲宋；由宋而齊而梁而陳凡四代，爲南朝。黃河流域，亦次第爲拓跋珪所占有，稱爲魏；由魏而齊而周凡三代，爲北朝。其間約一百五十餘年之久，復爲隋所統一。

南北兩朝之對峙，雖爲時不多；然以南北地理氣候等之差異，於吾國學術思想上，發生南北不同之影響。蓋北朝，在黃河流域，地勢荒寒，景物蕭索。南朝，在長江流域，氣候溫和，山水秀媚。北朝以鮮卑爲主。南朝以漢族爲主。兩方各支配於不同民族之下，使兩朝人民之生活精神，風俗習尚，各呈異樣之色彩。所謂南人肩輿，北人乘馬，固非偶然事也。繪畫亦因地理民族等之不同，隱然各循其途程，而異其風趣。後人遂以此種不同之風趣，而有南北畫派之分，此實其遠因也。雖云學術之事，每不可呆畫溝渠，然於筆墨色彩諸端，自有剛柔厚薄之不同；一則富於風流蘊藉，一則偏於樸健宏肆焉。

戰爭紛亂之南北兩朝，歷世全如走馬之燈。然當時繪畫，於吾國繪畫史上，卻爲跑入變化發展之新程途，放其燦爛之光彩。其原因：一爲承魏晉玄虛之清談，競尚浮華文采，以爲風雅，致蹈浮靡之習。一時士大夫及才智者，均喜與繪畫爲因緣。二因各帝王受當時風習之影響，均愛好繪畫，極蒐藏賞鑑之盛事。三因戰爭之混亂，達於極點，人民

既不易安其生活，節義之士，亦不易全其所終；因之無聊之心理，厭世之思潮，較魏晉時爲尤甚。彼應運傳入中土之佛教，遂乘機大滋長，以蕩天之勢焰，蔓延於中土全境。道教亦以魏太武帝等之尊崇，大爲興盛，造成吾國道釋繪畫之最盛時代。四因潔身自好之士，多遁跡山林，全其歲月，每於閒散之餘，以繪畫寫煙霞泉石，美人芳草之思，以爲消遣；完成吾國山水畫之獨立及草鳥畫之萌長。與兩晉以前之繪畫，每緣天下治平而得以發展者，截然不同。

南北兩朝之繪畫，雖各方均有燦爛之成績；然以全繪畫之大勢而言，當以伴佛教而傳布之宗教畫爲主體。蓋吾國繪畫，自兩晉以來，已漸受佛之影響。至南北兩朝，各君主貴族，均極保護佛教，崇信佛法。在南朝者：宋文帝則令沙門與顏延之參與機政；齊武帝則使法獻法暢，翌贊樞機；梁武帝赴同泰寺三度舍身；陳武帝赴大莊嚴寺，久乃還宮。在北朝者：魏孝文帝七發佛法興隆之詔，宣武帝使善提流支譯十地之論。王侯貴臣，則棄象馬如脫屣，庶士豪家，則捨資財若遺跡。於是招提櫛比，寶塔駢羅。金刹與雲臺比高，宮殿與阿房等壯。故魏之寺院達三萬餘，僧侶達二百萬。梁時金陵之寺，亦多至七百，皆極莊麗，至陳尤甚。當時南北兩地諸僧人，並多碩博者流，以其修悟所得，多闢宗門，如涅槃宗之興於宋，地論宗，淨土宗之興於魏，禪宗之興於梁，攝論宗，天台宗之興於陳，均以宏宣教旨爲務。繪畫因兩朝寺院伽藍等建築之盛起，所謂佛地莊嚴，自需多量之佛畫，以爲裝飾。而西方僧侶，如天竺之鳩摩羅什、康僧鎧、佛圖澄，龜茲之羅什三藏，以及往西求法而歸之中僧法顯、智猛、宋雲等，皆齎入佛畫，以爲宏宣佛教之第一方便。於是佛教寺院，竟成爲畫家士庶所共有之大繪畫研究所。至此，吾國之繪畫，幾全爲佛畫所陶溶，而能畫者，亦幾無有不能作佛畫者。故有名寺院所飾之大壁畫等，多爲當時名家之手筆：如宋陸探微、謝靈運之畫甘露寺，梁張僧繇之

畫天皇寺，北齊曹仲達之畫開業寺，楊子華之畫永福寺，北周田僧亮之畫光明寺等，皆其例也。而尤以梁代爲最盛。蓋當時梁武帝，崇佛法，印度僧侶，乘機東來中土者殊多。如吾國禪宗初祖之菩提達摩，卽受武帝之歡迎而來建業者。故建業遂爲當時南方之佛教中心地，與北方佛教中心地之洛陽相對峙。又中僧有名郝騫者，曾奉武帝之命，西行求法，之印度，摹寫印度舍衞國祇園精舍鄔陀衍那王之佛像而歸中土，與吾國佛畫上以新模範。當時西僧中如迦佛陀、摩羅菩提、吉底俱等，亦皆善佛畫來化中土，印度中部陰影法之新壁畫，卽於此時傳入，梁畫家張僧繇，固先直接傳其手法，略加變化，而成中國之新佛畫。建康一乘寺門畫，卽爲張氏新佛畫之手蹟。建康實錄云：「一乘寺，梁邵陵王綸造，寺門徧畫凹凸花，稱張僧繇手蹟，其花乃天竺遺法，朱及青綠所成，遠望眼暈如凹凸，就視卽平，世咸異之，乃名凹凸寺云。」蓋吾國繪畫，向係平面之表現，而無陰影明暗之法。自張氏試仿中印度新壁畫之凹凸法後，至唐卽有「石分三面」之說，使吾國繪畫上，隱約間或遙受希臘羅馬畫風之影響，亦未可知。（西北印度之新壁畫，全以希臘之式樣，略加印度故有之趣味而成之者，世稱健陀羅式。）然東西民族之性格，究不相同。此種陰影法之新繪畫，中土畫家，自張氏後，竟無人繼起耳。

北朝佛教，雖遭北魏太武帝之毀像，北周武帝之滅法，略受摧殘。佛教美術，亦隨之有所毀損。然魏毀佛像後僅六年，文成帝卽位，復頒明詔，令諸州郡縣建寺，並修復其已破壞之佛像，聽民出家。北周滅法後，亦旋卽復興之。其餘諸帝，亦極崇尚佛法，建殿宇，與伽藍，佛教藝術之盛，實足媲美南朝。造像尤爲特盛，如道武帝之千軀金像，孝莊帝之萬軀石像，以及大同雲岡，（在山西大同西北三十里之雲崗堡武州山之崖，創鑿者，釋曇曜，初成五窟，名靈巖。其後續有興造，總計大小窟凡二十，創鑿時間，凡百有餘年。）洛陽龍門，（釋老志云：「景明初，大長秋卿，自經營石窟二所，於洛南依闕山。窟高三百一十丈，永平中，中尹劉騰，復造石窟一，凡爲三所，前後用工約八十萬人。」）諸石窟，其工程之浩

大，藝術之恢閎精美，實爲世界上有數之美術品，與唐代佛畫上以好模範。

道教自漢張道陵首倡，東晉時，葛洪著書闡明其說，日見興盛。至劉宋，道士陸修靜，宋文明等，乃仿效佛教佈教之形式，造道像，置道觀，繪道畫，始有老君像及尊人圖等創見於世，北魏大武帝時，有寇謙之者，隱於嵩山修道術，自言遇神人，授以圖籙眞經，詣闕上之。崔浩力贊其說，勸帝招致其弟子四十餘人，起天師道場，禮遇極厚；以致毀佛寺，滅佛法，當時直以道教爲國教矣。自後北齊北周諸帝，咸極尊崇，由是其勢力，漸與佛教有並駕齊驅之觀。道觀等之建築，固日見興盛，道像等之製作，亦大見增多。惟其式樣配置等，全係抄襲佛教繪畫，終不及佛教儀像等之變化及精妙。

綜南北兩朝之繪畫，雖以佛畫爲主題；然南朝所作，大率綺麗精巧，而多新意。其名蹟多在寺壁，次在卷軸。北朝所作，大率偉健富麗而出於摹擬。其名蹟多在石窟，次在寺壁。道畫興盛於北朝，遠非南朝所及。山水畫，興盛於南朝，北朝竟無作者。而蠢然欲動之花卉畫，雨後春筍之論畫，尤在南朝之境，不在北朝之地。此亦兩朝地理氣候等之差異，各見其特尙焉。雖然，兩朝繪畫之技巧，如顧、陸、張、展等，漸趨細密精微，已啓唐人之漸。

宋武帝，雅好繪事，喜收藏，嘗亡桓玄而收集其晉內府所遺之書畫，以爲鑒賞。一時作家名手，應運而生，載諸佩文齋書畫譜者，有陸探微、陸綏、陸弘肅、顧寶光、袁倩、袁質、顧景秀、王微、宗炳、戴顒、謝靈運、謝惠連、謝稚、謝莊、謝約、顧駿之、劉胤祖、江僧寶、吳暕、張則、史敬文、范惟賢等，凡三十餘人。陸探微，並創一筆畫，連綿不斷，宗炳繼之，曾作一筆畫百事圖，已開後代簡筆墨戲之先聲。以上諸畫家，除道釋及人物作家外，山水則繼晉人而大加揮發，使完全脫離人物

之背景而獨立；王微、宗炳卽爲當時山水畫之專門作者。唐張彥遠謂：「宗炳王微，皆擬迹巢由，放情林壑，與琴酒而具適，縱煙霞而獨往。各有畫序，意遠迹高，不知畫者，難可與言」云。草蟲花鳥，則有蟬雀、雜竹等之新發展。足證吾國繪畫至魏晉後，漸見偏於山水花卉之新趨向。陸綏，探微子，長佛畫，體運遒舉，風采飄然，並以麻紙畫立釋迦像，爲時所珍。蓋麻紙緩膚飲墨，不受推筆，爲丹青家所難。顧寶光，吳郡人，師陸探微，長佛畫人物鳥獸。顧駿之，師張墨，創畫蟬雀。戴顒，字仲若，戴逵子，範金賦采，動有楷模。江僧寶，師晉明帝，用筆骨梗。張則，意思橫逸，動筆新奇。袁倩，象人之妙，亞美前修。吳暕，體法雅媚，有聲京洛。均以善人物名。謝靈運，長佛像。劉胤祖，工蟬雀。謝稚，擅烈女故實，亦皆獨步一時。陸綏之弟弘肅，袁倩之子質，謝靈運之弟惠連，均有聲譽於當時。其中以陸探微、顧景秀、王微、宗炳等爲最有名，茲列述於左：

陸探微　吳人，常侍從宋明帝左右，妙絕丹青，長人物故實，兼善山水草木，參靈酌妙，動與神會。其作佛畫及古聖賢像，筆跡勁利如錐刀，蓋移書法之用筆於畫法，自然秀骨天成，體運遒舉。謝赫古畫品錄云：「窮理盡性，事絕言象，包前孕後，古今獨立，非復激揚所能稱贊。」又云：「畫有六法，自古作者，鮮能備之，唯陸探微、衞協備該之矣。」生平畫蹟極多，見於歷代名畫記者，有孝明帝像、孝武功臣圖、蟬雀圖、孔子十弟子像、搗衣圖、蔡姬蕩舟圖、鬬鴨圖、維摩圖、白馬圖等七十餘件之多。子綏及弘肅，皆善畫。綏尤有名，善人物，有畫聖之稱。

顧景秀　宋武帝時畫手也。在陸探微之先，侍從武帝左右。善人物花鳥，尤工蟬雀。宋孝武賜何戢蟬雀扇，卽爲景秀所作。吳郡陸探微顧寶光見之，歎其巧絕。有晉中興帝相像、鸂鶒圖、蟬雀麻紙圖、鸚鵡畫扇、雜竹樣等傳

於代。

宗炳　字少文，南陽人，幼有至性，好琴書，善畫，精玄理。武帝領荆州，辟爲主簿，不就；答曰：「吾棲隱丘壑三十年，豈可於王門折腰爲吏耶?」好山水，嘗西涉荆巫，南登衡岳，因結茅於衡山。以疾還江陵，歎曰：「老病俱至，名山恐難遍遊，惟當澄懷觀道，臥以遊之。」凡所遊歷，皆圖之於壁，坐臥向之。謂人曰：「撫琴動操，欲令衆山皆響。」年六十有九，作畫山水序一篇。

王微　字景元，（歷代名畫記作景賢。）瑯琊臨沂人，少好學，無不通覽，善屬文，能書畫，尤長山水，兼解音律醫方陰陽術數之事。素無宦情，江湛舉爲吏部郎，微不可。嘗與何偃書云：「吾性知畫繪，雖鳴鵠織夜之機，盤紆糾紛，咸記心目。故山水之好，一往迹求，皆得髣髴。」敝屋一間，尋書玩古，不出者十餘年。作繪畫一篇。

齊高祖　通文學，好書畫，前劉宋高祖亡桓玄所得之珍藏名蹟，得盡有之。每於聽政之暇，旦夕披玩，並品第其高下，作名畫集。不以畫幅之年代遠近爲次第，但以技工優劣爲等差，自陸探微至范惟賢，次爲四十二等，二十七帙，三百四十八卷。書畫之鑒賞，既深入精微，繪畫之方法，亦遂有確當之定例。論畫，亦大見細密。當時有謝赫者，爲吾國顧愷之後之名批評家，特擅寫生，以其生平繪畫之經驗，歸納而成六法：一曰氣韻生動。二曰骨法用筆。三曰應物象形。四曰隨類賦彩。五曰經營位置。六曰傳移模寫。此六法者，雖爲古來畫家對於繪畫上所共有之心得，所謂心會神悟，各相默契。然卻未經人道過。至謝氏，始克輯成有次序之條目，使後世畫人，無不奉爲金科玉律，甚爲難能而可稱頌者。按謝氏，生當西紀元五世紀中葉，對於繪畫，即能得此定則，實爲吾國繪畫史上之大發明；亦即爲世界繪畫史上

放一大光彩。

謝赫　不知何許人，長人物，尤善寫貌。說者謂其寫貌人物，不俟對看，所須一覽，便歸操筆，點刷研精，意在切似，憶想毫髮，皆亡遺失。麗服靚粧，隨時變改。直眉曲鬢，與世事新；別體細微，多從赫始。遂始委巷逐末，皆類效顰。中興以來，象人為最。有安期先生圖、晉明帝步輦圖等傳於代。著古畫品錄二卷，敘論六法，品第前賢，為世所宗。

原吾國兩漢之畫風，全係古簡厚健，至晉之衛協一變細密，齊之謝赫，又變細微，別開新體，使吾國繪畫上，象形既進完全之境，技巧更深入精微之地。又古畫之摹寫，晉時已開其風氣。唐張彥遠云：「顧愷之有摹搨之妙法，其法有二：一為放縑素於原本之上，依樣鉤描而成之者，曰模榻。一為對照原本臨寫而成之者，曰臨寫。」至齊，此風漸盛，延及隋唐，尤盛行於內府翰林院諸生之間，稱為官本，又稱官榻。足為南齊以後之繪畫，漸偏重於技巧之證。南齊畫人在謝氏前後者，約有二十餘人：宗測，少文孫，長山水人佛。殷蒨，陳郡人，善寫貌，與眞不別。沈標之無所偏擅，觸類皆善。蘧道愍、章繼伯，並善寺壁，兼長畫扇，人物分數，毫釐不失。姚曇度，長魑魅鬼神，皆為妙絕。陶景眞，擅孔雀虎豹。沈粲之專工綺羅屏幛，丁光之有名蟬雀，智積菩薩之善梵相，僧人珍（貞觀公私畫作蘧師珍。）之人物風俗，均各有特長者。其中以劉瑱、毛惠遠為較有名。

劉瑱　字士溫，彭城人。善文藻篆隸丹青，並稱當世。尤善婦女，時稱第一。有擣衣圖，吳中行舟圖，及成都玉堂禮殿畫仲尼四科十哲像，以及車服禮器等傳於代。

毛惠遠　滎陽武陽人。師顧愷之，善畫馬及人物故實。歷代名畫記謂：「惠遠之畫馬，與劉瑱之畫婦女，並爲當代第一。」有赭白馬圖、酒客圖、中朝名士圖、騎馬變勢圖、葉公好龍圖等。弟惠秀，亦善畫，曾作漢武北伐圖，爲成帝所珍賞。

梁高祖，爲人英邁而通文學，並好書畫，收藏齊內府所遺傳之名畫法書外，復加蒐集，以資鑑賞。計在位四十八年，當時北方屢見兵戈之擾攘，南方則頗享一時之太平。因得大尊崇佛教，致有三度捨身之事。佛教之盛，爲南朝第一。一時名畫家，皆能作佛畫。尤以張僧繇爲最有名。

張僧繇　吳人，天監中爲武陵王國侍郎，直秘閣知畫事，歷右軍將軍，吳興太守。善繪畫，尤工道釋人物，骨氣奇偉，師模宏遠，精備六法，與顧陸並馳，稱六朝三大家。武帝崇飾佛寺，多命畫之。所圖寺塔，超越羣工，朝衣野服，古今不失，奇形異貌，殊方夷夏，實參其妙。如定光如來維摩詰像，尤爲妙絕。明帝命畫天皇寺柏堂，僧繇爲作盧舍那佛像及仲尼十哲。帝怪問釋門如何畫孔聖？僧繇曰：「後來賴此耳。」及後周滅法，焚天下寺塔，獨此殿有宣聖像，乃不命毀拆，可見其卓識。畫龍尤靈妙，每不點睛，恐其飛去。寫禽獸，亦神異，潤州興國寺，苦鳩鴿棲梁上，穢汚尊容，僧繇乃畫一鷹一鷂於東西壁，皆側首向簷外看，自是鳩鴿不復集。又常繪山水於縑素上，以青綠重色先圖峯巒泉石，而後染出丘壑巉巖，不以筆墨鈎勒，謂之沒骨皴。爲後世青綠山水之先範。又僧繇並善凹凸花，其畫蹟以寺壁爲最多。子善果、儒童，亦善畫。構置點拂，殊多佳致，均不弱其家聲者也。

梁代畫家，除張氏一家外，有焦寶願、陸杲、陶弘景、袁昂、蕭賁、嵇寶鈞、解倩、陸整、釋威公、吉底俱、摩羅菩提、迦佛陀

等。焦寶願，衣文樹色，時表新意。陶弘景，畫品超邁，筆法清眞。蕭賁，工山水，咫尺之內，便覺萬里爲遙。嵇寶鈞，意兼雅俗，着彩清新。解倩、陸整，均長寺壁。僧威公、吉底倶、摩羅菩提，均以能畫聲聞京洛。又武帝之子世誠（即梁元帝名繹。），其孫方等，亦皆善畫。元帝有蕃客入朝圖、遊春苑白麻紙圖、陂澤芙蓉圖、聖僧圖等傳於代。所著之山水松石格，尤有功於後代畫學。然武帝晚年怠於政事，遂招侯景之亂。當建康被陷時，充溢內府之名蹟，多歸灰燼。後元帝收其殘餘，移至江陵之新都，又被西魏將軍于謹所陷，帝因集名畫法書二十四萬卷，付之一炬。乃歎曰：「儒雅之道，今夜窮矣！」當時于謹僅於灰燼中，收其書畫四千餘軸，載歸長安，實爲吾國文藝之浩劫。

陳代享國，僅三十二年，對於繪畫，較少成蹟，且無新意。惟文帝仍好繪畫，喜收藏，銳意搜求古人名蹟，得七百餘卷；轉後即入於隋。畫家著名者，僅二三人，有吳郡顧野王，字希馮，善文辭，能書畫，尤工草蟲，獨出當時。

北朝繪畫，雖亦全以道釋畫爲主體，然比之南朝，則稍爲遜色，作家亦遠比南朝爲少。其原因；一爲北朝更見兵戈之紛擾，未遑修文。二爲北朝人民，以尙武爲風，不解藝術之興趣。三爲北朝上下，純然以宗教之信仰，全注意於石窟造像之建設，而傍及繪畫。故從事繪畫者，每兼擅雕刻，以爲石窟造像等之指導。從事造像者，則多爲工匠一流，不如畫人之易流名於後世。故以魏之畫家而言，可查考者，僅有蔣少遊、高遵、王由、楊乞德、祖班等幾人。蔣少遊，字樂安，博昌人。性機巧，善人物及雕刻。王由，字茂道，工摹佛像，爲時人所服。楊乞德，封新鄉侯，歸心佛門，後施身入寺。佛像之精，有過姚曇度。

齊文帝，解文學，喜書畫。南平王蕭偉之子放，即待詔文林館，督衆畫工畫古代聖賢及詩意畫於宮中。其子孝珩，

亦善畫，長人物及鷹，稱妙一時。當時名畫家如劉殺鬼、楊子華等，均爲文帝所重視。劉殺鬼，善鬪雀，神形畢肖。常繪畫禁中，錫賚巨萬。其餘如高尙士、徐德祖、曹仲璞等，均稱一代名手。然當時能梵像技工可爲北朝第一者，則爲曹仲達，善人物故實及龍馬等。與曹氏分席北朝畫壇者，則爲楊子華。即簡傳於左：

曹仲達　曹國人也，官至朝散大夫，善繪畫，尤妙梵像，其體稠疊而衣服緊窄，故世稱爲曹出水，（曹吳二體，曹仲達，吳道子。）學者所宗。乃有曹言曹不與，而非曹仲達。吳言吳暕，而非吳道子。按郭若虛論曹吳體法云：「曹吳二體，學者所宗。按唐張彥遠歷代名畫記稱，北齊曹仲達，本曹國人，最工梵像，是爲曹。謂唐道子曰吳。吳之筆，其體圜轉而衣服飄舉。曹之筆，其體稠疊而衣服緊窄。故後輩稱之曰：『吳帶當風，曹衣出水。』又按蜀僧仁顯，廣畫新集，言曹曰：『昔竺國有康僧會者，初入吳，設像行道，時曹不與見西國佛畫而儀範之，故天下盛傳曹也。』又言吳曰：『起於宋之吳暕之作，故號吳也。』且南齊謝赫云：『不與之蹟，代不復見，惟祕閣一龍頭而已。』觀其風骨，擅名不虛。吳暕之說，擘微蹟曖，世不復傳。至如仲達，見北齊之朝，距唐不遠，道子顯開元之後，繪像乃存。證近代之師承，合當時之體範。況唐室以上，未立曹吳，豈顯釋寡要之談，亂愛賓不刊之論。推時驗蹟，無愧斯言也。」無競於時。寫龍蛇，能致風雨。說者咸謂北齊曹仲達、梁朝張僧繇、唐代吳道玄周昉，各有損益。聖賢肸蠁，有足動人；瓔珞天衣，創意各異。至今刻畫之家，列其模範，曰曹、曰張、曰吳、曰周，斯萬古不易矣。有弋獵圖、名馬圖等傳於代。

楊子華　世祖時，任直閤將軍員外散騎常侍，善人物故實及龍馬。嘗畫馬於壁，夜聽啼齧長鳴，如索水草。畫龍於素，舒卷即雲氣縈集。爲北朝寫生妙手。世祖重之，使居禁中，天下號爲畫聖。唐閻立本曾有「自像人以來，曲盡其妙，簡易標美，多不可減，少不可踰，其唯子華乎！」之贊語。有鄴中百戲圖、北齊貴戚遊苑圖、獅猛圖等。

北周受西魏禪，滅齊，統一北方。然爲時僅二十四年，繪畫成蹟，亦較北魏北齊爲差。畫家有田僧亮、馮提伽、袁子

昂等。田僧亮，官至三公中郎將，入周爲常侍，畫名高於董展。作寺壁殊多，尤長田家野服柴車，名爲絕筆。馮提伽，北平人，官至散騎常侍兼禮部侍郎。志尙清遠，後避周末之亂，傭畫於并汾之間。善山川草木車馬，宛有塞北荒寒之趣。袁子昂，陽夏人，以孝稱，官至中書監。善人物長婦女，綺羅一施，超彼常倫云。

南北兩朝之論畫，極爲蓬勃；一因當時繪畫之興盛，二因審美眼光之進展，三因習畫者多爲士大夫者流，故關於繪畫之妙理與趣，每多精微之闡發。關於名家之作品，則分列等第，以爲評賞。此種評賞之方法，實爲當時所首創。屬於前者之著作，則有宋陸探微之四時設色，宗炳畫山水序，王微敍畫，齊毛惠遠之裝馬譜，梁元帝之山水松石格，北齊嚴推之畫論等。屬於後者之著作，則有齊高帝之名畫集，謝赫之古畫品錄，後魏孫暢之之述畫記，陳姚最之續畫品等。謝氏古畫品錄，品第自吳之曹不興以至宋之丁光，計六品二十七人，並附評語。姚最之續畫品，是繼續謝氏古畫品錄而作者，其體例全與古畫品錄同。唯不分品，與古畫品錄稍異耳。以上二種，均以篇幅過長，略而不錄。陸氏之四時設色，毛氏之裝馬譜，齊高帝之名畫集，孫氏之述畫記，惜均已佚去。孫氏之述畫記，僅在歷代名畫記中略見斷片外，無從查考。顏氏之論畫，僅言與諸工巧雜處，爲畫家之羞，垂訓子孫，無甚深意。玆卽錄宗氏之山水序，王氏之敍畫，梁元帝之山水松石格於左，以證當時繪畫思想情形之大略。

宗炳山水序　聖人含道應物，賢者澄懷味像。至於山水，質有而趨靈，是以軒轅、堯、孔、廣成、大隗、許由、孤竹之流，必有崆峒具茨藐姑箕首大蒙之遊焉，又稱仁智之樂焉。夫聖人以神法道，而賢者通；山水以形媚道，而仁者樂；不亦幾乎？余眷戀廬衡，契闊荊巫，不知老之將至，愧不能凝氣怡身，傷跕石門之流，於是畫象布色，構玆雲

嶺。夫理絕於中古之上者，可意求於千載之下。旨微於言象之外者，可心取於書策之內。況乎身所盤桓，目所綢繆，以形寫形，以色貌色也。且夫崐崙山之大，瞳子之小，迫目以寸，則其形莫覩；迴以數里，則可圍於寸眸。誠由去之稍闊，則其見彌小。今張綃素以遠映，則崐閬之形，可圍於方寸之內。豎劃三寸，當千仞之高；橫墨數尺，體百里之迥。是以觀畫圖者，徒患類之不巧，不以制小而累其似，此自然之勢。如是，則嵩華之秀，玄牝之靈，皆可得之於一圖矣。夫以應目會心爲理者，類之成巧，則目亦同應，心亦俱會。應會感神，神超理得，雖復虛求幽巖，何以加焉。又神本亡端，栖形感類，理入影迹，誠能妙寫，亦誠盡矣。於是閒居理氣，拂觴鳴琴，披圖幽對，坐究四荒，不違天勵之藂，獨應無人之野。峯岫嶢嶷，雲林森渺，聖賢映於絕代，萬趣融其神思，余復何爲哉，暢神而已。神之所暢，孰有先焉。

王微敍畫　夫言繪畫者，竟求容勢而已。且古人之作畫也，非以案城域，辨方州，標鎭阜，劃浸流，本乎形者融靈而動變者心也。靈無所見，故所託不動；目有所極，故所見不周。於是乎以一管之筆，擬太虛之體；以判軀之狀，畫寸眸之明。曲以爲嵩高，趣以爲方丈。以發之畫，齊乎太華；枉之點，表夫龍準。眉額頰輔，若晏笑兮；孤巖鬱秀，若吐雲兮。橫變縱化，故動生焉。前矩後方，而靈出焉。然後宮觀舟車，器以類聚；犬馬禽魚，物以狀分。此畫之致也。望秋雲，神飛揚；臨春風，思浩蕩。雖有金石之樂，珪璋之琛，豈能髣髴之哉？披圖按牒，効異山海。綠林揚風，白水激澗。嗚呼！豈獨運諸指掌，亦以明神降之。此畫之情也。

梁元帝山水松石格　夫天地之名，造化爲靈。設奇巧之體勢，寫山水之縱橫。或格高而思逸，信筆妙而墨精。由

是設粉壁，運神情，素屏連隅，山脈濺瀑，首尾相映，項腹相近。丈尺分寸，約有常程，樹石雲水，俱無正形。樹有大小，叢貫孤平。扶疎曲直，聳拔淩亭。乍起伏於柔條，便同文字；（中缺）或難合於破墨，體向異於丹青。隱隱半壁，高潛入冥，插空類劍，陷地如坑。秋毛冬骨，夏蔭春英，炎緋寒碧，暖日涼星，巨松沁水，噴之蔚冋，褒茂林之幽趣，割雜草之芳情。泉源至曲，霧破山明，精藍觀宇，橋約關城，行人犬吠，獸走禽驚。高墨猶綠，下墨猶頳，水因斷而流遠，雲欲墜而霞輕。桂不疎於胡越，松不難於弟兄。路廣石隔，天遙鳥征。雲中樹石宜先點，石上枝柯末後成。高嶺最嫌林刻石，遠山大忌學圖經。審問既然傳筆法，秘之勿泄於戶庭。（此篇梁元帝撰，世多疑之。大率爲宋人僞託，中經割裂竄改者。然名言精義，尚不容廢，因錄之。）

第四章　隋代之繪畫

中原自晉懷帝以來，五胡雲擾，幾有三百年之久。迨隋文帝亡北周及陳，始將對峙之南北兩朝，復歸統一；其情形頗與嬴秦之統一六國相似。蓋秦承姬周學術之分裂，爲漢代文化之椎輪。隋則承南北朝浮靡之風習，以啓李唐文教之新運，實爲唐之過渡時期也。文帝傾心政治，愛養百姓，觀農桑，薄賦役，務儉素，久受離亂困頓之人民，至此稍得休息。道釋教亦因當時之治平，得繼南朝之盛勢而進展之；其造像之盛，實比南北朝有過之無不及。文帝卽位之開皇元年，卽發詔修復天下佛寺，計造金銀檀香夾苧牙石等像，大小十萬六千五百八十軀；修治舊像一百五十萬八千九百四十軀。煬帝亦鑄刻新像三千八百五十軀，其中有百三十尺之彌陀坐像等。舊像之修治，亦達十萬一千軀。天台之智者大師，一生亦造像八十萬軀。其他私人之造像，尚不在此。佛像經此之修治，凡北周武帝滅法之慘跡，至此全行恢復矣。石窟則如山東歷城之千佛山，河南安陽之萬佛溝，以及龍門等處，均有隋代雕造之龕像，其工程之偉大，技工之精麗，不減北朝。故隋之繪畫，仍以道釋畫爲主題，其勢力足繼承南北朝之盛勢，以達初唐之極則。又文帝雅喜收藏，當滅陳時，帝命元帥記室參軍裴矩、高熲，收陳內府所藏之書畫，得八百餘卷；於洛陽文觀殿後建二臺，東曰妙楷，藏自古法書，西曰寶蹟，藏自古名畫，以爲觀賞。當時河北畫家董伯仁，江南畫家展子虔，均被召入禁中，從事繪畫之事。當董展之初相見也，各存輕視之心，後則互採所長以相益。乃知南北兩朝相異之畫風，因政治之統

一君主之撮合，遂漸見調和。煬帝，亦喜畫，不墮先緒。嘗撰古今藝術圖五十卷，至東幸揚州時，亦扈從而行，可見其愛好之篤。兼以煬帝大營宮殿，如大業元年營顯仁宮於洛陽，四年，又建汾陽宮於汶源；並自長安至江都，置離宮四十餘所，土木之盛，殆駕秦始皇而上之。其需繪畫以爲施飾者，自窮極奢侈。加以當時京洛諸地，寺院道觀建築之雜起，均需輝煌之繪畫以壯觀瞻。故工匠派之繪畫，特見興盛，其技工至爲精工巧整，呈一時之風尚。當時名畫家，如閻毗、楊契丹、鄭法士兄弟等，均應時出世，事隋參與土木之飾，各發揮其天縱之才華，垂修名於後世。唯文帝初以兩朝文物之浮靡，亟思有以改革之，因絕淸談，與經學，結果以北朝之風尚，抑止南朝之習俗。開皇二十年，並敕令夏侯朗作三禮圖十卷，其題材全係禮教化之歷史故實。此雖抄襲禮教時期專制君主傀儡繪畫之陳法；然卻大束縛南北朝以來如萬花怒放之繪畫思想。蓋吾國漢以前之繪畫，全掌於貴族階級之手，繪畫之發展，每藉帝王貴族之傀儡。魏晉以後，以道釋教盛起，繪畫漸由貴族手中，移向於民間，繪畫之發展，每憑人民自然愛好之努力。由帝王之傀儡者，其力量每較微弱；由人民自然愛好之努力者，其勢力常特盛強。故終隋之世，凡應用於政教上之繪畫，上趨下好，每不易越出禮教之範圍，故一般平凡作家，因此宥於思想之見地，對於取材命意等，大足妨礙藝術各方之進展。因之文士大夫之習繪畫者，固較南北朝爲少；如雨後春筍之南北朝畫論，亦頓然終止，自非無因也。然少數特出之作家，則仍不然。如以人物論，則有展子虔之細描色暈，意度俱足，世稱唐畫之祖。鄭法士之流水行雲，率無定態，獨步江左。孫尚子之魑魅魍魎，參靈酌妙，作爲戰筆之體，甚有氣力。而當時之域外僧人，如于闐之尉遲跋質那，印度之曇摩拙叉及拔摩等，除長梵像外，均善西域風俗畫，著名於時。又拔摩作羅漢像，爲後代畫羅漢之祖，皆與吾國繪畫題材上

以新材料。以山水而論，則有展子虔之江山遠近，咫尺千里。江志之模山擬水，刻意求工，皆足以開繼前人。其爲隋代之繪畫之創格，而有特殊色彩者，則有界畫之興起。界畫者，即爲界於人物山水間之樓臺亭閣畫，而以界尺成之者；又稱臺閣畫。精細曲折，極遠近透視之能事。當時畫家如展子虔、董伯仁、鄭法士等，無不擅長。或以山水而精意於樓臺亭閣，或以人物而精意於亭閣樓臺，董鄭所作，尤爲精巧。董氏無所祖述，界畫之工，曠絕古今。鄭氏每於飛觀層樓間，間以喬林嘉樹，碧潭素瀨，糅以雜英芳草，使觀者曖然有春臺之思。此種繪畫，原爲受當時宮殿寺院土木盛起之影響有以致之。實則吾國之山水畫，自兩晉以來，亟欲脫離人物畫之背景而獨立，然終未得簡易之方法而脫離之，故有此界於人物山水兩者間之界畫，以爲過渡。故其技工尙精巧，務寫實，即一樹一石之微，亦窮極雕鏤，可謂刻意求山水繪畫之完成，促成唐代山水畫大有代人物畫而興起之勢。然當時山水畫之勢力，終屬有限，遠不若道釋繪畫之煇煌。

楊隋統一中國，爲時頗短，畫家因亦不多，據史籍所載，僅有二十餘人。其中以展、董、鄭三家爲最有名，孫尙子、楊契丹、尉遲跋質那次之。

展子虔 渤海人，歷北齊北周入隋爲朝散大夫，帳內都督。善畫，尤長人物臺閣山水，人物描法甚細，神采如生，意度俱足。臺閣山水工遠近之勢，咫尺千里。又工畫馬，作立馬，有走勢，臥馬，有騰驤起躍勢，時與董伯仁齊名。生平畫壁殊多，如永安寺、崇聖寺、龍興寺、甘露寺等，皆有其畫蹟。屬於卷軸者，則有長安車馬人物畫、弋獵圖、北齊後主幸晉陽圖、朱買臣覆水圖等傳於代。

董伯仁　宣和畫譜，作董展，字伯仁，蓋爲展子虔，董伯仁之誤。汝南人也，多才藝，鄉里號爲智海，官至光祿大夫殿中將軍。善畫，與展同召入隋。樓臺人物曠絕古今，雜畫巧瞻，高視一代。論者謂董與展，皆天生，縱任亡所祖述，動筆形似，畫外有情，足使先輩名流動容變色。但地處平原，闕江山之助，跡參戎馬，小簪裾之儀，此其所未習，非其所不至。若較其優劣，則董有展之車馬，展亡董之臺閣，汝南今多畫蹟，是其絕思。有周明帝畋游圖、雜畫臺閣樣、彌勒變、弘農田家圖、隋文帝上廐名馬圖等傳於代。

鄭法士　在周爲大都督左員外侍郎建中將軍，入隋授中散大夫。畫師張僧繇，當時已稱高弟，其後得名益著。尤長樓臺人物，至冠纓佩帶，無不有法，而儀矩風度，取象其人。雖流水浮雲，率無定態，筆端之妙，無能形容。論者謂江左自僧繇以降，法士稱獨步云。其弟法輪，子德文，皆能畫，克承家學。有阿育王像、貴戚屛風、洛中人物車馬圖、隋文帝入佛堂像、遊春苑圖等。

孫尚子　官睦州建德縣尉，與鄭法士同師張氏。鄭以人物樓臺稱霸，孫則善魑魅魍魎，參靈酌妙，善爲戰筆之體，甚有氣力；衣服手足木葉川流，莫不戰動。唯鬚髮獨爾調利，他人效之，終莫能得。鞍馬樹石，與顧陸異迹，而勝法士云。定水寺，總持寺、西禪寺等，皆有其畫蹟。

楊契丹　官至上儀同，長人物，六法備該，甚骨氣，山東體制，尤屬伊人，與董、展齊名。嘗與田僧亮、鄭法士同畫長安光明寺塔，鄭圖東壁北壁，田圖西壁南壁，楊畫外邊四壁，是稱三絕。方其畫時，楊以簟蔽畫處，鄭竊窺之，曰：「卿畫終不可學，何勞障蔽。」鄭又嘗求楊畫本，楊引鄭至廟堂，指宮闕衣冠車馬，曰「此吾畫本也。」鄭深

歎服。有隋朝正會圖、幸洛陽圖、游宴圖、雜佛變等傳於代。

尉遲跋質那　于闐國人，歷代名畫作西國人。善畫梵像及外國風俗畫，擅名當時，人稱之爲大尉遲。其畫蹟以寺壁爲多，如慈恩寺之千鉢文殊，光寶寺降魔諸變，大雲寺之淨土經變等，均甚精妙。屬於卷軸者，則有六番圖、國外圖、寶樹圖、波羅門圖等傳於代。

其餘李雅，蔡生之長佛像鬼神，標冠天下。陳善見之遒媚溫潤，觸途成擅。江志之筆力勁健，風韻頓挫。夏侯朗之善人物故實。釋跋摩之善羅漢。閻毗之工書畫，稱妙一時。釋迦佛陀、曇摩拙叉之長佛像，皆爲名輩所推重。劉烏、王仲舒、閻思光、解悰、程瓚、釋玄暢等，並爲隋代能手。

第三編　中世史

第一章　唐代之繪畫

唐高祖受隋禪統一天下，不久卽繼以太宗貞觀之世，四海昌平，文物燦然。乃復北征突厥薛延陀，東伐高麗，南討南越，西平吐谷渾高昌，兼臣西域諸地，領土被於四垂矣。而又遠覽成周，近觀叔世，度立國之宏規，成一王之典制。不特大漢天聲，震古鑠今，卽中原文物，亦臻極軌。雖貞觀以後，習於奢侈逸樂，招武韋之亂，至玄宗卽位，勵精圖治，重現開元天寶之大治世，成空前之隆盛。

考吾國文運，衰於西晉，極於梁陳，至隋雖稍有振作，然不久卽遭滅亡。至唐，中原文物，亦隨氣運而振展，以言經學，則有孔顏諸人之權衡一代。以言詩文，則有李杜韓柳諸家之馳譽千秋。以言書法，則有虞褚顏柳諸家之耀光百世。以言宗教，除景教、回教、拜火教之先後流入外，實爲儒、釋、道三教匯流時代。蓋吾國自魏晉以來，崇尙黃老，道教漸盛。而宋齊以下，浮屠之教義，又泛濫於天下。齊梁間，三教調和，恆爲張融等諸當世學者之理想。唐興，太宗高宗，均崇尙儒學，砥礪經術，屢幸國子監，獎進天下名儒。一面又皈依佛教，尊崇道教。如玄奘三藏，齎譯印度經論一千三百三十餘卷，太宗高宗，皆信仰之。高宗咸亨二年，有義淨三藏者，航南海入印度，住印度二十五年，始偕印僧日照及菩提

流志等，同歸中土，最爲武后所信仰。造寺度僧，歲無虛日。至玄宗時，有印僧善無畏三藏、金剛智三藏、不空三藏，相繼東來，稱開元三大士。又慧日三藏遊印度還，深爲當時諸名士所重；如顏眞卿王摩詰諸人，均信奉之。當時中印僧人，並以師承派別之差異，各據門戶，以爲唱導。如智者之天台，賢首之華嚴，善導之淨土，道宣之南山，吉藏之三論，不空之眞言，以及慧能神秀之南北禪，波翻浪湧，成空古之盛狀。佛寺畫壁，見歷代名畫記兩京外州寺觀者，已近三百壁之多，可知唐代壁畫之盛行。雖武宗以好神仙，毀佛寺伽藍至四萬餘，佛畫頓受一大劫；然宣宗卽位，又銳意修復之，佛畫遂復風行。但比諸會昌以前，則稍差遠耳。故以唐代之佛畫言，實比六朝有過之無不及。道教，以老子之姓李氏，而與唐爲同姓，太宗卽位，極加尊崇，位於釋氏之上。高宗更尊爲太上玄黃帝。至中宗，竟禁畫道相於佛寺。非不許畫道相也，蓋欲專畫道相於道觀，以打破自漢以來浮屠老子並祀一宮之風，以示尊敬。至此，道教畫與佛畫，乃爲時人所並重。唯於三教之應用，則以儒家爲政治之基礎，道釋爲宗教之根本，兩不相同耳。故以唐代之全繪畫言，則仍以道釋人物畫爲主題。雖當時山水繪畫之風雲湧起，花鳥繪畫之由萌芽而蓬勃滋長，以及貴族士女遊宴戲樂之圖寫，均爲有唐繪畫上不可一世之新趨向，開始蹈入文學化之新境地。然其勢力，終不及道釋繪畫之盛強。

文學，繪畫，均爲國民思想之反映。有唐二百八十餘年間，因政治風尙之遞嬗，文學繪畫二者，亦自受其推移之影響。文學史家，每依其推移變化之痕跡，分唐代之詩，爲初、盛、中、晚四時期。陸放翁分唐詩爲初唐、盛唐、中唐、晚唐四時期。自高祖武德元年，至玄宗開元初，爲初唐。自玄宗開元元年，至代宗大歷初，爲盛唐。自代宗大歷元年，至文宗太和九年，爲中唐。自文宗開成元年，至昭宗天祐三年，爲晚唐。以言繪畫，實與之有同樣情形，可沿用以敍述之，殊爲簡便。蓋唐初繪畫，原由陳隋平平發展而來，其作風尙未脫去陳隋之舊式。故唐初之二閻，

實與隋之楊展，可歸入同一領域之內。至開元天寶之際，繪畫始大發揮其燦爛之光彩，以成盛唐沉雄博厚之新風格，爲唐代藝術史上最有意義之時期，亦卽爲吾國繪畫史中樞之心核。中唐之繪畫則僅繼續盛唐之新發展而充實之。中唐以後，政綱漸替，繪畫之思潮，亦失其主題。雜作並起，各有專詣，則又另開一風氣矣。因卽順次敍述於左：

（甲）初唐之繪畫　自高宗武德至玄宗開元初，凡百年，是爲初唐。其間繪畫，因陶養於初唐政教之力量尙淺，不能轉移六朝傳統之風格，幾全承其餘緒。雖技術略見一段之進步，然其作風，則仍盛行鈎斫之手法，以細緻閒艶爲工。山水樹石等，亦拘守前人之成法，不能如盛唐之各闢蹊徑，盡揮灑自如之能事。純如初唐文學之王、楊、沈、宋，尙蹈襲四六駢體綺麗艷冶之餘韻者相似。然貞觀之世，文學繪畫各面，均漸見涵蘊盛隆之跡象。且高宗太宗，均以文教爲治國之本，兼重繪畫，喜收藏。當楊隋之末，維揚扈從之珍，爲竇建德所取，兩京祕藏之蹟，爲王世充所得，武德五年，皆尅平之，諸珍蹟專歸唐有。雖宋遵貴奉命船載西上，經砥柱，忽遭漂沒，所存者僅十之一二，張彥遠謂國初內庫所藏，僅三百卷，均爲隋朝以前相承御府所寶，概爲砥柱漂沒所存餘者。然太宗特所耽玩，因購求於人間，於是名畫之錄入貞觀公私畫史者，達二百九十三卷。天后朝，張易之奏召天下畫工，修內府圖畫，因使工人各推所長，銳意模寫，致摹搨之風，盛行於當時內府之間。張彥遠云：「國朝內庫翰林，集賢秘閣，搨寫不輟，艱難之後，斯事漸廢。」大開崇古之風。此雖沿陳隋之舊習，實爲盛唐繪畫新發展之基礎。且高宗太宗均擅繪畫，王族親貴，如漢王元昌，高祖第七子，太宗之弟，博綜伎藝，善繪畫，長人物故實，鷹鶻雉兔及馬，風韻超舉。韓王元嘉，高祖第十三子，善畫龍馬虎豹。滕王元嬰，高祖二十二子，善丹青，長蜂蝶。江都王緒，霍王元軌之子，太宗猶子也。多才善藝，擅書畫，長鞍馬蟬雀，極造神妙。等，亦以能畫擅名於時。兼以國基初奠，每以繪畫點飾盛治，當戰勝奏凱，蠻夷職貢之事，輒命臣工圖寫，以示威德。當

時熟典制，善人物故實道釋，爲一代宗匠者，則有閻氏兄弟，相繼而起。

閻讓　字立德，以字行，雍州萬年人，隋殿內少監閻毗之子。有巧思，能傳父藝，武德中，累除尚衣奉御，歷將作大匠。貞觀初封大安縣男，以作翠微玉華宮稱旨，遷工部尚書，進封爲公。凡宮殿城池陵寢皆爲營建。貞觀三年，蠻酋謝元深入朝，顏思古援成周舊例，請作王會圖，立德應命作之。又曾作職貢圖，異方人物詭怪之質，盡入毫芒，雖梁魏以來名手，不是過也。李嗣眞有「大安博陵，難兄難弟，自江左陸謝云亡，北朝子華長逝，象人之妙，號爲中興。至若萬國來庭，奉塗山之玉帛；百蠻朝貢，接應門之位序；折旋矩度，端簪奉笏之儀，魁詭譎怪，鼻飲頭飛之俗，盡該毫末，備得人情」之語。有職貢圖、文成公主降番圖、採芝太上像、游行天王圖、玉華宮圖、詩意圖、鬬鷄圖等傳於代。

閻立本　立德弟，顯慶中，以將作大匠，代立德爲工部尚書。總章元年，拜右相，封博陵縣男。長文學，有應務才，尤擅繪畫，道釋人物故實，寫眞以及鞍馬，無一不能，當時號爲丹青神手。太宗時，天下初定，異國來朝，嘗奉詔畫諸夷及職貢鹵簿諸圖。又奉詔畫秦府十八學士、凌煙閣功臣等圖。初太宗泛舟春苑池，見異鳥容與波上，悅之，詔坐者賦詩，召立本侔狀，閣外傳呼閻畫師。是時立本已爲主爵中郎，俯伏池左，研吮丹粉，望坐者羞悵流汗，歸戒其子曰：「吾少讀書文辭，不減儕輩，今獨以畫見知，與廝役等；若曹愼無習。然性所好，雖被訾屈，亦未能罷也。」又嘗至荊州，得見張僧繇畫，初猶未解，曰：「定虛得名耳。」明日又往，曰：「猶是近代佳手。」明日又往，曰：「名下定無虛士。」十日不能去，寢臥其下，對之，其性所好如此。時姜恪以戰功擢左相，故時人有左

相宣威沙漠，右相馳譽丹青之語。有三清像、行化太上像、延壽天尊像、宣聖像、維摩像、淩煙閣功臣圖、醉道圖等傳於代。

道釋繪畫，原爲有唐一代繪畫之主題。初唐承六朝道釋畫盛勢而下，尤爲興盛。當時朝散大夫王玄策，於貞觀十七年及顯慶二年，兩使天竺，於安撫西垂外，探討佛蹟。隨行者有巧匠宋法智，摹寫摩揭陀之諸佛跡，及菩提樹伽藍之彌勒像等，齎之而返。法苑珠林載王氏著書中，有天竺行記十卷，中附天竺國圖三卷。又玄奘三藏之五遊印度，亦齎歸佛像殊多。又麟德間百官奉勅撰西域記六十卷，中有圖畫四十卷，卽爲當時風俗畫家范長壽所作。尤爲于闐國人尉遲乙僧之善印度暈染法，卽梁時所謂凹凸花者，東來中土，大有推助盛唐繪畫新思想之勃起。道畫亦由唐初諸帝王之尊崇維護，大興盛於當時，足與顯赫之佛畫相抗衡。其畫題則爲天尊、天師、天君、眞人、星君、星官、太上、道君諸像。此等畫蹟，出於二閻之手者實多。圖畫見聞志云：「張僧繇曾作醉僧圖，道士每以此嘲僧；羣僧於是聚鏹數十萬，求立本作醉道圖。」於此可見僧道勢力之不相上下，與道釋繪畫之互相分庭亢禮之大略。當時有名於道釋畫者，除二閻尉遲乙僧外，有張孝師、范長壽、王韶應、何長壽、勒智翼、尹琳、劉行臣等。

尉遲乙僧　于闐國人，父跋質那，士於隋。于闐王以乙僧丹青奇妙，貞觀初，薦之中都，授宿衛官，後封郡公。承父藝，故時人稱爲小尉遲。工佛畫外國人物花鳥，尤長凹凸花。所作菩薩，小則用筆緊勁，如曲鐵盤絲，大則灑落有氣概。曾在慈恩寺塔前畫功德，於凹凸之花面中，現有千手眼大悲精妙之狀，不可名焉。光澤寺七寶臺後，畫降魔像，千怪萬狀，實奇踪也。其用色沈着，堆起絹素而不隱指。凡畫功德人物花鳥，皆是外國之物像，非中

華之威儀。非特其技術足與閻氏兄弟抗衡，實與初唐繪畫上以新趨向之波動。有外國人物圖、降魔像、從佛圖、釋迦像等傳於代。

張孝師　長安人，爲驃騎尉，善道釋鬼神，尤工地獄，氣候幽默。嘗死而復蘇，自謂入冥得所見，爲畫陰刑陽囚，衆苦具在，酸慘悲惻，使人畏慄，吳道玄見之因效爲地獄變相，廬山歸宗寺有其地獄圖。

范長壽　國初爲武騎尉，善道釋，師張僧繇。尤工風俗故實田家景候。所繪山水樹石，牛馬畜產，屈曲遠近，放牧閑野，皆得其妙，各盡其微。當時有所謂今屏風者，是其製也。有風俗圖、醉道圖、西方變等傳於代。

次爲王韶應之深有氣韻，尹琳之筆跡快利，劉行臣之精采灑落，勒智翼之祖述曹仲達，而改張琴瑟，何長壽之師張僧繇與范長壽齊名，均爲初唐道釋畫之能手。

當時花鳥作家，則有劉孝師之點畫不多，皆爲樞要，鳥雀奇變，甚爲酷似。康薩陀之初花晚葉，變態多端，異獸奇禽，千形萬狀。殷仲容之妙得其眞，墨兼五采，稱邊鸞之次。尤以薛稷爲最負盛名。

薛稷　字嗣通，蒲州汾陰人，歷官太子少保，禮部尚書，封晉國公。以外祖魏徵，家藏極富，既飫其觀，遂銳意書畫。嘗得褚虞體名於天下。畫入神品，道釋人物如閻立本。嘗遊新安郡，遇李白因相留請書西安寺額，兼畫西方佛一壁，筆力瀟灑，風姿逸秀，曹張之匹也。尤以畫鶴知名，唐秘書省及通泉縣署屋壁，均有其畫鶴。其他雜畫樹石，均稱精絕，郭圖胡氏亭畫記云：「唐故宰相薛公稷畫入神品，成都靜德精舍有壁二堵，雜繪鳥獸人物，態狀生動，乃一時之尤者也。

其餘如曹元廓、王弘之善騎獵人馬，陳廷、郎餘令之善山水，檀智敏、鄭僑之善木屋樓臺，閻玄靜之善蠅蝶蜂蟬，周古言之善宮禁婦女，均爲一時作者。

（乙）盛唐之繪畫　玄宗卽位，唐室中興。勵精圖治，內修政敎，外宣威德，成開元天寶之治世。延至肅宗末代宗初，凡五十年，是爲盛唐。繪畫亦一變陳、隋、初唐細潤之習尙，以成渾雄正大之盛唐風格，成空前之偉觀。蘇子瞻云：「智者創物，能者述焉，非一人之所能也。君子之於學，百工之於藝，自三代歷漢至唐，而備矣。故詩至於杜子美，文至於韓退之，書至於顏魯公，畫至於吳道子，古今之變，天下之能事畢矣。」張彥遠亦云：「聖唐至今二百三十年，奇藝駢羅，耳目相接，開元天寶，其人最多。」其總因，固爲唐代氣運之隆盛有以使然；其副因：一緣初唐國土廣闢，四遠之交通頻繁，域外繪畫之流入中土，爲吾國繪畫作新奇之引導，而得別開生面之動機。二爲吾國繪畫，自陳隋以來，習於精工細潤，達於極點，不得不另闢新程途，以爲發展。於是始得大放嶄新之光彩。兼以開元天寶，繼貞觀治世之後，天下承平日久，文士大夫，皆得有閒情逸致，從事繪畫之研習。而玄宗皇帝，又備能書畫，並以墨色畫竹，爲吾國墨竹畫之創祖。當時名家如吳道玄、李思訓、王維等，同時並起，均爲吾國畫壇上之特殊人材。然盛唐繪畫，最可爲吾人所贊頌者，一爲佛教繪畫，脫去外來影響，而自成中國風格。二爲山水畫格法之大完成，而得特殊之地位，爲吾國繪畫史上中世史前後之一大分野。

佛畫自後漢輸入中土，經魏、晉、南北朝，迄於初唐，其作風大抵被外來風格所支配。蓋佛畫初來時，其作用全爲信仰之崇奉，與傳敎之方便，並以經典敎義等之束縛，於形式色彩諸端，每承西域、印度諸佛畫之舊。雖西晉衛協，東

晉顧愷之，略加中土技法，一變細密，尙未摒除外來風格之拘束，而見東方藝術之精神。至盛唐，始以中土風趣，與佛畫陶鎔而調和之，特出新意，窮極變態，非復如六朝人之專依原樣摹寫，所可比擬。故唐代佛畫，以製作之數量而言，固不如六朝之多。以製作之精神與意義而言，則遠比六朝爲有價値；吳道玄實爲當時佛畫之代表作家。山水畫，自晉代一見端倪後，經南北朝宗、王、楊、展諸作家之努力，漸見脫離人物畫之背景而獨立。然技術格法，尙極幼稚。張彥遠云：「魏晉以降名迹之在人間者，皆見之矣。其畫山水，則羣峰之勢，若鈿飾犀櫛；或水不容泛；或人大於山；率皆附以樹石映帶，其地列植之狀，則伸臂布指。詳古人之意，專在顯其所長，而不守於俗變也。國初二閻，擅美匠學，楊、展精意宮觀，漸變所附；尙猶狀石則務於雕透，如氷澌斧及。繪樹則刷脈鏤葉，多栖桔苑柳。功倍愈拙，不勝其色。吳道玄者，天付勁毫，幼抱神奧，往往於佛寺畫壁，縱以恠石崩灘，若可捫酌。又於蜀道寫貌山水。由是，山水之變始於吳，成於二李。」可知山水畫亦至盛唐，始一變六朝以來鈿飾犀櫛冰澌斧及之舊習，而完成於二李；自此以後，山水畫，不但與人物畫分庭抗禮，且分南北二大宗派，互相輝映。其原因固爲受黃老與禪宗學說之影響，其應用，亦往往與道釋畫，同施於寺壁以爲裝飾。然道玄實爲盛唐繪畫上不可分離之作家，百代之畫聖也。

吳道玄　東京陽翟人，初名道子，玄宗爲之更今名，遂以道子爲字，時人尊稱之曰吳生。少孤貧，畫有天賦之才，年未弱冠，卽窮丹青之妙。曾事逍遙公韋嗣立爲小吏，居於蜀，因寫蜀道山水，始創山水之體，自爲一家。人物鳥獸草木臺閣，尤冠絕於世。早年行筆差細，中年行筆磊落，似蓴菜條；其衣紋圓轉而飄舉，世稱吳帶當風。山水樹石，古險不可一世。人物則八面生動，畫圓光，不用尺度規矩，一筆而成。其傳采，於焦墨痕中，略施微染，自

然超出縑素，世謂之吳裝。開元中，浪跡東洛，玄宗聞其名，召入供奉，爲內教博士，非有詔不能作畫。天寶中，玄宗忽思蜀道嘉陵江山水，遂假吳生驛駟，令往寫貌。及返，問其狀，奏曰：「臣無粉本，並記在心。」乃圖嘉陵江三百里山水於大同殿，一日而畢。性好酒使氣，每欲揮毫，必須酣飲。開元中，隨駕幸東洛，與裴旻將軍張旭長史相遇，各陳其能。裴將軍厚以金帛召致道玄於東都天宮寺，爲其所親將施繪事。道玄封還金帛，一無所受，謂將軍曰：「聞裴將軍舊矣，爲舞劍一曲，足以當惠，觀其壯氣，可助揮毫。」旻因墨縗爲道玄舞劍；舞畢，道玄奮筆，俄頃而成，若有神助。其寫佛像，皆稽於經典，不肯妄下無據之筆。最長地獄變相，全與後世寺刹所圖者不同，了無刀林油釜與牛頭馬面諸像，而陰慘襲人，使觀者不寒而慄。兩京耆舊傳云：「寺觀之中，吳生圖畫殿壁，凡三百餘堵，變相人物，奇縱異狀，無有同者。景云寺老僧傳云：「吳生畫此寺地獄變相，時京都屠沽漁罟之輩，見之而懼罪改業者，往往有之。其藝術之動人如此。蘇東坡謂：『道玄畫人物，如燈取影，逆來順往，傍見側出，橫斜平直，各相乘除，得自然之數，不差毫末；出新意於法度之中，寄妙理於豪放之外，所謂遊刃有餘，運斤成風，古今一人而已。」生平畫蹟極夥，除壁畫外，載於宣和畫譜者已近百軸之多。

道玄，於佛畫，確爲集大成，特出新意而成格式者。尤於筆線上發揮莊重變化之特趣，縱橫健拔，不可一世，稱蘭葉描，永爲後代所式法。當時佛畫家，除道玄外，尚有道玄之弟子盧楞伽、楊庭光、張藏、翟琰、王耐兒以及車道政、楊惠之、解倩等。盧楞伽一作稜伽。長安人，一作京兆人。長經變佛事而能工細。車道政，明皇時人，善佛事，迹簡而筆健。楊惠之，與吳道玄同師僧繇，巧藝並著。其中以楊庭光爲最有名。

楊庭光　開元中人，（唐朝名畫錄作光庭。）與道玄齊名，善釋氏像與諸經變相，旁工雜畫水山，皆極其妙。說者謂其善師吳生，頗得其體，其筆力不減於吳也。天寶中庭光潛寫吳生眞於講席，衆人之中，引吳生觀之，一見便驚，謂庭光曰：「老夫衰醜，何用圖之。」因斯歎服。所作佛像，多在山林中。

吳道玄之山水畫，行筆縱放，如雷電交作，風雨驟至，一變前人細巧之積習。然其畫蹟，除佛寺畫壁之怪石崩灘，與大同殿蜀道山水外，餘無所聞。故吳之於山水，僅開盛唐之風氣而已。至完成山水畫之格法，代道釋人物而為繪畫之中心材題者，則賴有李思訓父子王維等，同時並起。於是山水畫遂分南北二大宗，以李思訓為北宗之始祖，王維為南宗之始祖。是說為明代莫雲卿是龍所唱導，董其昌繼而和之。雲卿云：「禪家有南北二宗，唐時始分。畫之南北二宗，亦唐時分也；但其人非南北耳。北宗則李思訓父子着色山水，流傳而為宋之趙幹、趙伯駒、伯驌，以至馬、夏輩。南宗王摩詰始用渲淡，一變鉤斫之法，其傳張璪、荊、關、郭忠恕、董、巨、米家父子，以及元之四大家，亦如六祖之後，有馬駒雲門臨濟兒孫之盛，而北宗微矣。」原李思訓，為唐宗室，與其子昭道，皆生當盛世，長享富貴，因以金碧青綠諸重色，創精工繁茂綺麗端厚之青綠山水，成一家法。實由其環境之習染有以使然也。王維，開元中舉進士，曾官右丞，然晚年隱居輞川別業，信佛理，樂水石而友琴書，襟懷高曠，迥超塵俗；斂吳生之筆，洗李氏之習，以水墨皴染之法，而作破墨山水，以清雅閑逸為歸。同時有盧鴻、鄭虔，亦高人逸士，與王維同興水墨淡彩之新格，而見特尚。蓋吾國佛教，自初唐以來，禪宗頓盛，主直指頓悟，見性成佛；一時文人逸士，影響於禪家簡靜清妙，超遠灑落之情趣，與寄興寫情之畫風，恰相適合。於是王維之破墨，遂為當時之文士大夫所重，以成吾國文人畫之祖。董玄宰畫禪室隨筆云：「文人

畫，自王右丞始。其後董源、僧巨然、李成、范寬爲嫡子，李龍眠、王晉卿、米南宮及虎兒，皆從董、巨得來；直至元四大家黃子久、王叔明、倪元鎭、吳仲圭，皆其正傳。吾朝文沈，則又遙接衣鉢。若馬、夏、李唐、劉松年，又是李大將之派，非吾曹易學也。」至此吾國繪畫漸趨向於文學化矣。

李思訓　唐宗室，孝斌子，開元初，官左武衞大將軍，封彭國公。善丹青，山水樹石，風骨奇峭，草木鳥獸，皆窮其態。所作山水，以金碧輝映，成一家法，當時推爲第一。後人所畫着色山水，往往宗之，稱爲大李將軍山水。開元中，明皇召思訓寫蜀道嘉陵江山水於大同殿，累月方畢，與吳道玄寫嘉陵江山水，一日而畢者，其風趣迥然不同。明皇見之，歎曰：「李思訓數月之功，吳道玄一日之迹，皆極其妙。」張彥遠亦云：「山水樹石，筆格遒勁湍瀨潺湲，雲霞縹緲，時覩神仙之事，窅然巖嶺之幽。」其子昭道，太原府倉曹，直集賢院。山水鳥獸，繁巧智慧，稍變父勢，而妙過之，言山水者，稱爲小李將軍。思訓之弟思誨，揚州參軍，亦善丹青。思誨之子林甫，封晉國公，山水之佳，類小李將軍。林甫之姪名湊，工綺羅人物，筆跡疎散而兼嫵媚，均爲當時所推重。

王維　字摩詰，太原祁人。開元辛酉進士，官至尙書右丞。有高致，信佛理，工詩，長書畫，人物、佛像、山水、花卉，無一不精。所作羅漢，端嚴靜雅，文采秀麗。山水松石，頗似吳生；其用筆着墨，一若蠶之吐絲，蟲之蝕木，而風致標格特出。尤工平遠之景，雲峰石色，絕跡天機。蘇東坡云：「味摩詰之詩，詩中有畫；觀摩詰之畫，畫中有詩。」並嘗自制詩曰：「宿世謬詞客，前身應畫師；不能捨餘習，偶被時人知。」作畫至興到時，往往不問四時景物，如以桃杏芙蓉蓮花同作一景，畫袁安臥雪圖中，有雪裏芭蕉，此乃得心應手，意到便成，造理入神，迥得眞趣，此文

人畫與作家畫之不同也。世稱山水南宗之祖。安史亂後，隱居輞川之藍田別墅，竹洲花塢，極林泉之勝。遂自繪輞川圖，山谷鬱盤，水雲飛動，意出塵外，尤爲世所稱賞。其畫流派至遠，宋元名家，多宗法之，著有山水訣一卷，行世。

當時山水畫近於王氏者，除盧鴻、鄭虔外，尚有王陀子李平鈞鄭逾張通張志和畢宏韋鑾等。盧鴻，（一作盧鴻一。）字浩然，洛陽人，善山水樹石，與王右丞埒。鄭虔，字弱齊，鄭州滎陽人，天寶中官廣文館博士，工詩，能書畫，善山水，時稱奇妙。嘗自寫其詩并畫，以獻明皇，明皇大署其尾曰：「鄭虔三絕。」張志和，字子同，金華人，官左金吾衞錄事參軍。後以親喪不復仕，居江湖，自稱煙波釣叟。性閑逸，喜酒，常在酣醉後，或擊鼓吹笛，舐筆成畫。董玄宰謂：「昔人以逸品置神品之上，歷代維張志和可無媿色。」畢宏，天寶中御史，善山水，筆勢奇險，尤工樹石。杜工部爲畢宏作雙松圖歌云：「天下幾人畫古松，畢宏以老韋偃少。」說者謂其樹木改步變古，自宏始也。近於李者，僅有暢晉及其子明瑾，工靑綠，有名於時。

盛唐以國威遠播，兼以玄宗之好馬，遂有沛艾大馬。西域大宛，歲有來獻，致內廐之馬，多至四十萬。於是繪畫鞍馬之專家，如曹霸、韓幹、陳閎等，同時並起，爲盛唐繪畫上之又一異彩。蓋吾國自漢魏以來，畫馬者，多作螭頭龍體，矢激電馳，雖至晉宋之顧陸，一變風調，周隋之董展，一變格態；然屈產蜀駒，尚存翹舉之勢。至韓幹等出，始全傾向於寫生，得形神之備。於是畫馬之盛，遂爲前世所未有，後世所典則。

曹霸　譙國沛人，三國畫人曹髦之後，官至左武衞大將軍。工書畫，書學衞夫人，畫馬爲唐代之最；兼善寫貌，開

元中畫已得名。天寶末，每詔寫御馬及功臣，筆墨沈着，神采生動。杜工部曾作丹青引贈霸，推許備至，韓幹陳閎，皆爲其弟子。

韓幹 藍田人，唐書藝文志，作大梁人。宣和畫譜，繪圖寶鑑，作長安人。少時常爲賣酒家送酒；王右丞兄弟，未遇時，每貰酒漫遊，幹嘗徵債於王家，戲畫地爲人馬，右丞奇其意趣，乃歲與錢二萬，令幹畫，遂以著名。天寶初，入爲供奉，善寫貌人物，尤工鞍馬，初師曹霸，後獨擅其能。時陳閎以畫馬稱，詔令幹師之，而怪其不同，因詰之，奏曰：「臣自有師，陛下內廄之馬，皆臣之師也。」原玄宗好名馬，當時西域大宛，歲有來獻，詔於北地置羣牧，筋骨步行，久而方全，調習之能，逸異並至，骨力追風，毛彩照地，不可名狀，悉命幹圖其駿者；有玉花驄照夜白等。時岐薛寧申王廄中，皆有善馬，並圖之，畫馬遂爲古今獨步。其畫蹟有龍朔功臣圖、明妃上馬圖、五陵遊俠圖、貴戚閱馬圖、于闐黃馬圖等傳於世。

陳閎 會稽人，唐書藝文志作陳弘。工寫貌人物士女及禽獸，尤工鞍馬，師曹霸，與韓幹同時。開元中，召入供奉，每詔寫御容，冠絕當代。又寫太清宮肅宗御容，龍顏鳳態，日角月輪之狀，筆力滋潤，風采英奇，閻令公之後，一人而已。

其餘如姜皎、馮紹政之善鷹鳥，張萱談皎之工人物士女，張遵禮之善鬬將，韋無忝之長獅子異獸，均爲盛唐有名之專門作者。姜皎，開元中，官至秘書監，封楚國公，畫鷹兕猛有殺氣。馮紹政，開元中任少府監，遷戶部侍郎，鷹鶻雞雉，特妙形態。談皎，工人物，大髻寬裳，設色潤媚。韋無忝，長安人，官至左武衞大將軍。長鞍馬異獸，共嗟神妙。其中尤以張萱爲有名。

張萱　京兆人，好畫貴公子，鞍馬屏障，宮苑士女，善起草，點簇景物，位置亭臺，樹木花鳥，皆窮其妙。畫長門怨詞，七夕圖，望月圖，皆多幽思。畫士女乃周昉之倫，其貴公子、宮苑、鞍馬，皆稱第一。

(丙)中唐之繪畫　盛唐之繪畫，名匠作家，燦若列星，可謂極人文之盛。雖安史亂後，內府所藏名蹟，多半散佚；肅宗又往往以內府藏畫，頒賜諸貴戚，輾轉爲好事者所有；德宗以後，國家多故，對於繪畫，漸致衰廢，名蹟益多流落；然民間因此得有鑒藏繪畫之機會，而名畫之價值，亦因之大增。張彥遠云：「手揣卷軸，口定貴賤，不惜泉代，要藏篋笥。則董伯仁、展子虔、鄭法士、楊子華、孫尚子、閻立本、吳道玄屏風，一扇值金二萬，次者值一萬五千。其楊契丹、田僧亮、鄭法輪、乙僧、閻立德一扇值一萬金。」其原因固爲各帝王對於文藝之崇尚，與當時鑒賞目光之進步有以致之。亦緣唐代文學之隆盛，一般文學家，對於繪畫，往往樂爲極量之贊揚稱頌，或爲詩歌以歌咏之；或爲評語以題跋之；或依流傳之神話而筆記之，使人人之心目中，皆以繪畫爲翰墨中之至寶，深以一經鑒藏爲欣幸。故中唐自代宗大曆初，至文宗太和九年，凡七十餘年間，其繪畫情形，雖不能如盛唐之有特殊光彩，而其勢力，大足繼續盛唐新發展之餘勢而充實之，不能謂爲無成績也。然吾國繪畫，自盛唐以後，諸畫家每喜專習一科，而成獨到之特長。如松石、牛馬、鷹鶴、士女、梅竹，以及水火等，各有專擅。蓋繪畫至盛唐，於技巧形式各方面，均達於極點，中唐以後之畫人，非專習一科，自難精工華妙，出人頭地，實爲吾國繪畫技巧進步之證。尤爲可注意者，即爲當時花鳥畫之發展，以完成吾國花鳥畫之新基礎；至五代以後，與山水畫並駕齊驅而下，成爲吾國繪畫上最有力之中心題材，亦即於世界繪畫之畫材上，占一特殊地位；至爲可喜。

中唐繪畫，以主筆墨神趣之南宗山水，最有進展：作家亦最多。著名者，有韋偃、王宰、張璪、王洽諸人，以書法詩趣，各發展筆勢墨韻之特長。花鳥，以邊鸞為傑出，創折枝草木之新格。佛畫人物，則有周昉，繼盛唐而精妙之，均為一時之特殊人材。茲依次簡述於左：

韋偃　長安人，一作鶡。寓居於蜀，善山水竹樹人物鞍馬，思高格逸，妙列上品。嘗閑居以越筆點簇鞍馬，或騰、或倚、或齕、或飲、或驚、或止、或走、或起、或翹、或跂；其小者或頭一點，或尾一抹，曲盡其妙，宛然如眞。巧妙精奇，韓幹之匹也。所畫松石，咫尺千尋，駢柯攢影，煙霞翳薄，風雨颼飀，輪囷盡偃蓋之形；宛轉極盤龍之狀。杜甫戲為雙松圖歌，卽為偃而作，可謂極盡贊揚之語。所畫山水，山以墨斡，水以筆擦，雲煙幻滅，筆力勁健，風格高舉；遠岸長陂，叢林灌木，筆力有餘而景象不窮。人物，則高僧奇士；禽獸，則牛驢山羊；無一不盡其能云。

王宰　蜀中人，貞元中韋令公以客禮待之，畫山水樹石，出於象外。歷代名畫記謂其畫蹤多寫蜀中山水。玲瓏嵌空，巉嵯巧峭。朱景玄曾見其臨江雙樹，一松一柏，古藤縈繞，上盤於空，下着於水，千枝萬葉，交相曲屈，分布不雜；或枯、或榮、或蔓、或亞、或直、或倚，葉疊千重，枝分四面，達士所珍，凡目難辨。又於興善寺有四時屏風，若移造化風候雲物八節四季於一座之內。杜工部戲題山水圖歌謂「十日一水，五日一石」，卽為王宰而作，可見其藝術之精能矣。

張璪　字文通，吳郡人，一作藻。官檢校祠部員外郎，鹽鐵判官，坐事貶衡忠二州司馬。長文學，善山水樹石。董其昌畫旨謂南宗王摩詰傳為張璪者是也。畫松，尤特出古今，能以手握雙管，一時齊下，一作生枝，一為枯幹，氣傲

煙霞，勢凌風雨，槎枒之形，鱗皴之𥨍，隨意縱橫，應手間出。其畫山水，則高低秀絕，咫尺深重，石尖欲落，泉噴如吼。其近也若逼人而寒；其遠也若極天之盡。蓋神品也。時畢宏特擅畫名，一見驚歎，異其唯用禿毫，或以手摸絹素，因問所授，璪曰：「外師造化，中得心源。」宏於是擱筆。後人因以璪爲指頭畫之遠祖。嘗自撰繪境一篇，言畫之要訣。

王洽　不知何許人，（歷代名畫記作王默，唐朝名畫錄作王墨。）善山水樹石，創潑墨，時人故謂之王墨。性多疎野，常遊江湖間。好酒，凡欲畫圖障，先飲醺酣之後，卽以墨潑之；或笑或吟，脚蹙手抹，或揮或掃，或淡或濃，隨其形狀，爲山爲石，爲雲爲水，應手隨意，倏若造化。圖出煙霞，染成風雨，宛若神巧，俯觀不見其墨汚之迹。張彥遠云：「顧著作知新亭監時，默請爲海中都巡，問其意，云：「要見海中山耳。」爲職半年，解去，爾後落筆有奇趣。董玄宰謂米氏雲山，實淵源於此。洽早年曾授筆法於台州鄭廣文虔，顧況乃其弟子。

邊鸞　京兆人，爲右衞長史，少攻丹青，長花鳥。貞元中，新羅國獻解舞之孔雀，德宗詔寫之，得婆娑之態，若應節奏。尤長折枝花木，爲其創格。以及蜂蝶蟬雀，山花園蔬，無不偏寫，並居妙品。唐朝名畫錄謂其下筆輕利，用色鮮明，窮羽毛之變態，奪花卉之芳妍。居唐以前花卉作家第一。

周昉　字仲朗，（張彥云字景玄。）京兆人，爲宣州長史。好屬文，能書善畫，道釋人物士女，皆稱神品。初效張萱，後則小異，頗極風姿；所畫衣冠，不近閭里，衣裳勁簡，彩色柔麗。菩薩端嚴，妙創水月之體。德宗召畫章敬寺神落筆之際，都人競觀，寺抵園門，賢愚畢至；或有言其妙者，或有指其瑕者，隨意改定，凡月有餘，是非議絕，無不歎其精妙，

爲當時第一。時人學者甚多，如王朏、趙博文、程修己、高雲、衞憲等皆師法之。

除以上諸人外，爲當時之專門作家者，則有韓滉之工牛羊，戴嵩戴嶧兄弟之擅水牛，窮野性筋骨之妙。蕭悅之工竹，李約之善梅，深有雅趣，無與倫比。其餘山水作家，則有門下侍郎楊炎，高奇雅瞻，出於人表。著作郎顧況，師王洽，落筆有奇趣，天台居士項容，筆法枯硬，挺特巉絕，自成一家，吳興朱審之深沈瓌壯，險黑磊落，實爲後代模楷。以及劉商，沈寧之師張璪，氣質高邁而有格律，均屬王維水墨淡彩之畫風。花鳥作家，則有毋丘元志之善花果，嘗爲白居易寫木蓮荔枝圖，爲其特擅。衞憲之花木蟬雀，爲世所珍。陳庶之師邊鸞，尤善布色。梁廣之長賦彩，點筆精工，梁洽、白旻之工寫生，甚厚其趣，其作風約與邊鸞差似。道釋人物，則有李漸父子之長番族騎射，世無比擬。李洪度之梵像，筆蹤妙麗，姿態無儔。左仝之佛事經變，聲馳闕下；均爲中唐畫家中之錚錚者。其中以趙公佑爲最有名。

趙公佑　長安人，寶歷中，寓居蜀之成都，工畫人物，尤善佛像天王鬼神。李德裕鎮蜀之日，賓禮待之。自寶歷太和至開成年，公佑於諸寺畫佛像甚多。會昌間，一例毀除；唯存大聖慈寺文殊閣下天王三堵，閣內東方天王一堵，藥師院師堂內，四天王幷十二神，前寺名經院天王部屬，並公祐筆。公祐，天資神用，筆奪化權，名高當代，時無等倫；數仞之牆，用筆最尙風神骨氣。惟公祐得之，六法全矣。

(丁)晚唐之繪畫　唐室自憲宗以來，內而宦官朋黨之互相傾軋；外而強藩悍將之各相跋扈；國事愈危。當局者之於繪畫，亦無暇顧及。兼以會昌毀佛，趙公祐以前諸名家畫壁，一例毀除。僅當時李德裕鎮浙西，於潤州建功德佛宇，曰甘露寺。奏請獨存，因盡取管內廢寺中名賢畫壁，置之寺中。有晉顧愷之、戴安道、宋謝靈運、陸探微、梁張僧繇、

隋展子虔、唐韓幹、吳道子、薛稷等諸名手畫蹟，得以留存一二於後代。雖宣宗復興佛寺，有范瓊、陳皓、彭堅等諸佛畫家，自大中至乾符年間，筆無暫釋，圖寫佛畫，及諸經變相，至二百餘堵，始稍恢復。然比諸會昌以前，尚相差遠甚，可謂吾國繪畫上之浩劫。惟民間承盛唐、中唐繪畫之盛隆，其餘勢尚未衰竭，作家亦復不少。而僖宗、昭宗，亦頗好繪畫，設翰林待詔，以優遇畫士。僖宗幸蜀，翰林待詔呂嶢等，亦隨駕而行。益州名畫錄云：「僖宗皇帝幸蜀回鑾之日，蜀民奏請留寫御容於大聖慈寺；其時隨駕寫貌待詔，盡皆操筆，不體天顏，府主陳太師敬瑄，遂表進常重胤寫御容，一寫而成，授翰林待詔，賜緋魚袋。」又昭宗光化中，王蜀先主，受昭宗勅，置生祠，命趙德齊、高道興同手畫西平王儀仗旗纛旌麾車輅法物，及朝眞殿上，皇姑、帝戚、后妃、嬪御、百堵，授翰林待詔，賜紫金魚袋。按吾國古代宮廷中，僅有畫工畫士，以備帝王之驅遣。如周之設色之工，宋之畫史，漢之尙方畫工者然。至南齊以後，畫史之供職內廷者，始有官秩祿俸之優遇，與諸技工分等。如南齊毛惠秀之待詔秘閣，梁張僧繇之直秘閣知畫事，北齊蕭放之待詔翰林館，盛唐吳道玄之供奉內教博士，楊昇、張萱之開元館畫直。唯此等內廷畫官，至晚唐漸見增多耳。（除常重胤、趙德齊、呂嶢外，如李士昉，高道興，竹虔等，均以畫事待詔於翰林院。）然石林葉氏曰：「唐翰林院，本內供奉藝能雜居之所。」（見九通分類總纂職官類七。）趙昇朝野類要又云：「院體，唐以來翰林院諸色皆有，後遂效之，卽學宮樣之謂也。」胡敬國朝畫院錄亦云：「漢及唐雖無院畫名，而實與院畫等。」原當時此等畫官，與諸藝能者，雜居於翰林院中，尙無獨立畫院之設置。故當時諸畫史所作之繪畫，雖有院畫之形式，而無院畫之名稱耳。然已爲西蜀、南唐設立畫院之先緒。僖宗以後，戰亂蠭起，歲無寧日，致畫家如孫位、趙德玄、刁光胤等，皆避亂入蜀，遂使五代西蜀之藝苑，發揮極燦爛之光彩。

晚唐畫家，以專習作家爲較多。如常粲之善上古衣冠，爲後學師範。尹繼昭之人物樓臺，冠絕當世。李衡、齊旻之善蕃馬戎夷，盡得其妙。又史瓚之長鞍馬人物，常重胤之特工寫貌，韓嶷、蕭溱、張涉、張容之特善士女。黃諤、韋叔方、韓伯達、田深之工於畫馬，盧弁之善貓兒，強顓之工水鳥，張立之善墨竹；以及孫位之水，張南本之火，均爲專家中之有名者。尤以孫位、張南本爲特殊人材。

孫位　東越人，後遇異人，得度世之法，改名爲遇；居會稽山，因號會稽山人。隨僖宗駕入蜀，光啓中，爲蜀之文成殿上將軍。工書畫，善水，尤有神技；所謂孫位之水，張南本之火，幾於道也。性情疎野，襟抱超然，好飲酒，未嘗沉醉。禪僧道士，常與往還，豪貴相請，禮有少慢，縱贈千金，難留一筆；唯好事者，時得其畫焉。善畫人鬼雜相，往往矛戟鼓吹，縱橫馳突，交相戛擊。欲有聲響，鷹犬之類，皆三五筆而成，弓弦斧柄之屬，並掇筆而描，如從繩墨。畫龍水，龍拏水洶，千狀萬態，勢欲飛動。寫松石墨竹，情高格逸，筆精墨妙，莫可記述，允稱大家。

張南本　不知何許人，中和間，寓止成都。初與孫位同學畫水，後以爲同能不如獨勝，乃改畫火。嘗於成都金華寺大殿，畫八明王；時有一僧遊禮至寺，整衣升殿，驟覩炎炎之勢，驚怛蹶仆於門下。又畫辟支佛，周其身，筆勢炎銳，得火之性。故時人論孫之水，幾於道；張之火，幾於神。水火之形，本無定質，惟於二子，冠絕古今。南本亦工畫佛像經變，人物故實；有金谷園圖、詩會圖、白居易叩齒圖、靈山佛會、大悲變相、孔雀王變相等，皆曲盡其妙。

晚唐道釋作家，則有范瓊、陳皓、彭堅、趙温其、竹虔、道士張素卿等。趙温其，公祐子，克承家學，筆法超妙，世稱高絕。張素卿，簡州人，長道像，落筆如神，鬼怪之質，生於筆端，觀者無不恐懼。其中以范瓊、陳浩、彭堅三人爲尤有名。

范瓊陳浩彭堅　開城中同藝居蜀城，善佛像鬼神，三人同手於諸寺院圖畫佛像甚多。會昌間，毀除後，僅大聖慈一寺。佛像得存。洎宣宗再與佛寺，自大中至乾符，筆無暫釋，圖畫二百餘堵。天王佛像，高僧經驗，及諸變相，名目雖同，形狀無一同者，甚著奇功，精妙之極。中有焉芻瑟磨像兩堵，設色未半，筆蹤儼然，後之妙手，終莫繼云：

晚唐山水作家，則有徐表仁、張詢、檀章、陳恪、陳積善、吳恬、侯莫、陳厦、釋道芬等。花鳥作家，則有刁光胤、周滉、于錫、李𪃅等。徐表仁，初爲僧，號宗偃，筆力奮疾，境與性會。張詢，南海人，吳山楚岫，枯松怪石，極擅功能。吳恬，青州處士，山水頑石，氣象深險。周滉，善花竹禽鳥，遠江近渚，竹溪蓼岸，四時風物之變，出於畫史一等。其中以刁光胤爲最有名。

刁光胤　長安人，（一作光引，宣和畫譜避太祖諱，作刁光。）天復年入蜀，攻畫湖石花竹貓兔鳥雀，兼工龍水。性情高潔，交遊不雜，入蜀之後，前輩有攻花雀者，聲價頓減。當時有黃筌孔嵩二人，親受其訣；孔類昇堂，黃得入室。光胤居蜀三十餘年，筆無暫暇，非病不息，年八十卒。

（戊）唐代之畫論　唐代藝苑隨文運之隆盛，呈百花爛熳之光景，以畫論言，亦極爲發達。如裴孝源、王維、張彥遠、李嗣眞、僧彥悰、朱景玄等，皆爲唐代論畫家之著者。今就其所論而類別之：一爲畫家之品第；二爲名畫之評賞；三爲古畫之鑒藏；四爲繪畫學理之探討；五爲繪畫方法之闡明。

關於畫家之品第者　有李嗣眞之續畫品錄，僧彥悰之後畫錄，朱景玄之唐朝名錄三種。李氏之續畫品錄，所錄畫人，不僅唐人。自謂：「今之所載，並謝赫之所遺，有可採者，更稱一家之集。」蓋繼南齊謝赫古畫品錄而作。其所

品第者，凡上、中、下三品。每品，分上、中、下三等。計一百十三人。惟空錄人名，不附評語，無所根據，難稱完作。後畫錄，彥悰爲帝京寺錄，因觀在京名蹟，評其優劣，而成之者；故其所錄僅二十六人。其屬於唐代者，僅二十一人。雖附評語，然缺而不全，難窺全豹。惟朱氏之唐朝名畫錄，以神、妙、能、逸分四品，每品，分上、中、下三等，計九十七人。並附敍事及評語，或言其師承之所自，或論其筆墨之精否，或評其格趣風韻之高下，極爲詳備，可謂名著。

關於名畫之評賞者　除見於唐朝名畫錄等所附之敍事及評語者外，則爲當時之詩文家，往往以繪畫爲記述題咏之題材，以寓欣賞贊美之盛意。如韓昌黎之畫記，柳宗元龍馬畫贊，白樂天之題八駿圖、畫竹歌，杜少陵之王宰畫山水圖歌，題韋偃雙松圖歌，奉先劉少府新畫山水障歌，丹青引，裴諸之修處士桃花圖歌等，雖謂非繪畫批評家有根據之論畫；然其闡奇發幽，一唱三歎，對於當時繪畫之思想，實有極大影響。茲錄杜少陵丹青引，戲題王宰山水圖歌，白樂天畫竹歌於左，亦見大略。

杜少陵丹青引贈曹將軍霸　將軍魏武之子孫，於今爲庶爲淸門。英雄割據今已矣，文采風流今尙存。學書初學衞夫人，但恨無過王右軍。丹青不知老將至，富貴於我如浮雲。開元之中嘗引見，承恩數上南薰殿，凌煙功臣少顏色，將軍下筆開生面；良相頭上進賢冠，猛將腰間大羽箭；褒公鄂公毛髮動，英姿颯爽來酣戰。先帝御馬玉花驄，畫工如山貌不同，是日牽來赤墀下，迥立閶闔生長風，詔謂將軍拂絹素，意匠慘澹經營中。斯須九重眞龍出，一洗萬古萬馬空。玉花卻在御榻上，榻上庭前屹相向，至尊含笑催賜金，圉人太僕皆惆悵。弟子韓幹早入室，亦能畫馬窮殊相；幹惟畫肉不畫骨，忍使驊騮氣凋喪。將軍善畫蓋有神，偶逢佳士亦寫眞，卽今飄

泊干戈際，屢貌尋常行路人；途窮反遭俗白眼，世上未有如公貧，但看古來盛名下，終日坎壈纏其身。

杜少陵戲題王宰畫山水圖歌　十日畫一水，五日畫一石，能事不受相促迫，王宰始肯留眞跡。壯哉！崑崙方壺圖，掛君高堂之素壁。巴陵洞庭日本東，赤岸水與銀河通。中有雲氣隨飛龍，舟人漁子入浦漵，山木盡亞洪濤風。尤工遠勢古莫比，咫尺應須論萬里。焉得幷州快剪刀？剪取吳淞半江水。

白樂天畫竹歌　植物之中竹難寫，古今雖畫無似者。蕭郎下筆獨逼眞，丹青以來唯一人。人畫竹身肥擁腫，蕭畫莖瘦節節竦；人畫竹梢死羸垂，蕭畫枝活葉葉動；不根而生從意生，不筍而成由筆成，野塘水邊碕岸側，森森兩叢十五莖，嬋娟不失筠粉態，蕭颯盡得風煙情。舉頭忽看不是畫，低耳靜聽疑有聲。西叢七莖勁而健，曾向天竺寺前石上見；東叢八莖疏且寒，憶曾湘妃廟裏雨中看；幽姿遠思少人別，與君相顧空長歎。蕭郎蕭郎老可惜！手顫眼昏頭雪色。自言便是絕筆時，從今此竹尤難得。

關於古畫之鑒藏者　則有裴孝源之貞觀公私畫史，專記載貞觀時內府所藏，以及當時佛寺私家所蓄魏晉以來前賢名蹟之作。其自敍云：「大唐漢王元昌，天植其材，心專物表，含運覃思，六法具全，隨物成形，萬類無失。每燕時暇日，多與其流商榷精奧，以余耿尚，常賜討論。遂命魏晉以來前賢遺跡所存，及品格高下，列爲先後；起於高貴鄉公，終於大唐貞觀十三年。祕府及佛寺幷私家所蓄，共二百九十八卷，屋壁四十七所，目爲貞觀公私畫錄。」又云：「其間有二十三卷，恐非晉宋人眞蹟，多當時工人所作，後人彊題名氏。」爲古代繪畫鑑藏上第一部有統系之著錄。

關於學理之探討者　則有張彥遠氏之論畫六法，符載觀張員外畫松石序等，張氏謂：「古之畫，能移其形似，

而尙其骨氣，以形似外求其畫。」符載謂「作畫須去機巧，物在靈府，於是得心應手，神與爲徒。」與白樂天氏論畫之「思與神會」相似。又張彥遠氏謂：「書畫之藝，皆須意氣而成，則所作，自得神氣。」蓋唐人對於繪畫氣勢神韻等之完成，均有深入精微之解釋。茲錄三家之說如左：

符載觀張員外畫松石序云： 夫觀張公之勢，非畫也，眞道也！當其有事，已知夫遺去機巧，意冥玄化，而物在靈府，不在耳目。故得於心，應於手，孤姿絕狀，觸毫而出，氣交冲漠，與神爲徒。若忖短長於隘度，算姸蚩於陋目，凝觚吮墨，依違良久，乃繪物之贅疣也；寧置於齒牙間哉。見唐文粹。

白樂天云： 畫無常工，以似爲工；學無常師，以眞爲師。故其措一意，狀一物，往往運思中與神會，髣髴焉若歐和役靈於其間者。見白氏長慶集。

張彥遠云： 開元中，將軍裴旻，善舞劍。道子觀旻舞劍，見出沒神怪，既畢，揮毫益進。時又有公孫大娘亦善舞劍器，張旭見之，因爲草書；杜甫歌行述其事。是知書畫之藝，皆須意氣而成，亦非懦夫所能作也。

關於繪畫方法之闡明者 則有張彥遠之論顧陸張吳用筆王維之山水訣等。以張氏論顧陸張吳之用筆爲最有精彩，即與王氏之山水訣同錄於左：

王維山水訣 夫畫道之中，水墨最爲上，肇自然之性，成造化之功，或咫尺之圖，寫百千里之景，東西南北，宛爾目前，春夏秋冬，寫於筆下。初鋪水際，忌爲浮泛之山；次布路岐，莫作連綿之道。主峰最宜高聳，客山須是奔趨。迴抱處僧舍可安，水陸邊人家可置。村莊着數樹以成林，枝須抱體；山崖合一水而瀑瀉，泉不亂流。渡口只宜

寂寂，人行須是疎疎。泛舟檝之橋梁，且宜高聳；著漁人之釣艇，低乃無妨。懸崖險峻之間，好安怪木；峭壁巉岩之處，莫可通途。遠岫與雲容相接，遙天共水色交光。山鈎鏁處，沿流最出其中；路接危時，棧道可安於此。平地樓臺，偏宜高柳映人家。名山寺觀，雅稱奇杉襯樓閣。遠景煙籠，深岩雲鎖。酒旗則當路高懸，客帆宜遇水低掛。遠山須要低排，近樹惟宜拔迸。手親筆硏之餘，有時遊戲三昧，歲月遙永，頗探幽微，妙悟者不在多言，善學者還從規矩。（此篇舊題唐李成譔，系後人僞記，四庫總目提要，辨之甚詳。然其中所言布景位置四時景物，量情度理，可爲後學南針，仍錄之，以爲參攷。）

張彥遠氏論顧陸張吳用筆云：或問：「余以顧、陸、張、吳用筆如何？」對曰：「顧愷之之迹，堅勁聯綿，循環超忽，調格逸易，風趨電疾，意存筆先，畫盡意在，所以全神氣也。昔張芝學崔瑗、杜度草書之法，因而變之，以成今草書之體勢，一筆而成，氣脈通連，隔行不斷。唯王子敬明其深旨。故行首之字，往往繼其前行，世上謂之一筆書。其後陸探微，亦作一筆畫，連綿不斷；故知書畫用筆同法。陸探微精利潤媚，新奇妙絕，名高宋代，時無等倫。張僧繇點曳斫拂，依衞夫人筆陣圖，一點一畫，別是一巧，鈎戟利劍，森森然；又知書畫用筆同矣。國朝吳道玄，古今獨步，前不見顧陸，後無來者，授筆法於張旭，此又知書畫用筆同矣。張既號書顚，吳宜爲畫聖，人假天造，英靈不窮。衆皆密於盼際，我則離披其點畫；衆皆謹於象似，我則脫落其凡俗。彎弧挺刃，植柱構梁，不假界筆直尺。虯鬚雲鬢，數尺飛動，毛根出肉，力健有餘，當有口訣，人莫得知。數仞之畫，或自背起，或從足先，巨壯詭恠，膚脈連結，過於僧繇矣。」或問余曰：「吳生何以不用界筆直尺，而能彎弧挺刃，植柱構梁？」對曰：「守其神，專其一，合造化之功，假吳生之筆，向所謂意存筆先，畫盡意在也。凡事之臻妙者，皆如是乎？豈止畫也與？庖丁發硎，郢匠

運斤，効顰者，徒勞捧心，代斲者，必傷其手，意旨亂矣，外物役焉。豈能左手劃圓，右手劃方乎？夫用界筆直尺，是死畫也。守其神，專其一，是眞畫也。死畫滿壁，曷如汚墁，眞畫一劃，見其生氣。夫運思揮毫，自以為畫，則愈失於畫矣。運思揮毫，意不在於畫，故得於畫矣。不滯於手，不凝於心，不知然而然，雖彎弧挺刃，植柱搆梁，則界筆直尺，豈得入於其間乎？」又問余曰：「夫運思精深者，筆迹周密。其有筆不周者，謂之如何？」余對曰：「顧陸之神，不可見其盼際，所謂筆跡周密也。張吳之妙，筆纔一二，像已應焉。離披點畫，時見缺落，此雖筆不周而意周也。若知畫有疎密二體，方可議乎畫。」或者頷之而去。

唐人論畫，其篇幅最長，並論及多方面者，當推張彥遠之歷代名畫記。其內容一卷至三卷：為敍畫之源流，敍畫之興廢，論畫六法，論山水樹石，敍師資傳授南北時代，論顧陸張吳之用筆，論畫體工用搨寫，論名價品第，論鑒識收藏閱玩，敍自古跋尾押署，敍自古公私印記，論裝背褾軸，記兩京外州寺觀畫壁，述古之祕畫珍圖。四卷至十卷：為敍歷代能畫人名，並附評語。其精到詳盡，實為吾國通紀畫學最良之書；亦為吾國古代畫史中最良之書。除上錄論顧陸張吳用筆外，均為精彩之長篇，不克備錄，從略。

第二章　五代之繪畫及其畫論

唐祚既終，干戈擾攘，河山分裂，歷梁、唐、晉、漢、周，迭相遞嬗，興亡倏忽，前後凡五十餘年，史家謂之五代之世。然五代亦未能統治全國也；其時羣雄割據於各地者，則有吳、南唐、閩、前蜀、後蜀、南漢、北漢、吳越、楚、南平、前後凡十國，互列於五代之間，故又稱五代十國之世。至趙宋興起，始歸統一。

唐代藝術，如百花怒放，極呈燦爛之觀。至五代兵戈疊起，繪畫似現衰落之象；然就其內面觀之，卻頗發展。其原因：一爲當時承唐代繪畫隆盛之後，其餘勢尚足揚其波瀾，不易驟爲靜止。二爲當時各地羣雄割據，互相殺伐，其疊遭兵燹，歲無寧日者固有之；然如西蜀、南唐、吳越等，離戰亂之旋渦較遠，因得自爲政教，頗得一時之治平，了無礙於繪畫之發展。三爲西蜀南唐各君主，多愛好繪畫，創立畫院，以禮遇畫士，爲空前所未有；各地名畫家，因相繼來歸，致成都建業兩地，爲五代藝術之府，使繪畫仍耀一時之光彩。故以五代之繪畫言，實有其特點而開兩宋藝苑隆盛之先河。

梁、唐、晉、漢、周之五代，是直承有唐而下，故史家認爲當時之正統。然各代享祚，以梁爲稍久，且繼唐代文藝隆盛之後，故繪畫之事，頗有可述。其餘四代，享祚既短，兵亂亦多，從事繪畫者，自然較少；如漢，竟無一人焉。十國，原爲先後割據一方而稱帝王者；其土地雖不及五代之大，但諸國享祚久者八十餘年，少者亦二十餘年，比五代之更易匆匆，

殊有上下床之別。兼以南唐、前蜀、後蜀、吳越諸國，以處地等諸特殊關係，關於繪畫之史實，實頗繁多，而足爲吾人稱頌者。

五代十國，原爲一割裂時期；故於繪畫之發展。亦每因時地之不同，而見其盛衰之差異。例如道釋畫，因繼唐代崇奉道教以來，道教之勢力極浸盛於民間。故道畫一如唐代舊況，可與佛畫並駕齊驅。然以地域言，梁承有唐餘緒，頗爲暢茂；後唐亦尙可觀；次爲前後蜀，堪與有梁相頡頏。南唐，則有陸晃曹仲玄等諸名手，亦足與前後蜀相並列。惟就技術而論，則多摹寫唐賢，殊少新意。至如晉及吳越，可謂殘山賸水，無甚成績矣。至周，雖世宗英明，武功文教，皆爲五代第一。然以尊崇儒術故，非特於佛畫不加提倡，且毀廢天下佛寺至三千三百六十六所之多，於是汴京洛陽各寺院中之古名人畫壁，亦多被毀損。兩宋佛畫，頓呈凋萎之狀，此亦一緣因也。山水畫，則以梁爲最有發展；荆浩、關仝卽爲梁之特殊作者，不但足以繼武唐人，且能發輝光大，足以名當時而範後世。花鳥畫，則西蜀、南唐並盛，徐熙，黃筌二大家，並起其間。黃氏花鳥，精備神態，其法先行鉤勒，後塡色彩，旨趣濃麗，世稱雙勾體，盛行於西蜀畫院之內。徐氏則先落墨寫其枝葉蕊萼，後略傅彩色，旨趣淸雅，故其風神超逸，冠絕古今，稱水墨淡彩派，鳴高於南唐畫院之外。於是吾國花鳥畫，遂分徐黃二大派，永爲後世所式法。其情形頗與山水南北宗相似；徐體可謂爲花卉之南宗，黃體可謂花卉之北宗也。黃筌子居寶、居寀、居實，徐熙之孫崇嗣、崇勳、崇矩，均能克承家學而光大之。崇嗣並變其祖父水墨淡彩之畫風，全以彩色漬染，世稱江南徐氏沒骨體，爲後世沒骨派之祖。可知當時花鳥畫，早蓄百花競放之勢，爲宋代花卉畫特殊發展之根源；實爲五代繪畫上不可一世之特點。亦於我國繪畫史上極占一重要之位置。茲依次敍

述於左：

梁　朱温乘亂，竊國，享祚十有七年，不知提倡文藝。然當時諸貴族中，頗有愛好繪畫者。如梁相國于兢，駙馬趙嵓，及千牛衛將軍劉彥齊等，均極著名。于兢，善畫牡丹，酷思無倦，動必增奇。貴達之後，非尊親旨命，不復含毫。有寫生全本折枝傳於世。趙嵓、劉彥齊，不惟善畫，且精鑒賞。趙氏善畫人馬，挺然高格，非衆人所及。收藏尤富，羅致祕藏圖軸，不下五千餘卷。嘗延致畫士胡翼、王殷爲其食客，品第畫蹟，劣者，輒令醫去其病；或用水刷，或用粉塗，有經數次方合其意者；世稱趙家畫選場。劉氏精畫竹，淸致有風。其祕藏書畫，雖不及趙氏之富，然重愛鑒賞，羅致名蹟，亦不下千卷，能自品藻，無非精當。故當時有唐朝吳道子手，梁朝劉彥齊眼之稱。道釋畫，以當時道釋教之流行，頗爲當時社會所重視；作家亦最多。如胡翼王殷朱繇張圖跋異李羅漢等，均爲一時名手。胡翼，字鵬雲，安定人，工畫道釋人物，至於車馬樓臺，均臻精妙。王殷，工畫道佛士女，尤精外國人物，與胡翼並爲趙嵓都尉所禮。他人無及也。朱繇，（五代名畫補遺作朱瑤，字溫琦）。長安人，工畫佛道，酷類吳生，嘗客游雍洛間。河南府金眞觀有繇畫經相及周廡中門列壁，世稱神筆。張圖，字仲謀，洛陽人，梁太祖在藩鎭日，圖掌行軍資糧簿籍，故時人呼爲張將軍。好丹青，善潑墨山水，皆不由師授，亦不法古今，自成一體。並精佛畫，郭若虛謂嘗在寇忠愍家，見有張圖釋迦像一軸，鋒芒豪縱，勢類艸書，實奇恠也。尤長大像，梁龍德中，洛陽廣愛寺沙門義暄，置金幣，邀四方奇筆，畫三門兩壁；時處士跋異，號爲絕筆，乃來應募，異方艸定畫樣，圖忽立其後曰：「知跋君敏手，固來贊貳。」異方自負，乃笑而答曰：『顧陸吾曹之友也，豈須贊貳。』圖願繪右壁，不假朽約，搦管揮寫，倏忽成折腰報事師者，從以三鬼。異乃瞪目踧踖，驚拱而言曰：「子豈非張將軍乎？」圖捉管厲聲曰：「然。」

異雍容而謝曰：「此二壁非異所能也。」遂引退圖亦不僞讓，乃於東壁畫水神一座，直視四壁報事師者，意思極爲高遠。然跋異固爲善佛道鬼神稱絕藝者，雖被斥於張將軍；後又在福先寺大殿畫護法善神，方朽約時，勿有一人來，自言姓李，滑臺人，有名善畫羅漢，鄉里呼予爲李羅漢，當與汝對畫，角其巧拙。異恐如張圖者流，遂固讓西壁與之。異乃竭精竚思，意與筆會，屹成一神，侍從嚴毅，而又設色鮮麗。李氏縱觀異畫，覺精妙入神，非已所及，遂手足失措。由是異有得色，遂誇詫曰：「昔見敗於張將軍，今取捷於李羅漢。」於此見當時畫家競爭之烈。吾國山水畫，自晉顧愷之開始以來，一變於鄭展之精工細密，再變於王、鄭之淸逸淡遠，三變於荊、關之高古雄渾。王肯堂云：「山水自六朝來一變，王維、張璪、畢宏、鄭虔再變，荊、關三變。」王世貞亦云：「山水至二李，一變也；荊關董巨，又一變也。」荊、關，實爲吾國山水畫王、李以後之特殊作者。

荊浩　字浩然，河南沁水人，博通經史，善屬文，五季多亂，隱居於太行山之洪谷，自號洪谷子。工畫佛像，尤妙山水，善爲雲中山頂，四面峻厚，筆墨橫溢。嘗語人曰：「吳道子畫山水，有筆而無墨；項容有墨而無筆。吾當采二子之所長，成一家之體。」知其苦意陶鎔，故能啓發唐人所未啓發，完成唐人所未完成者，蓋有在也。荊氏宣和畫譜作唐人，湯垕畫繼亦云：「荊浩山水，爲唐末之冠。」原荊氏生於唐季，以淵明歸晉之例，自可畫入唐代。然其蜚聲藝苑，則在五代，頗以畫入五代爲宜。著有山水訣一卷行世，師其法者殊多，以關仝、范寬爲最著。

關仝　長安人，宣和畫譜作同，畫鑑作童。工山水，初師荊浩，刻意力學，寢食都廢，卒得其法，有出藍之美。中年以後，間參摩詰淸遠之趣，喜作秋山寒林，與村居野渡，幽人逸士，漁市山驛，使見者悠然如在灞橋風雪中，三峽聞猿時，不

復有朝市抗塵走俗之狀。蓋仝之所畫，脫略豪楮，筆愈簡而氣愈壯，景愈少而意愈長也。米芾畫史，則謂關氏之樹石，有枝無榦，出於畢宏。惟人物非其所長，每有得意者，必使胡翼主之云。

當時山水作家，除荊關外，尚有朱繇，之華陰人，善山水泉石。有名於時。人物士女車馬樓臺，除上述之趙嵒、胡翼、王殷外，尚有鄭唐卿，工人物，兼長寫貌，爲一時作者。有梁祖名臣像並故事人物圖等傳於代。花鳥作家，則僅有道士厲歸眞一人，工鶖禽雀竹，綽有奇思，兼善牛虎云。

後唐　李存勗滅梁稱帝，世稱後唐。存勗本沙陀人，入主中原，因多與中原人士相交接，致當時北方外族，多影響於中原文藝，從事繪畫者頗多。如契丹天皇之弟東丹王李贊華，契丹人胡瓌，及瓌之子虔等，均長蕃馬人物。李氏，遼史謂姓耶律，名培，圖畫見聞誌謂名突欲，長興二年，投歸中國，明宗賜姓李，名贊華，善寫貴人酋長，胡服鞍勒，率皆珍華。胡氏畫番馬，尤富精神；其於穹廬部族，帳幙旆旗，弧矢鞍韉，或水艸放牧，或馳逐弋獵；而又胡天慘冽，沙磧平遠，曲盡塞外不毛之景趣。學胡氏者，有其子虔及唐宗室李玄應李玄審等。當時之長道釋人物者，則有韓求、李祝、左禮、張南等。以韓李二氏爲有名。

韓求李祝　不知何許人，皆倜儻不拘，有經略才能，唐祚陵夷，遂退藏不仕，以丹青自娛，工佛畫，學吳道子，聲譽並馳。嘗游晉唐間，李克用命往陝郊龍興寺回廊列壁畫，攝摩騰竺法蘭諸大像，以及九子母羅夜叉變像等二百餘堵。天下畫流雲集，莫不鼠伏。梁劉道醇五代名畫補遺列入神品。

後唐，山水花卉作家殊少，僅有釋智暉及李夫人二人。智暉，頗精吟咏，得騷雅之體，工小筆山水，尤喜粉壁，興酣，

雲山在掌。李夫人，西蜀名家，未詳世冑，善屬文，尤工書畫。郭崇韜帥兵伐蜀得之；夫人以崇韜武人，悒悒不樂。月夕，獨坐南軒，竹影婆娑，輒起濡豪摹寫牕楮上，明日視之，生意具足，爲世人所效法。

晉　享祚僅十有一年，興亡匆匆，絕少文物可紀。以言繪畫，亦僅有王仁壽、胡嚴徵二人工畫佛道鬼神；王氏兼長鞍馬。

周　雖享祚稍久，然於繪畫亦無甚成績。有名當時之作家，亦僅有施璘、釋智藴、德符等幾人。施璘，字仲寶，藍田人，善畫生竹，爲當時絕藝。智藴，河南人，工畫佛像人物，有定光佛、三災變相等傳於世。德符，善畫松柏，氣韻蕭灑，知名一時。

前後蜀　前後蜀，僻處西垂，並以天然山水之屏蔽，因不受五代戰亂之影響，得以自爲政教，稱治平於一時。繪畫之盛，亦推爲當時第一。其大原因，固爲西蜀得處地之便宜，成爲當時之世外桃源，使唐末諸畫人，多避亂入蜀，仍度其幽閒生活，從事藝術之發展。二爲玄宗、僖宗之西幸，昭宗之住蹕，均有名畫人及待詔等，扈從入蜀，從事藝事，使蜀地藝苑，勃然興起。三爲各帝王士夫，亦多愛好繪畫，禮遇畫士；於是一時名家，多充待詔祗候於內庭。其未被禮致者，如滕昌佑、石恪諸人，亦爲檢校太傅安思謙等所賓禮，知遇甚厚，使蜀地繪畫，得盡量之發展。四爲入蜀畫人，每有古名人畫蹟，攜入蜀中。例如趙德玄，隨有梁隋及唐名手畫樣百餘本，或自摸搨，或屬粉本，或係墨跡，多爲祕府所散逸者，得以流傳於蜀地。故其盛況，非特較南唐有過之無不及，即擬諸唐宋兩朝，亦實不多讓焉。

唐末王建，據蜀稱帝，世稱前蜀。雖愛好繪畫，奬重藝學，然繼有唐之後，尚無正式之畫院，僅有內圖畫庫者，爲內

廷儲藏繪畫之庫所簡設專官以掌其事耳。當時畫人，受蜀先主少主所恩遇者，亦承有唐畫官之制，授翰林待詔之職。如房從眞、宋藝、杜齯龜等，均以善人物道釋寫貌，爲翰林待詔。房從眞，成都人，工甲馬人物鬼神，冠絕當世。王蜀先主，於龍興寺通波侯廟，請從眞畫甲馬旂旗從官鬼神，授翰林待詔，賜紫金魚袋。宋藝，蜀郡人，工寫貌，事王蜀爲翰林待詔。嘗寫唐朝列代御容及高力士等像於大慈寺。杜齯龜，其先本秦人，以避安祿山之亂入蜀，遂居焉。少能博學，涉獵經史，師常粲寫眞雜畫，而妙於佛像羅漢。王蜀少主，以高祖受唐深恩，命齯龜寫二十一帝御容於上清祖殿殿堂之四壁。又命寫先主太妃太后於青城山之金華宮，授翰林待詔，賜紫金魚袋。在待詔外，以佛畫有名於當時者，則有杜子瓌、楊元眞、張玄、支仲元、釋貫體等。有名於山水者，則有李昇、姜道隱等。有名於花卉者，有滕昌佑、劉贊等。杜子瓌、成都人，工畫道佛，尤精傅彩。支仲元，鳳翔人，極工人物，多畫道家與神仙，緊細而有筆力。張道隱，竹綿人，善山水松石，尋丈之壁，揮掃卽成。劉贊，蜀人，工花鳥及人物龍水，蹟意兼善。其中以貫體、李昇、滕昌佑爲最有名。

貫體　字德隱，一字德遠，婺州金溪人，和安寺僧，俗姓姜氏。天復年入蜀，頗得先主王衍知遇，賜紫衣，稱禪月大師。詩名高節，宇內咸知，嘗有句云：「一瓶一鉢垂垂老，萬水千山得得來。」時稱得得和尚。工書，時稱姜體，尤擅艸書，人比之懷素。善佛畫，師閻立本，畫羅漢像尤精，嘗作十六尊者，龐眉大目，朵頤隆鼻，胡貌梵相，曲盡其態。或問之，曰：「體自夢中所覩爾。」有古羅漢、大阿羅漢、釋迦十弟子、維摩詰、天竺高僧等像傳於世。

李昇　成都人，小字錦奴，善山水人物，弱冠生知，不從師授，初得張藻山水一軸，玩之數日，棄去，曰：「未盡妙也」。遂出己意，貌寫蜀境山川平遠，心師造化，意出先賢。數年中，創一家之能，盡山水之妙，每含毫就素，必有新奇。

人謂其畫本細潤中有氣韻，極爲米襄陽所賞識。有高賢圖一卷，蒼茫大類董源，而秀雅絕似王維。世但知李思訓之子昭道稱小李將軍，而不知蜀中亦稱李昇爲小李將軍，蓋其藝相匹耳。宣和畫譜則謂昇得李思訓筆法，而淸麗過之，然筆意幽閑，人有得其畫者，往往誤稱爲王右丞云。

滕昌佑　字勝華，吳人，隨僖宗入蜀。從事文學，性情高潔，不婚不仕，惟書畫是好，蓋隱者也。繪畫不專師資，唯寫生，以似爲工。常於所居，樹竹石杞菊名花異草，以資其畫。所作花鳥蟬蝶，折枝蔬果，傅彩鮮妍，宛有生意，邊鸞之亞也。寫梅及鵝，尤有名。工書法，人號滕書。

後唐時孟知祥據蜀稱帝，史稱後蜀，享祚凡三十餘年。繪畫極爲興盛；後主孟昶，尤崇文藝，愛好書畫，特創翰林畫院，設待詔祗候等職，於是畫人蔚起。益州名畫錄云：「黃筌旣兼宗孫、李，學力因是博贍；損益刁格，遂超師藝。後唐莊宗同光間，孟令公知祥到府，厚禮見重。建元之後，授翰林待詔，權院事，賜紫金袋。」所謂「權院事」者，知當時之翰林畫院，以黃氏爲領袖矣。其餘翰林待詔如蒲師訓、延昌父子，阮智誨、惟德父子，黃居寶、居寀兄弟，以及趙忠義、張玫、杜敬安、高從遇、李文才，翰林祗候徐德昌等，皆其卓卓者。蒲師訓，蜀人，幼師房從眞，長人物鬼神番馬，兼工山水。後唐長興間，値孟令公改元，興修諸廟，使師訓畫江瀆廟、諸葛廟、龍女廟，授翰林待詔，賜紫金魚袋。養子延昌，人物鬼神，同其父藝，行筆勁利，用色不繁。廣政中，進畫，授翰林待詔，賜緋魚袋。阮知誨，成都人，工畫士女及寫眞，筆蹤妍麗。孟氏明德年，寫先主於三學院，又寫福慶公主玉淸公主於內庭，授翰林待詔。子惟德，與父同時入內供奉，士女人物，襲承父藝，繼美前蹤，所畫貴公子夜宴、賞春、乞巧、按舞、撫樂諸圖，皆當時宮苑亭臺花木之巧，皇妃帝后富貴之事，授翰林待

詔，賜緋魚袋。張玫，成都人，父某，授蜀翰林寫貌待詔，賜緋。玫有超父之藝，兼擅婦女，鉛華恣態，綽有餘妍，議者比之張萱焉。授翰林待詔，賜紫金魚袋，杜敬安，前蜀子瓌子，（圖畫見聞志作觀子。）美繼父蹤，妙於佛像，孟氏明德年，授翰林待詔，賜紫金魚袋。高從遇，道興之子，事孟蜀爲翰林待詔，善畫佛像人物，蜀宮大安樓下，所繪天子仗隊甚奇。李文才，華陽人，工畫人物木屋山水，尤擅寫眞，周昉之亞。廣敬末，蜀主置眞堂於大聖慈寺華嚴閣後，命文才寫諸親王文武臣僚等眞，授翰林待詔，賜緋魚袋。徐德昌，成都人，事孟蜀爲翰林祗候，工人物士女，墨彩輕媚，爲時所稱。其中以趙忠義黃筌爲最有名。

黃筌　成都人，字要叔，幼有畫性，長負奇能，事刁光胤學丹青，工禽鳥山水；松石學李昇，花卉師滕昌佑，鶴師薛稷，人物龍水師孫位，賚諸家之善，而成一家之法，筆意豪贍，脫去格律。其畫花鳥，先以墨筆鈎勒，後傅以彩色，濃麗精工，世所未有，稱爲雙鈎體，尤爲後世所式法。其次子居寶，字辭玉，少聰警多能，工分書，畫傳父藝，精花鳥松石，風姿俊爽，惜早卒。季子居寀，字伯鸞，畫藝敏瞻，妙得天眞，均事蜀爲翰林待詔，特蒙恩遇。及後主歸宋，均被召而入宋之畫院，爲領袖，極負盛名於一時。

趙忠義　玄德子，天復中自雍京襁負入蜀，及長，習父藝，宛若生知。孟氏明德年，與父同手繪福慶禪院東流傳變相十三堵，位置舖舒，樓臺殿閣，山水竹樹，番漢服飾，佛像僧道，車馬鬼神，王公冠冕，旌旗法物，皆盡其妙，冠絕當時。蜀主知忠義妙於鬼神屋木，遂令畫關將軍起玉泉寺圖，於是忠義畫自運材斲基，以至丹楹刻桷，疊栱下棉，皆役鬼神爲之。圖成，蜀主令內作都料，看此圖畫枋栱有準的否？對曰：「此畫復較，一座分明無欠。」

其妙如此。授翰林待詔，賜紫金魚袋。先是每年杪冬末旬，翰林工畫鬼神者，例進鍾馗像；丙辰歲，忠義所進，以第二指挑鬼目。蒲師訓所進，以拇指㓹之，鍾馗相似而用指不同，蜀王問此畫孰爲優劣？筌以師訓爲優。蜀主曰：「師訓力在拇指，忠義在食指也，二者筆力相敵，難議昇降。」並厚賜之。蓋當時宮中每屆新年，須懸鍾馗圖以爲僻邪之用，故黃筌等，亦均有鍾馗圖之作。

後蜀畫家，有名於院外者，則有趙德玄、杜弘義、周行通、丘文播、丘文曉、趙才、程承辯、道士李壽儀、釋令宗，以及杜措孔嵩丘餘慶等。趙德玄，雍京人，天福年入蜀，工畫車馬人物屋木山水佛像鬼神。富收藏，有隋唐名手畫樣百餘本，故所學精博，代無其比。周行通，蜀人，工畫人物鬼神番馬戎服器械氈帳鷹犬羊雁，及川源放牧，盡得其妙。丘文播文曉兄弟，廣漢人。工畫道釋人物山水，畫牛尤工，齊名一時。趙才，蜀人，工人物鬼神甲馬。與蒲師訓父子，較敵其藝。程承辯，眉州彭山人，工畫人物鬼神，與蒲師訓、蒲延昌、趙才，遞相較敵，皆推妙手。道士李壽儀，邛州依政人，專精畫業，多畫道門尊像，神彩甚佳。釋令宗，工山水佛像人物尤精。孔嵩，蜀人，工花鳥，師刁光胤，兼工畫龍，與黃筌父子齊名。其中以花鳥作家丘慶餘爲最有名。

丘餘慶　文播子，善花鳥翎毛，兼長艸蟲。初師滕昌佑，晚年遂過之；人謂其得意處，不減徐熙。善設色，逼於動植，至於艸蟲，獨以墨之淺深映發，亦極形似之妙，風韻高雅，爲世所推重。初事江南李氏，後入宋。

南唐　徐知誥受吳禪，稱帝於金陵，世稱南唐，享祚近四十年之久，地處江南，山水都麗，風尚文美；兼以李中主璟，李後主煜，均好學能詩詞，愛賞繪畫，並效後蜀翰林畫之制，設立畫院，以禮遇畫士。於是畫家並起，他方名手，亦多

相繼來歸爲翰林待詔及畫院學士。例如顧閎中、高太冲、朱澄、周文矩、曹仲玄、王齊翰、趙幹、衞賢等，均爲其中翹楚。李中主保大十五年元旦天忽大雪，上召太弟以下，登樓張宴，咸命賦詩；當時李建勳、徐鉉、張義方等均進和詠。並集名手圖繪，高太冲寫御容，周文矩寫太弟以下侍臣法部絲竹，朱澄寫樓臺宮殿，董源寫雪竹寒林，徐崇嗣寫池沼禽魚，圖成，無非絕筆，可謂極一時之盛致。李後主煜，尤才識淸贍，工書，兼精繪畫，所作林木飛鳥，遠過常流，高出意表。並善畫竹，自根至梢，一一鈎勒，謂之鐵鈎鎖。並創金錯書作顫筆樛曲之狀，遒勁如寒松霜竹。更以之作畫，世稱金錯刀畫。周文矩、唐希雅等，咸好學之，堅剛淸快而有神韻，開繪畫之新格。兼以當時五季兵亂方劇，而南唐遠據東南，頗得一時之治平。山川人物之秀，甲於天下。於是王族中諸貴公子，如李景道、李景遊等，多醉心王謝風流，愛好繪事，裙屐遊宴，往往形之於圖畫。景道所作會友圖，頗極其思，一時人物，見於燕集之際，不減山陰蘭亭之勝。景遊亦緣一時之雅尙，與景道同好畫人物，所作談道圖，飄然仙舉，風度不凡，可知當時習尙文藝之盛。畫院中之諸翰林待詔及學士，均一時名手，各有專擅。顧閎中事元宗父子爲待詔，善人物，故實尤長貴賓遊宴。高太冲、朱澄均事中主爲翰林待詔。高氏，江南人，工傳寫，能得神思。朱氏，工屋木，時稱絕手。王齊翰，金陵人，事後主爲翰林待詔，工道釋人物山水，兼工花鳥走獸，落筆如生，尤以猿獐稱於時。梅行思，事唐後主爲翰林待詔，工人物牛馬，尤擅鬬雞，天下爲最。趙幹，江寧人，事後主李煜爲畫院學士，見劉道醇聖朝名畫評。善山水林木，長於布景，得浩渺之思。衞賢，京兆人，仕南唐爲內供奉，刻苦不倦，學吳生，長於樓觀宮殿盤車水磨，見稱於時。其中以周文矩、曹仲玄兩家爲有名。

周文矩　建康句容人，美風度，學丹靑頗有精思，仕後主爲翰林待詔，善畫道釋人物冕服車器，尤工士女，不事

施朱傅粉，鏤金佩玉而得閨閣之態。米元章云：「周文矩士女面貌一如周昉，衣紋作戰筆，惟以此爲別。」張玉峯云：「周文矩山水人物入妙行筆瘦硬戰掣全從後主李煜書法中得來也。」有南莊圖、文殊像、玉妃遊仙圖等傳於代。

曹仲玄　一作仲元，建康豐城人，事後主爲翰林待詔。工佛道鬼神，始學吳生，不得意，遂改蹟細密，自成一格。尤於賦彩，妙越等夷。江左梵宇靈祠，多有其蹟，嘗於建業佛寺畫上下座壁，凡八年不就，後主責其緩，命文矩較之。文矩曰：「仲玄繪上天本樣，非凡工所及，故遲遲如此。」越明年，乃成。當時江左言道釋者，稱仲玄爲第一。有佛會圖、釋迦像、觀音像等傳於代。

畫院中人，專爲供奉帝王，享一時之榮名，每於後世畫學影響較少。院外作家，負盛名於當時，並大有影響於後世者，實頗有人在。如：徐熙、梅行思、郭乾暉、鍾隱、唐希雅等，均爲傑出者。

徐熙　鍾陵人，世仕南唐，爲江南名族。善寫生，凡花竹林木蟬蝶草蟲之類，多遊山林園圃，以求其情狀。雖蔬菜莖苗，亦入圖寫，故能妙得造化，意出古人之外。尤能設色，饒有生意，一種超脫野逸之趣，盎然紙上。夏文彥云：「今之畫花卉者，往往以色暈淡而成，獨熙落墨以寫其枝葉蕊萼，然後傅色，故骨氣風神，爲古今絕筆。」蓋以水墨而略施淡彩者，世稱徐體。論者謂趙昌意在似，徐熙意在不似；黃筌之畫神而不妙，趙昌之畫妙而不神；惟熙能兼二氏之長，至以太史公之文杜少陵之詩比之。其孫崇嗣、崇勳、崇矩，克承家學，極有聲譽於宋代畫苑之間。

郭乾暉　北海營丘人，工畫鷙鳥雜禽疎篁槁木田野荒寒之景，格律老勁，巧變鋒出，曠古未見其比。宣和畫譜謂乾暉常郊居畜禽鳥，澄思寂慮，玩心其間，偶得意即命筆，故格力老勁，曲盡物性之妙。其弟乾祐，亦善花鳥及貓，有名於時。

鍾隱　字晦叔，天台人，少清悟，不嬰俗事，好肥遯自處，嘗卜居閑曠，結茅室以養恬和之氣性。好畫花竹禽鳥以自娛，兼長山水人物。工於用墨，筆迹混成，高澹簡遠，外無稜刺，木身鳥羽，皆用淡色，意就而成，師郭乾暉深得其旨。乾暉始祕其筆法，隱乃隱變姓名，趨汾陽之門，服勤累月，乾暉不知其隱也。隱一日，緣興於壁上畫鷂子一隻，人有報乾暉者，亟就視之，且驚曰：「子得非鍾隱乎？」隱再拜，具道所以，乾暉喜曰：「孺子可教也。」乃善遇之，於講畫道，遂馳名海內，其好學如此。有鷹鷂雜禽圖、周處斬蛟圖等傳於代。

唐希雅　嘉興人，工書善畫，學李後主金錯刀書，有一筆三過之法，雖若甚瘦而風神有餘。乘興縱奇，變而爲畫，因其戰掣之勢，以寫竹樹。其爲荊檟柘棘，翎毛艸蟲之類，多得郊外眞趣，與徐熙同稱江南絕筆。

其餘工道釋人物者，有陸晃、顧德謙等。善人物士女者，有竹夢松、陶守立等。善山水者，有何遇等。有特殊專藝者，有揚輝、解處中、丁謙、李頗等。陸晃，嘉禾人，性疎逸，好交尚氣。極工人物，多畫道像星辰神仙，描法甚細而有筆力。顧德謙，江寧人，善人物雜畫，喜作道像，風致特異。竹夢松，建康溧陽人，善雪竹，精界畫，尤長人物女子，體態綽約，宛有周昉之風格。陶守立，池陽人，通經史，能屬文，以丹青自娛。所畫佛像鬼神庭院殿閣子女奴隸車馬山水，靡不精妙。何遇，河南長水人，善畫宮室池閣，尤善山水樹石，爲當時所稱。楊輝，江南人，善畫魚，不務末節，而多噞喁涵泳之態。解處中，江

南人，畫竹盡嬋娟之妙。丁謙，畫竹師蕭悅，時號第一，兼工果實園蔬，傅彩淺深，率有生意。李頗，南昌人，善畫竹，落筆放率，氣韻飄舉，均爲一時作者。

吳越　據兩浙之地，極一時之治平；山川秀媚，而又比隣南唐，故繪畫亦頗興盛。兼以吳越王錢鏐，雅好繪畫，以善墨竹著稱。其王族中，如錢仁熙，錢侒，亦均精於畫藝；故當時畫家亦頗有可記述者。惟吳越諸王，均深崇信佛法，於是道釋教極盛行於境內，畫家亦以擅道釋畫者爲較多。如王喬士、王求道、宋卓、富玫、燕筠、李仁章、釋蘊能等，均以善道釋有名於時。次爲人物故實畫作家，有李羣、朱簡章、杜霄、阮郜、韋道豐等。花鳥則有程凝、王道古、趙弘等。專門作家，則有羅塞翁之羊，王耕之牡丹，史瓊之雉兔竹石。惟無特出者，流殊少影響於後世畫學耳。

五代論畫，遠不及繪畫之發展。其原因全爲當時畫家爭角極烈。對於畫學，每有所得，輒自深祕。如鍾隱之變隱姓名，服役於郭乾暉，始得親其指授，於此可見當時畫人對於畫學之不公開，與胸襟氣量之淺狹。顧以自祕故，雖有心得，亦致無所表見，或至於失傳。故至今論畫著作之可考查者，除辛顯之益州畫錄，黃居寶之繪禽圖經，徐鉉之江南畫錄拾遺，釋仁顯之廣畫錄（圖畫見聞誌作廣畫新集。）等，均已散佚外，僅有荊浩之畫說，（見六如居士畫譜。）筆法記，山水節要，（見六如居士畫譜。）豫章先生論山水賦四篇。案宋劉道醇五代名畫補遺，郭若虛圖畫見聞志，宣和畫譜，元湯垕畫鑒，俱言荊浩曾著山水訣；並未言著畫說筆法記山水節要山水賦諸篇。且荊氏山水賦內容，全與王右丞山水論相同，惟於字面上略加改竄，而名之曰賦，實非賦也。四庫提要云：「考荀卿以後，賦體數更，而自漢及唐，未有無韻之格。此篇雖用駢詞，而中間或數句有韻，數句無韻，仍如散體，強題曰賦，未見其然。」又以浩爲豫章人，題曰豫章先生，益誕妄無稽矣。荊

氏筆法記，四庫提要亦謂此與山水賦，文皆拙澀；中間忽作雅詞，忽參鄙語，似文藝家初知文義而不知文格者，依託爲之。畫說、山水節要二篇，不知六如居士摘自何書？畫說中所論者，多半係人物、走獸、龍虎、蟲鳥諸畫材，論及山水者殊少，文辭詰屈，疑有奪誤，猶其餘事。山水節要，或係節荆氏之山水訣而成之者，頗爲近理。然其內容，略與王維之山水訣山水論相似，疑亦非荆氏所作。然諸篇相傳既久，其言論亦頗有可采者，未始不可爲後學參考，因錄畫說、筆法記、山水節要三篇於左：

荆浩畫說　靈臺記，整精緻。朝洗筆，暮出顏。勤渲硯，習描戳。學梳渲，謹點畫。烘天青，潑地綠。上疊竹，賀松熟。長寫梅，人蘭蒲。湛稽菊，勻鎚絹。冬膠水，夏膠漆。將無項，女無肩。佛秀麗，淡仙賢。神雄偉，美人長，宮樣妝。坐看五，立量七。若要笑，眉灣嘴撓。若要哭，眉鎖額蹙。氣努很，眼張拱。愁的龍，現升降。嘯的鳳，意騰翔。哭的獅，跳舞戲。龍的甲，卻無數。虎尾點，十三班。人徘徊，山賓主。樹參差，水曲折。虎威勢，禽噪宿。花馥郁，蟲捕捉。馬嘶蹶，牛行臥。藤點做，草畫率。紅間黃，秋葉墮。紅間綠，花簇簇。靑間紫，不如死。粉籠黃，勝增光。千思忖，不如見。色施明，物件便。

荆浩筆法記　太行山有洪谷，其間數畝之田，吾常耕而食之。有日登神鉦山四望，迴跡入大岩扉，苔徑露水，恠石祥烟，疾進其處，皆古松也。中獨圍大者，皮老蒼蘚，翔鱗乘空，蟠虬之勢，欲附雲漢。成林者，爽氣重榮，不能者，抱節自屈。或迴根出土，或偃截巨流，掛岸盤溪，披苔裂石。因驚其異，遍而賞之。明日攜筆，復就寫之，凡數萬本，方如其眞。明年春，來於石鼓岩間，遇一叟，因問，具以其來所由而答之。叟曰：「子知筆法乎？」曰：「叟、儀形野人也，豈知筆法耶？」叟曰：「子豈知吾所懷耶？」聞而慚駭。叟曰：「少年好學，終可成也。夫畫有六要：一曰氣，

二曰韻，三曰思，四曰景，五曰筆，六曰墨。」曰「畫者，華也。但貴似得眞，豈此撓矣。」叟曰：「不然，畫者，畫也。度物象而取其眞。物之華，取其華；物之實，取其實；不可執華爲實。若不知術，苟似，可也；圖眞，不可及也。」曰「何以爲似？何以爲眞？」叟曰：「似者，得其形，遺其氣；眞者，氣質俱盛。凡氣傳於華，遺於象，象之死也。」謝曰「故知書畫者，名賢之所學也。耕生知其非本，翫筆取與，終無所成，慙惠受要，定畫不能。」叟曰：「嗜慾者，生之賊也。名賢縱樂琴書圖畫，代去雜慾。子既親善，但期終始所學，勿爲進退。圖畫之要，與子備言：氣者，心隨筆運，取象不惑。韻者，隱跡立形，備儀不俗。思者，删撥大要，凝想形物。景者，制度時因，搜妙創眞。筆者，雖依法則，運轉變通，不質不形，如飛如動。墨者，高低暈淡，品物淺深，文彩自然，似非因筆。」復曰：「神妙奇巧，神者，亡有所爲，任運成象。妙者，思經天地，萬類性情，文理合儀，品物流筆。奇者，蕩跡不測，與眞景或乖異，致其理，偏得此者，亦爲有筆無思。巧者，雕綴小媚，假合大經，強寫文章，增邈氣象。此謂實不足而華有餘。凡筆有四勢：謂筋、肉、骨、氣。筆絕而斷，謂之筋；起伏成實，謂之肉；生死剛正，謂之骨；跡畫不敗，謂之氣。故知墨大質者，失其體；色微者，敗正氣；筋死者，無肉；跡斷者，無筋；苟媚者，無骨。夫病有二：一曰無形，二曰有形。有形病者：花木不時，屋小人大，或樹高於山，橋不登於岸，可度形之類也。是如此之病，不可改圖。無形之病，氣韻俱泯，物象全乖，筆墨雖行，類同死物，以斯格拙，不可删修。子既好寫雲林山水，須明物象之源。夫木之生，爲受其性；松之生也，枉而不曲，遇如密如疎，匪青匪翠，從微自直，萌心不低，勢既獨高，枝低復偃，倒掛未墜於地下，分層似疊於林間，如君子之德風也。有畫如飛龍蟠虬，狂生枝葉者，非松之氣韻也。柏之生也，動而多屈，繁而不華，捧節有章，文轉隨日，葉如結線，枝似衣麻，有畫

如蛇如素心虛逆轉，亦非也。其有楸、桐、椿、櫟、榆、柳、桑、槐，形質皆異，其如遠思即合，一一分明也。山水之象，氣勢相生。故尖曰峯，平曰頂，圓曰巒，相連曰嶺，有穴曰岫，峻壁曰崖，崖間崖下曰岩，路通山中曰谷，不通曰峪，峪中有水曰溪，山夾水曰澗，其上峯巒雖異，其下岡嶺相連，掩映林泉，依稀遠近。夫畫山水，無此象，亦非也。有畫流水，下筆多狂，文如斷線，無片浪高低者，亦非也。夫霧雲烟靄，輕重有時，勢或因風，象皆不定，須去其繁章，採其大要，先能知此是非，然後受其筆法。」曰：「自古學人，孰爲備矣？」叟曰：「得之者少，謝赫品陸之爲勝，今已難遇親蹤。張僧繇所遺之圖，甚虧其理。夫隨類賦彩，自古有能。如水暈墨章，興我唐代。故張璪員外樹石，氣韻俱盛，筆墨積微，眞思卓然，不貴五彩，曠古絕今，未之有也。麴庭與白雲尊師，氣象幽妙，俱得其元，動用逸常，深不可測。王右丞筆墨宛麗，氣韻高清，巧寫象成，亦動眞思。李將軍理深思遠，筆跡甚精，雖巧而華，大虧墨彩。項容山人，樹石頑澀，稜角無蹤，用墨獨得玄門，用筆全無其骨；然於放逸，不失眞元氣象，元大刱巧媚。吳道子筆勝於象，骨氣自高，樹不言圖，亦恨無墨。陳員外及僧道芬以下，粗昇凡格，作用無奇，筆墨之行，甚有形跡。今示子之徑，不能備詞。」遂取前寫者異松圖呈之。叟曰：「肉筆無法，筋骨皆不相轉，異松何之能用？我既教子筆法。」乃齎素數幅，命對而寫之。叟曰：「爾之手，我之心，吾聞察其言而知其行，子能與我言詠之乎？」謝曰：「乃知教化，聖賢之職也。祿與不祿，而不能去，善惡之跡，感而應之，誘進若此，敢不恭命。」因成古松讚曰：不凋不容，惟彼貞松。勢高而險，屈節以恭。葉張翠蓋，枝盤赤龍。下有蔓草，幽陰蒙茸。如何得生，勢近雲峯。仰其擢幹，偃舉千重。巍巍溪中，翠暈烟籠。奇枝倒掛，徘徊變通。下接凡木，和而不同。以貴詩賦，君子之風。風清匪歇，幽音凝空。」

叟嗟異久之曰：「願子勤之，可忘筆墨而有眞景。吾之所居，即石鼓岩間，所字，即石鼓岩子也。」曰：「願從侍之。」叟曰：「不必然也。」遂亟辭而去。別日訪之而無蹤。後習其筆術，嘗重所傳，今遂修集，以爲圖畫之軌轍耳。

荊浩山水節要　夫山水，迺畫家十三科之首也。有山巒柯木水石雲煙泉崖溪岸之類，皆天地自然造化。勢有形格，有骨格，亦無定質。所以學者，初入艱難，必要先知體用之理，方有規矩。其體者，迺描寫形勢骨格之法也。運於胸次，意在筆先。遠則取其勢，近則取其質。山立賓主，水注往來。布山形，取巒向。分石脈，置路灣。模樹柯，安坡腳。山知曲折，巒要崔巍。石分三面，路看兩岐。溪澗隱顯，曲岸高低。山頭不得重犯，樹頭切莫兩齊。在乎落筆之際，務要不失形勢，方可進階，此畫體之訣也。其用者，乃明筆墨虛皴之法。筆使巧拙，墨用重輕；使筆不可反爲筆使，用墨不可反爲墨用。凡描枝柯葦草樓閣舟車之類，運筆使巧。山石坡崖蒼林老樹，運筆宜拙。雖巧不離乎形，固拙亦存乎質。遠則宜輕，近則宜重；濃墨莫可復用，淡墨必教重提。悟理者不在多言，善學者要從規矩。又古有云：「丈山尺樹，寸馬豆人。遠山無皴，遠水無痕，遠林無葉，遠樹無枝，遠人無目，遠閣無基。」雖然定法，不可膠柱鼓瑟。要在量山察樹，忖馬度人，可謂不盡之法。學者宜熟味之。

除荊氏而外，關於士大夫片段之論畫亦甚少。僅有益州名畫錄載後蜀歐陽炯論氣韻形似云：六法之內，惟形似氣韻二者爲先。有氣韻而無形似，則質勝於文；有形似而無氣韻，則華而不實。合荊氏諸說而觀之，略足推見五代人對於繪畫見解之一斑。

第三章　宋代之繪畫

宋太祖，掃蕩唐末五代之亂而有天下，偃武脩文，革新圖治；太宗、眞宗繼之，獎勵文藝，人士蔚起，成有宋三百年文運之隆盛。雖太宗以還，西夏、金、遼、蒙古、諸外患，相繼而起；神宗以後，益以朋黨之擠陷，致徽、欽二帝之蒙塵。高宗南渡，定新都於臨安，是爲南宋；再數傳至帝昺，被滅於蒙古；然一代文運，依然不衰。

有宋一代，爲一朋黨軋轢，外族侵擾之時代也。然學術思想，則甚爲發達。雖於詩文經史諸學，不能超過漢、唐；然大有其一代之特色與成績；以視元、明，則遠有過之無不及。尤爲性理學之研究與發展，重見周、秦諸子時代之風習與盛況。故當時學者，各發揮研究之精神，專耽思索，以儒家致知格物爲方法，純屬以理推測萬事，形成非儒學而重哲學內容之特相。卽爲南方思想壓倒北方思想，而達於高潮；爲吾國思想發達史上，成一古今之大關鍵。此種思潮之激成，實由佛老哲學之影響，與當時之文化爲因緣，有以致之。故繪畫上，除畫院外，亦漸見輕形似，重精神，脫離實際之應用法式，深入純粹藝術之途程。其畫材亦以山水花鳥稱盛，而有特殊之進展，遠非前代所可及。郭若虛云：「近代方古，多不及，而過亦有之。若論佛道、人物、士女、牛馬，則近不及古。若論山水、林石、花竹、禽魚，則古不及近。何以明之？且顧、陸、張、吳，中及二閻，皆純重雅正，性出天然；吳生之作，爲萬世法，號曰畫聖。不亦宜哉？張、周、韓、戴，氣韻骨法，皆出意表；後之學者，終莫能到。故曰：『近不及古。』至如李與關范之蹟，徐暨二黃之蹤，前不藉師資，後無復繼踵；假始

二李三王之輩復起，邊鸞陳庶之倫再生，亦將何以措手於其間哉？」而花鳥山水之製作，又往往與詩文爲緣，已全蹈入文學化之時期矣。至南宋，特興一種簡略之水墨畫，脫略形似傅彩諸問題，全努力於氣韻生動之活躍，涵縮大自然無限之意趣。即以最重形式之人物畫論，亦有梁楷開減筆之新格，成一時之特尚，爲元明文人畫之主題。

有宋一代之特色，原爲文藝而非武功，繪畫亦爲當時各君主所愛好與尊崇，備極獎勵。國初即承西蜀、南唐翰林畫院之制，設立畫院，大擴充其規模，羅致天下藝士；視其才能之高下，分授待詔、祗候、藝學、學生等職，以優遇畫人。且太祖、太宗間，藩鎭次第平服，天下統一，凡號稱五代圖畫之府所珍藏之名蹟，多入宋之內廷。又各地諸名手，及西蜀、南唐諸待詔祗候，亦多被召入畫院。如郭忠恕自周往，爲國子監主簿；王靄自契丹往，黃居寀高文進自蜀往，董羽自南唐往，並爲翰林待詔；此外爲學藝祗候者尤多。在院外者，則有長安李成，鍾陵董源，華原范寬，尤爲一代大家。太平興國間，並詔令天下郡縣，搜訪名賢書畫，與特命畫院待詔黃居寀高文進搜求民間名蹟。又以金陵爲六朝舊都，與南唐李氏之精博好古，藝士雲集，特喩蘇大參搜訪進呈，得千餘卷，均命黃居寀；高文進銓定品目，以爲御賞。端拱元年，特置祕閣於崇文院之中堂，專藏古今名藝。而眞宗、仁宗，亦均好鑒藏，累有所積，眞宗並謂書畫爲高士怡情之物，（見圖畫見聞志。）其對於繪畫之見解，純爲純粹藝術之賞鑒；與成教化，助人倫，見善戒惡，見惡思善之意義，絕然不同，足見其愛好之眞也。當時諸王子，亦多師心風雅而能繪畫。如周王元儼、景王宗漢、益王頵、鄆王楷、漢王士暹，均長繪事，兼喜鑑藏。至徽宗宣和間，御府所藏益多，因敕撰宣和畫譜，其敍文云：「凡集中祕所藏魏、晉以來名畫，凡二百三十

一人，計六千三百九十六軸，析爲十門，隨其世次而品第之。其所謂十門者：一爲道釋，二爲人物，三爲宮室，四爲番族，五爲魚龍，六爲山水，七爲鳥獸，八爲花木，九爲墨竹，十爲果蔬。」實爲吾國內府收藏有數之著錄，極有關於吾國繪畫之史實者也。原徽宗天縱聖資，藝極於神，萬幾之暇，惟好書畫，行草正書，筆勢勁逸，號瘦金書。畫則妙體衆形，六法兼備；尤工墨竹花鳥，爲衆史所不及。宣和中，嘗築五嶽觀寶眞宮，徵天下名士，使畫障壁；蓋自性之所好尚，故奬勵不遺餘力。但亦因蔡京等希圖久竊政柄，托豐亨預大之說，大崇揚繪畫，與花石綱等事，以投徽宗之所好，以助成之。其結果形成專耽文藝，武備廢弛，不久金兵南下，徽、欽北狩，致內府所藏名蹟，亦多散佚無餘矣。至於貴族私家之收藏，亦比五代爲盛，如鄆王楷，其儲積多至數千。圖繪寶鑑云：「鄆王稟資秀括，爲學精到，性極嗜畫，凡所得珍圖，即日上進，而御府所賜，亦不爲少，復皆絕品，故王府畫目，至數千計。」私人則如米元章、王文慶、丁晉公諸家，均收儲繁富。雖吾國繪畫，自南北朝後，鑒賞之目光，日見進步，私家之收藏，亦漸興起，至宋盛成風氣。然亦緣宋初太祖、眞宗諸帝，每以所得名畫，分賜功臣及處士种放等有以致之。郭若虛圖畫見聞志謂「南遷之日，籍丁晉公家產，有李成山水寒林九十餘軸，佗家稱是。」可以知之矣。南渡以後，文藝中心，亦南移臨安。高宗書畫皆妙，人物山水竹石，皆有天趣。畫院亦承宣和舊制，極爲提倡。並循太宗搜訪天下法書名畫之例，訪求於民間。周密思陵書畫記云：「思陵妙悟八法，留神古雅，當於干戈俶擾之際，訪求法書名畫，不遺餘力。清閑之燕，展玩摹搨不少怠。蓋嗜好之篤，不憚勞費，故四方爭以奉上無虛日。又於榷場購北方遺失之物，故紹興內府所藏，不減宣政。所惜鑒定諸人，如曹勛、宋貺等，人品不高，目力苦短，而又私心自用，凡經前輩品題者，盡皆折去；故所藏多無題識，其原委授受歲月考訂，邈不可得，時人以爲

恨。」寧宗慶元嘉定間，中興館閣，爲內府藏畫之所。周密雲煙過眼錄記登祕閣云：「閣內兩傍，皆列龜藏，先朝會要及御書畫，別有朱漆巨匣五十餘，皆古今法書名畫。是日僅閱秋收冬藏內畫，皆以鸞鵲綾象軸爲飾；有御題者，則加以金花綾，每卷表裏，皆有尚書省印。」其所藏，雖不及宣和紹興之富，然亦不少。度宗以後，邊患日亟，政府自無暇顧及繪畫，畫院因而漸廢。然民間繪畫之勢力，仍頗興盛，爲元代繪畫偏向南宗發展之根源。

當時北方之遼及金，與宋接壤，和戰無常；遼、金原爲武弁民族，無甚文化，及漸強大，侵入中原北部後，大受華族文化之影響；繪畫亦然。如遼義宗、聖宗，均好繪事，興宗尤工走獸。郭若虛云：「皇朝與大遼馳禮，繼好息民，曠古未有。慶歷中，其主（號興宗。）以五幅縑畫千角鹿爲獻，旁題年月御畫，頗爲奇妙。金之海陵王亮，好寫方竹，有奇致。金顯宗，善畫獐鹿人馬，學李伯時，墨竹自成一家。上既有所好，官民亦多趨之，故遼、金畫人，亦殊有可記載者。如遼之耶律題子、耶律褭履、蕭瀜、陳升，金之虞文仲、張珪、趙秉文、王庭筠、王曼慶、楊邦基、龐鑄、李遹、武元直、馬天來等，均頗著名。蕭瀜，遼之貴族，官至南院樞密使，政好讀書，尤善丹青，慕唐裴寬、邊鸞之蹟，凡奉使入宋，必命購求名蹟，不惜重償，裝潢既就而後攜歸本國，臨摹咸有法則。陳升，爲興宗翰林待詔，長人馬山水，嘗奉詔寫南征得勝圖。張珪，工人物，形貌端正，衣褶清勁，筆法從戰掣中來，而生動勾勒，直欲駕軼前輩。趙秉文，工梅花竹石，筆力雄健，命意高古。王庭筠，字子端，號黃華老人，河東人，善山水古木竹石，上逼古人。畫史會要謂其胸次不在米元章下。王曼慶，庭筠子，字禧伯，號澹游，詩書畫俱有父風，木竹樹石尤佳。楊邦基，字德懋，華陰人，善人物兼馬，比李伯時；尤精山水，師李成。李遹，字平甫，欒城人，工詩能畫，尤長山水，龍虎亦入妙品。武元直，字善夫，明昌名士，工山水，有巢雲曙雪諸作傳世。馬天來，字雲章，介休人，博學

多技能，畫入神品，論者謂百年以來，無出其右。然能自成家數，有特殊貢獻於吾國畫學者，則未之見耳。玆將有宋繪畫分門敍述於左：

（甲）宋代之畫院　吾國畫院，原淵源於周代設色之工，宋之畫史，漢之尙方畫工，而完成於五代之西蜀南唐。宋太祖統一天下，供職於南唐、西蜀及梁之諸畫家紛紛先後來歸；於是所謂翰林畫院者，益加擴大。其官秩名稱，亦遠比西蜀南唐爲多，除翰林待詔圖畫院待詔圖畫院祇候外，尙有翰林應奉，翰林畫史，翰林入閣供奉，圖畫院藝學，御畫院藝學，圖畫院學生，畫學諭，畫學正等。至南宋乾道間，尙有祇應修內司祇應甲庫等名稱。錢塘縣舊志云：「宋南渡後，粉飾太平，畫院有待詔、祇候、甲庫、修內司、有祇應官，一時人物最盛。」（陳善杭州志云：「曾莊，杭人，工人物，乾道間，祇應修內司。」又云：「陳椿，杭人，習郭熙山水，乾道間，祇應甲庫。」）然宋代初期，除院內規模稍加擴大者外，大抵沿襲五代舊制，無甚變動。至徽宗崇寧三年，因奬勵書畫，設投試簡拔之法，命建官養徒，以米元章爲書畫兩學博士；始以繪畫併入科舉制度與學校制度之內，開教育上之新例。鄧椿畫繼云：「徽宗始建五嶽觀，大集天下名手，應詔者數百人，咸使圖之，多不稱旨。自此以後，益興畫學，教育衆工，如進士科下題取士；復立博士，考其藝能，當時宋子房，筆墨妙出一時，以當博士之選。」所試之題，多古詩句，玆列擧其例於左：

（一）野水無人渡，孤舟盡日橫。　鄧椿畫繼云：「所試之題，如野水無人渡，孤舟盡日橫。自第二人以下，多繫空舟岸側，或拳鷺於舷間，或棲鴉於篷背。獨魁則不然，畫一舟人臥於舟尾，橫一孤笛，其意以謂非無舟人，止無行人耳。且以見舟子之甚閑也。」

（二）亂山藏古寺。鄧椿畫繼云：「又如亂山藏古寺，魁則畫荒山滿幅，上出幡竿，以見藏意。餘人乃露塔尖或鴟吻，往往有見殿堂者，則無復藏意矣。」

（三）竹鎖橋邊賣酒家。俞成螢雪叢說云：嘗試竹鎖橋邊賣酒家。人皆可以形容，無不向酒家上着工夫。一善畫者，但於橋頭竹外，掛一酒帘，書酒字而已；便見酒家在內也。」，明唐志契繪事微言，言此善畫者卽李唐，上言其得鎖字意。

（四）嫩綠枝頭紅一點，動人春色不須多。陳善捫蝨新語云：「聞舊時嘗以試畫士，衆工競於花卉上裝點春色，皆不中選。惟一人於危亭縹緲，綠楊隱映之處，畫一美人，憑欄而立，衆工遂服，可謂善體詩人之意矣。」

（五）踏花歸去馬蹄香。俞成螢雪叢說云：「又試踏花歸去馬蹄香，不可得而形容，無以見得親切。一名畫者，克盡其妙，但掃數蝴蝶飛逐馬後而已，便表馬蹄香出也。夫以畫學之取人，取其意思超拔者爲上，亦猶科舉之取士，取其文才角出者爲優。二者之試，雖下筆有所不同，而得失之際，只較智與不智而已。」

當時四方應試畫士，接踵來於汴京，然不稱旨而去者甚多。蓋畫院，原源淵於畫工，其所作畫，本須全承皇帝之意旨。朱壽鏞畫法大成云：「宋畫院衆工，必先呈藁，然後上眞。又聖朝名畫評云：「李雄，北海人，有文藝，不喜從俗，尤好丹青之學。太宗時，祗候於圖畫院。上一日偏詔籍在院中者出紈扇，令各進畫。雄曰：「臣之技不精於此，所學不過鬼神雖三五十尺，亦能爲之。」上怒，索劍欲誅，雄亦無屈意，俄得釋去，後遁還鄉。」可以知之矣。至徽宗專尚法度，重形似，畫繼云，宣和殿前，植荔枝，既結實，喜動天顏，偶孔雀在其下，亟召畫院衆史，令圖之，各極其思，華彩爛然。但孔雀欲升藤墩，先舉右脚。上曰：「未也。」衆史愕然莫測。後數日，再呼問之，不知所對。則降旨曰：「孔雀升高，必先舉左。」衆史駭服。又云：「徽宗建龍德宮成，命待詔圖宮中屏壁，皆極一時之選。上來幸，一無所稱，獨顧壺中殿前柱廊拱眼斜枝月季花，問畫者爲誰？實少年

新進。上喜，賜緋，褒錫甚寵，皆莫測其故，近侍嘗請於上。上曰：「月季鮮有能畫者，蓋四時朝暮，花蕊葉皆不同。此春時日中者，無毫髮差，故厚賞之。」於此可知當時畫院對於形似之苛求。神奇妙逸之作與無師承者，自然落選。應試稱旨入院者，往往以能精意人物畫者為多。畫繼云：「圖畫院，四方召試者，源源而來，多有不合而去者。蓋一時所尚，專以形似，苟有自得，不免放逸，則謂不合法度，或無師承；故所作止衆工之事，不能高也。」又云：「凡取畫院人，不專以筆法，往往以人物為先。」其取材既有所偏尚，其作風亦有一定之形式，致應試畫士，多排擠於院外。其結果起院內院外之軋轢，互為競爭。在院內者，兼習院外諸家之所長；在院外者，亦兼工院內諸家之所能，以互相誇示，而生切磋琢磨之益，使宋代繪畫，日見發達和盛大。

自徽宗興畫學，教育衆工以來，畫院之布置，頗似學校，設立科目，分列等級。畫人錄取入院後，亦全如學生，除習正式之繪畫課程外，兼習輔助學科。宋史選舉志云：「畫學之業，曰佛道，曰人物，曰山水，曰鳥獸，曰花竹，曰屋木，以說文爾雅釋名教授。說文，則令書篆字，著音訓。餘則皆設問答，以所解義，觀其能通畫意與否。仍分士流雜流，別其齋以居之。士流兼習一大經或一小經。雜流，則誦小經或讀律。考平日習畫，每得親接御府藏畫，以為觀摩。」鄧椿畫繼云：「亂離以後，有畫院舊史流落於蜀者二三人，嘗為臣言：『某在院時，每旬日，蒙恩出御府圖軸兩匣，命中貴押送院，以示學人。仍責軍令狀，以防遺墮漬污。故一時作者，咸竭盡精力，以副上意。』」又畫院衆工作畫，必先呈藁，世稱粉本。元王繹云：「宋畫院衆工，凡作一畫，必先呈藁，然後上眞。所畫山水、人物、花木、鳥獸，種種臻妙。」皇帝亦每臨幸畫院，以為指導。畫繼云：「上時時臨幸，少不如意，卽加漫堊，別令命思。」可見當時皇帝對於繪畫之重視，與教育院人態度認眞之一斑。

其次，院中平時亦舉行進級等考試；亦以詩句命題。畫繼云：「戰德淳，本畫院人，因試「蝴蝶夢中家萬里」題，畫蘇武牧羊假寐，以見萬里意，遂魁。又陳繼儒妮古錄云：「宋畫院各有試目，思陵嘗自出新意，以品畫師。」則所謂思陵自出新意者，當屬上舉等之詩句矣。然畫人爲伎術人員，故宋初太祖，雖優遇畫人，不後南唐西蜀，然尙有不得擬外官之規定。馬氏文獻通考選舉志云：「宋太祖皇帝開寶七年，詔司天臺學生及諸司伎術工巧人，不得擬外官。」至眞宗時，畫人身份，始稍提高。馬氏文獻通考選舉志云：「眞宗天禧元年，詔伎術人，雖任京朝官，審刑院，不在磨勘之例。」又云：「乾興元年，中書言舊制翰林醫官圖畫琴棋待詔，轉官至光祿寺丞。天禧四年，乃遷至中允、贊善、洗馬、同正，請勿踰此制。惟特恩至國子博士而止。」至徽宗時，畫人升遷，既有一定之程序。其待遇亦大較他種伎術人員爲優異。宋史選舉志云：「始入學爲外舍，外舍升內舍，內舍升上舍，士流三舍試補升降以及推恩如上法。惟雜流授官，上自三班借職，以下三等。」畫繼云：「本期舊制，凡以藝進者，雖服緋紫，不得佩魚。政宣間，獨許書畫院出職人佩魚，此異數也。又諸待詔立班，則書院爲首，畫院次之，如琴院棊玉百工，皆在下。又畫院聽諸生習學，凡係籍者，每有過犯，止許罰值；其罪重者，亦聽奏裁。又他局工匠日支錢，謂之食錢，惟兩局則謂之俸值，勘旁支給，不以衆工待也。」蓋宮廷向例以工匠待遇畫人，至此，始以士大夫待遇畫人矣。南渡以後，雖以小朝廷偏安江左；然畫院則仍北宋舊制，規模宏大，名師蔚起。紹興間，畫院待詔，除待詔徽宗時之李唐、劉宗古、李迪、李安忠、蘇漢臣、朱銳等轉入者外，尙有馬和之、馬興祖、劉思義、蕭照等諸名手。至寧宗時，畫院益盛，劉松年、李嵩、馬遠、夏珪、梁楷、蘇顯祖等，並爲特殊作者。總南宋畫院人名，見於厲鶚南宋畫院錄者，有近百人之多。其失考者，料亦不在少數。當時李唐、劉松年、李嵩，以及宮廷畫

人趙伯駒、趙伯驌等，多青綠巧贍。而馬遠、夏珪、梁楷等，乃肆意水墨，披筆粗皴，而呈蒼勁之特殊風格。至此院派山水，始分青綠巧整，水墨蒼勁二派，爲院內外互相影響而呈變化之證。論者謂南渡以後，戎馬倥傯，兵戈不息，猶復閑情逸致，提倡藝事，蓋欲藉此以點綴昇平，掩飾江左偏安之窘局。實則南宋諸君主，均於繪畫有所篤嗜而成特尚，與北宋相同耳。茲將宋代畫院人名，簡錄於左：

太祖朝　待詔王靄、黃居寀、王凝。祗候厲昭慶。藝學趙元長、夏侯延祐、董羽。學生趙光輔。不明者黃惟亮、楊斐。

太宗朝　待詔高文進、高懷節、牟谷、高益、蔡潤、南簡。祗候李雄、呂拙、高懷寶、王道眞。不明者燕文貴。（圖畫見聞志作燕貴，畫繼作燕文季。）

眞宗朝　待詔陶裔、卑顯、高克明、荀信。祗候高元亨。藝學劉文通。不明者馮清、龍章。

仁宗朝　待詔裴文睍、任從一。祗候屈鼎、梁忠信、支選、陳用志。（圖畫見聞志作用智。宋朝事實類苑作用之。）

神宗朝　待詔鍾文秀、侯文慶、董祥、王可訓。祗候句龍爽、葛守昌、周照。藝學李吉、崔白。（不受職而爲御前祗應。）郭熙。學生侯封。

徽宗朝　待詔和成忠、馬賁、黃宗道、朱漸、李端、周儀、劉宗古、李唐、楊士賢、蘇漢臣、朱銳、（紹興復職，授迪功郎。）張浹、顧亮、李從訓、（紹興間，補承直郎。）閻仲、焦錫、郭待詔。（佚名）成忠郎李迪，（紹興復職，授畫院副使。）李安忠。將士郎兼至誠。翰林入閣供奉戴琬。翰林應奉張戩。翰林畫史張擇端。畫院學諭張希顏。畫學正陳堯臣。不明者能仁甫、朱宗翼、何淵、李希成、戰德淳、韓若拙、孟應之、宣亨、盧章、劉益、富燮、田逸民、侯宗古、鄒七、（名佚）任安、薛志、費道寧、趙宣、王道亨、郭信。

高宗朝　待詔吳炳、馬和之、馬興祖、李瑛、劉思義、馬公顯、馬世榮、林俊民、蕭照、尹大夫。佚名。祗候賈師古、韓祐。不明者朱光普。

孝宗朝　待詔蘇焯、毛益、林椿。將士郎閻次平。承務郎閻次于。祗應修內司魯莊。祗應甲庫陳椿。不明者徐確、梁松。

光宗朝　待詔劉松年、陸青、李嵩、馬遠。不明者張茂。

寧宗朝　待詔蘇堅、白良玉、梁楷、陳居中、高嗣昌、蘇顯祖、夏珪。祗候馬麟。

理宗朝　待詔孫覺、魯宗貴、陳宗訓、俞珙、胡彥龍、史顯祖、李德茂、孫必達、顧興裔、張仲、崔友諒、馬永忠、陳清波、范安仁、陳可久、陳珏、朱玉、白輝、宋汝志、毛允昇、曹正國、王華、豐興祖、錢光甫、徐道廣、謝昇、顧師顏、朱懷瑾、宋碧雲、吳俊臣。祗候方椿年、王輝。不明者李永。

度宗朝　祗候樓觀、李永年、李權。不明者李紹宗。

（乙）宋代之道釋人物畫　宋代道釋畫不甚盛行。其原因：一為唐代禪宗興盛，其宗旨清淨簡直，主直指頓悟，重精神而輕形式，致一切佛畫儀像及變相等，不為傳教者與信教者所重視，漸見廢棄。二為道釋繪畫，經魏、晉、南北朝及隋、唐長期間之努力與發展，非有新材題之增加，不易有新境地之發見，以饜努力繪畫者之期求；故有向其他畫材發展之必要。三為吾國繪畫，至宋代已全蹈入文學化之領域中，故當時繪畫情勢，全傾向於多詩趣之山水花卉之發展，成特殊之狂熱，不復注意道釋畫之努力。而釋畫尤比道畫為遜色；蓋有宋之於道教，頗為尊崇，例如徽宗

且稱道君爲道君皇帝者。查宣和畫譜及中興館閣儲藏著錄諸道釋畫家之作品，屬於道畫之太上、天尊、天帝、眞人、仙君、諸像者，十之六七，屬於佛畫之釋迦、羅漢、維摩、觀音、文殊、諸像者，十之三四；尤爲明證。然宋代初期，尚承唐末五代餘緒，猶見相當勢力作家亦尚不少。大概乾德以後，淳化以前，在院內專長或兼長道釋畫者，有王靄、趙元長、趙光輔、高益、李雄、厲昭慶、楊斐、高文進、王道眞等。在院外者，有王瓘、孫夢卿、石恪、孫知微、李用及、李象坤、童仁益、侯翼、陸文通等。王靄，京師人，工道釋人物，兼長寫貌。晉末，與王仁壽皆爲契丹所掠，太祖受禪放還，授圖畫院祗候。會畫開寶寺文殊閣下天王及景德寺九曜院彌勒下生像，號稱奇蹟。趙元長，字慮善，蜀中人，通天文，善丹靑，太祖時，入爲圖畫院學藝。尤長神像及羅漢。趙光輔，華原人，工畫佛道，兼精蕃馬，筆鋒勁利，太祖時爲圖畫院學生。開元、龍興兩寺，皆有其畫壁，尤擅地獄變相，與時無比。李雄，北海人，工畫道釋，偏長鬼神，罕與倫比。厲昭慶，建康、豐城人，工人物，尤長佛像觀音，於衣紋生熟，亦能分別，爲前輩所不及。楊斐（宣和畫譜作楊棐。）京師人，性不拘，有氣概，多游江浙間。後居畫院，攻畫佛像，筆法宗吳生，精神鬼而得其威勢。王道眞，字幹叔，蜀郡、新繁人，善道釋人物屋木，太宗時，待詔高文進，甚有聲望，上問誰如卿者？文進曰：「新繁人王道眞，出臣上。」遂召入圖畫院爲祗候；當時稱爲佛畫家名手。石恪，蜀人，性滑稽，有口辯，工畫道釋人物，始師張南本，後筆墨放逸，不專規矩。蜀平至闕下。嘗被旨畫相國寺壁，授以畫院之職，不就。所作道釋形相，多醜怪奇崛而見奇變。李用及、李象坤，均工畫佛道人馬，尤精鬼神，嘗與高文進、王道眞同畫相國寺壁，並爲良手。童仁益，蜀中人，工畫人物尊像，出自天資，不由師授，乃孫知微之亞。侯翼，安定人，工畫佛道人物，夙振吳風，窮乎奧旨，所作寺壁尤多。其中在院內者；以高益、高文進爲有名。院外者，以王瓘、孫知微爲特出，茲列敘於左：

高益　本契丹人，遷涿郡，太祖時，來中國。初於都市貨藥以自給，每售藥時，畫鬼神犬馬於紙上，藉藥與之，得者驚異，由是稍稍知名。有孫四皓者，喜畫，延藝術之士，益往客之。爲禮甚厚。畫鬼神搜山圖一本以酬其意。又寫鍾馗擊厲鬼圖，張於賓館，觀者驚其勁捷，握手摘汗。又於四皓樓上，畫卷雲芭蕉，京師之人，摩肩爭玩。孫乃神宗近戚，以益所畫之搜山圖上進，太宗遂授益爲圖畫院待詔，勅畫相國寺廊壁。會上臨幸，見其寫阿育王戰像，詔問卿曉兵否？對曰：「臣非知兵者，命意至此。」其匠心可知矣。尤長大像，極於神變，而稱其筆力，允爲宋初院內佛畫之領袖。所作寺壁畫樣，爲世所傳摹。

高文進　從遇子，工畫道佛，曹、吳兼備。乾德間，蜀平，至闕下。太宗在潛邸，多訪求名藝，文進往依焉，後授翰林待詔。未幾重修大相國寺，命文進倣高益舊本畫行廊變相，及太乙宮、壽寧觀、啓聖院、暨開寶塔下諸功德牆壁，皆稱旨。故時人稱國初高益爲大高，待詔文進爲小高。又奉勅訪求民間圖畫，繼蒙恩獎，山谷亦謂其落筆高妙，名不虛得，爲翰林畫工之宗。其子懷節、懷寶，均供奉畫院，而有父風。

王瓘　字國器，河南、洛陽人，美風表，有才辯，少志於畫，家甚窮匱，無以資游學，北邙山、老子廟壁，吳生所畫，世稱絕筆，瓘多往觀之，雖窮冬積雪，亦無倦意。有爲塵滓塗漬處，必拂拭磨刮，以尋其迹，由是得其遺法。又能變通不滯，取長捨短，聲譽藉甚，動於四遠，世稱小吳生。乾德開寶間，諸畫人無與敵者。高克明嘗謂人曰：「得國器畫，何必吳生。」武宗元亦曰：「觀國器之筆，不知有吳生矣。」劉道醇聖朝名畫評謂其「畫事物盡工，設色淸潤，古今無倫。」又云意思縱橫，往來不滯，廢古人之短，成後世之長，不拘一守，奮筆皆妙，推爲本朝丹青第

一」。

孫知微　眉州彭山人，宣和畫譜作眉陽人，字太古，通論語老氏之學。本田家形貌，山野爲性，介潔隱於畫。師沙門令宗，善道釋精雜畫，凡寫聖像，必先齋戒疎瀹，精心率意，虛神靜思，乃始援毫，故運筆放逸，不蹈前人筆墨畦畛。知微雖以畫得名，然耻爲人呼畫師。張乖崖鎮蜀，雅聞其名，欲一見之，終不可致。一日聞在僧舍飲，亟損車騎，卻鳴騶往詣之，卽投筆遁去。及乖崖還朝，道出劍閣，逢一村童，持知微書負一篋迎道左曰：「公所喜者，畫也，今以二圖爲獻。」問知微所在，則曰：「適一山人以此授我，去已遠矣。」其高逸如此。論者謂孫位爲眞逸之祖，而以貫休爲逸筆，孫知微爲逸格，郭忠恕爲逸品，同一逸也，而知微有意外之趣云。晚居靑城山白侯壩之趙村，愛其水竹深茂，以助逸興。

然諸作家多宗法吳生，其畫樣又率從摹寫而來，可謂純守舊法，無甚變化。大中祥符中，初營玉淸昭應宮，募天下畫流，逾三千數，武宗元爲左部長，王拙爲右部長，一時人物尙盛。如王兼濟、孫懷說、高元亨、楊朏、高克明、張昉等，均爲一時作者。武宗元，字總之，河南白波人，佛道鬼神，學吳生，年十七，卽能畫北邙山老子廟壁，頗稱精絕。大中祥符中，應畫玉淸昭應宮壁，宗元爲左部之長，丁朱崖爲宮使，語僚佐曰：「適見麾旗亂轍者，悉爲宗元所逐矣。」論者謂宗元道釋，備曹、吳之妙，筆如流水，神采活動，如寫草書。王　，字守拙，河東人，大中祥符中畫玉淸昭應宮壁，拙爲右部第一人，與宗元爲對手，時人多許之。王兼濟，西京洛陽人，簡傲嗜酒，不修人事，畫學吳生，得其餘趣，嘗與武宗元對手畫嵩嶽天封觀壁，宗元畫出隊，兼濟畫入隊，爲衆稱絕。楊朏，京師人，工畫佛道人物，尤長觀音，得名天下。高元亨，字彥德，

京師人，眞宗時，爲畫院祇候。工道釋人物，兼長屋木。張昉，字升卿，汝南人，學吳生得其法。大中祥符中，玉淸昭應宮成，召昉畫三淸殿天女奏樂像，昉不假朽畫，奮筆立就，高丈餘。又於汝南開元寺畫護法善神，最爲精緻。此後作者漸少，仁宗時，僅有陳用志、孟顯、郝鄧、武洞淸等，神宗時，僅有李元濟、勾龍爽、李澤時、司馬寇、劉宗古等數人。陳用志，許州郾城人，天聖中爲圖畫院祇候。工畫佛道人馬，精詳巧贍。孟顯，華池人，畫佛像車馬等，出於己意，自成一家，轉動飄逸，不能窮其來去之迹。武洞淸，長沙人，工道釋人物，特爲精妙。有雜功德十一曜、二十八宿、十二眞人等像，傳於世。李元濟，太原人，佛道人物學吳生。熙寧中，召畫相國寺壁，與崔白爲勁敵。議者以元濟落筆不妄，推爲第一。勾龍爽，蜀中人，神宗時，爲圖畫院祇候，工佛道人佛及古體衣冠，爲一代奇筆。司馬寇，汝州人，佛像鬼神人物，種種能之，宣和間，稱第一手。然仍多宗法吳生，無所特點。雖元豐中，修景靈宮，宣和中，築五嶽觀寶眞宮，亦廣徵天下畫士，從事壁畫，然無特出者。蓋禪宗自唐代以來，入宋益熾；五代新流行之羅漢圖，至是風靡一世。不用以供奉禮拜，而爲賞玩之珍品，爲吾國宗教繪畫史上之一大變遷。羅漢圖，原從印度輸入中土，晉之戴逵，隋之跋摩，唐之盧稜伽，五代之貫休等，均有羅漢圖之作。大概耳穿金環，豐頤懸額，隆鼻深目，長眉密髯，全表現印度人種之狀貌。服裝及附屬品，亦全呈印度色彩。至五代末，王齊翰等，始取吾國故有之人物風格畫羅漢，大變從來式樣，而爲中國化；然仍不免運用彩色。至李公麟出，始掃去粉黛，輕毫淡墨，高雅超絕，嘗如幽人勝士，褐衣草履，居然簡遠，可謂古今絕藝。原來禪宗主直指頓悟，見性成佛。每以世間實相，解脫苦海波瀾；故草木花鳥，雨竹風聲，山雲海月，以及人事之百般實相，均足爲參禪者對照之淨鏡，成了悟之機緣。絕與顯、密諸宗以繪畫爲佛教之奴隸者不同。且此等玩賞式之道釋人物畫，大多出於僧人，或兼

長山水花卉之作家。例如蘇東坡僧人梵隆、羅牕、法常等，均於簡略之筆墨中，助長白描人物，及墨戲畫之大發展；使吾國繪畫，隨禪宗之隆盛，激揚成風於一時。李公麟卽爲當時白描人物之魁首。

李公麟　字伯時，舒州人，熙寧中進士，官朝奉郎，後歸老龍眠山因號龍眠山人。博學精識，用意至到，凡目所覩，卽領其要。繪畫集顧、陸、張、吳及先世名手之所長而自成一家。尤長白描，多以澄心堂紙爲之。初畫鞍馬，得馬之神變後專畫佛。說者謂鞍馬逾韓幹佛像過吳道玄，山水似李思訓，人物似韓滉，非過譽也。而筆墨瀟灑，則類王維，不愧爲宋畫第一。晚歲優遊林壑，凡三十四年，黃庭堅稱之爲古之人云。

南渡而後，道釋畫，尤見殘山剩水，無可記述。高宗時，僅有李從訓、蘇漢臣、李祐之等。從訓、宣和待詔，善道釋人物，位置不凡，傅彩精妙，高出流輩。漢臣、開封人，宣和畫院待詔，師劉宗古，道釋人物臻妙。繼李氏者，有從訓養子嵩及顧師顏等；繼蘇氏者，有其子焯，孫堅，及陳宗訓，孫必達等；作風大抵精工而巧於賦采。繼李公麟白描一派者，紹興間，則有賈師古、釋梵隆喬仲常等。賈思古、汴人，極得李伯時閒逸自在之趣。嘉泰時，畫院待詔梁楷，更以公麟白描之法，創減筆之新格。繼之者，有紹定待詔俞洪、咸淳祇候李權，以及李確、劉朴等，均爲白描派之能手，盛行於南宋之間。蓋白描，素雅簡秀，其風趣極爲薰陶理學禪風之南宋人士相恰合，爲當時諸畫家所崇奉。

宋代繪畫，傾向於純粹藝術之鑒賞；鑒藏之風因而極盛。士大夫作家，多努力於卷軸之製作；故道釋畫，亦以卷軸爲多。然壁畫亦不廢，北宋承唐末五代之餘，較盛於南宋。其取材，多道釋故實，間作龍水，實諸君主獎勵提倡，有以致之。然多抄襲舊樣，無傑出之新作。當時允爲壁畫能手，而有聲譽者，僅孫夢卿、武宗元等數家。而南宋壁畫，多取村

高益　本契丹人，遷涿郡，太祖時，來中國。初於都市貨藥以自給，每售藥時，畫鬼神犬馬於紙上，藉藥與之，得者驚異，由是稍稍知名。有孫四皓者，喜畫，延藝術之士，益往客之。爲禮甚厚，畫鬼神搜山圖一本，以酬其意。又寫鍾馗擊厲鬼圖，張於賓館，觀者驚其勁捷，握手摘汗。又於四皓樓上，畫卷雲芭蕉，京師之人，摩肩爭玩。孫乃神宗近戚，以益所畫之搜山圖上進，太宗遂授益爲圖畫院待詔，勅畫相國寺廊壁。會上臨幸，見其寫阿育王戰像，詔問卿曉兵否？對曰：「臣非知兵者，命意至此。」其匠心可知矣。尤長大像，極於神變，而稱其筆力，允爲宋初院內佛畫之領袖。所作寺壁畫樣，爲世所傳摹。

高文進　從遇子，工畫道佛，曹、吳兼備。乾德間，蜀平，至闕下。太宗在潛邸，多訪求名藝，文進往依焉，後授翰林待詔。未幾，重修大相國寺，命文進倣高益舊本，畫行廊變相，及太乙宮、壽寧觀、啓聖院、暨開寶塔下諸功德牆壁，皆稱旨。故時人稱國初高益爲大高，待詔文進爲小高。又奉勅訪求民間圖畫，繼蒙恩獎，山谷亦謂其落筆高妙，名不虛得，爲翰林畫工之宗。其子懷節、懷寶，均供奉畫院，而有父風。

王瓘　字國器，河南、洛陽人，美風表，有才辯，少志於畫，家甚窮匱，無以資游學，北邙山、老子廟壁，吳生所畫，世稱絕筆，瓘多往觀之，雖窮冬積雪，亦無倦意。有爲塵滓塗漬處，必拂拭磨刮，以尋其迹，由是得其遺法。又能變通不滯，取長捨短，聲譽藉甚，動於四遠，世稱小吳生。乾德開寶間，諸畫人無與敵者。高克明嘗謂人曰：「得國器畫，何必吳生。」武宗元亦曰：「觀國器之筆，不知有吳生矣。」劉道醇聖朝名畫評謂其「畫事物盡工，設色淸潤，古今無倫。」又云意思縱橫，往來不滯，廢古人之短，成後世之長，不拘一守，奮筆皆妙，推爲本朝丹青第

一」。

孫知微　眉州彭山人，宣和畫譜作眉陽人，字太古，通論語老氏之學。本田家形貌，山野爲性，介潔隱於畫。師沙門令宗，善道釋精雜畫，凡寫聖像，必先齋戒疎瀹，精心率意，虛神靜思，乃始援毫，故運筆放逸，不蹈前人筆墨畦畛。知微雖以畫得名，然恥爲人呼畫師。張乖崖鎮蜀，雅聞其名，欲一見之，終不可致。一日聞在僧舍飲，亟損車騎，卻鳴騶往詣之，卽投筆遁去。及乖崖還朝，道出劍閣，逢一村童，持知微書，負一篋迎道左曰：「公所喜者，畫也，今以二圖爲獻。」問知微所在，則曰：「適一山人以此授我，去已遠矣。」其高逸如此。論者謂孫位爲眞逸之祖，而以貫休爲逸筆，孫知微爲逸格，郭忠恕爲逸品，同一逸也，而知微有意外之趣云。晚居靑城山白侯壩之趙村，愛其水竹深茂，以助逸興。

然諸作家多宗法吳生，其畫樣又率從摹寫而來，可謂純守舊法，無甚變化。大中祥符中，初營玉淸昭應宮，募天下畫流，逾三千數，武宗元爲左部長，王拙爲右部長，一時人物尙盛。如王兼濟、孫懷說、高元亨、楊朏、高克明、張昉等均爲一時作者。武宗元，字總之，河南白波人，佛道鬼神學吳生，年十七，卽能畫北邙山老子廟壁，頗稱精絕。大中祥符中，應畫玉淸昭應宮壁，宗元爲左部之長，丁朱崖爲宮使，語僚佐曰：「適見麾旗亂轍者，悉爲宗元所逐矣。」論者謂宗元道釋，備曹吳之妙，筆如流水，神采活動，如寫草書。王　，字守拙，河東人，大中祥符中，畫玉淸昭應宮壁，拙爲右部第一人，與宗元爲對手，時人多許之。王兼濟，西京洛陽人，簡傲嗜酒，不修人事，畫學吳生，得其餘趣，嘗與武宗元對手畫嵩嶽天封觀壁，宗元畫出隊，兼濟畫入隊，爲衆稱絕。楊朏，京師人，工畫佛道人物，尤長觀音，得名天下。高元亨，字彥德，

京師人，眞宗時，爲畫院祇候。工道釋人物，兼長屋木。張昉，字升卿，汝南人，學吳生得其法。大中祥符中，玉淸昭應宮成，召昉畫三淸殿天女奏樂像，昉不假朽畫，奮筆立就，高丈餘。又於汝南開元寺畫護法善神，最爲精緻。此後作者漸少，仁宗時，僅有陳用志孟顯、郝鄧、武洞淸等，神宗時，僅有李元濟、勾龍爽、李澤時、司馬寇、劉宗古等數人。陳用志，許州郾城人，天聖中爲圖畫院祇候。工畫佛道人馬，精詳巧贍。孟顯，華池人，畫佛像車馬等，出於己意，自成一家，轉動飄逸，不能窮其來去之迹。武洞淸，長沙人，工道釋人物，特爲精妙，有雜功德十一曜、二十八宿、十二眞人等像，傳於世。李元濟，太原人，佛道人物學吳生。熙寧中，召畫相國寺壁，與崔白爲勁敵，議者以元濟落筆不妄，推爲第一。勾龍爽，蜀中人，神宗時，爲圖畫院祇候，工佛道人佛，及古體衣冠，爲一代奇筆。司馬寇，汝州人，佛像鬼神人物，種種能之，宣和間稱第一手。然仍多宗法吳生，無所特點。雖元豐中修景靈宮，宣和中築五嶽觀寶眞宮，亦廣徵天下畫士，從事壁畫，然無特出者。蓋禪宗自唐代以來入宋益熾；五代新流行之羅漢圖，至是風靡一世，不用以供奉禮拜，而爲賞玩之珍品，爲吾國宗教繪畫史上之一大變遷。羅漢圖，原從印度輸入中土，晉之戴逵，隋之跋摩，唐之盧稜伽，五代之貫休等，均有羅漢圖之作。大概耳箝金環，豐頤懸額，隆鼻深目，長眉密髯，全表現印度人種之狀貌，服裝及附屬品，亦全呈印度色彩。至五代末，王齊翰等，始取吾國故有之人物風格畫羅漢，大變從來式樣，而爲中國化；然仍不免運用彩色。至李公麟出，始掃去粉黛，輕毫淡墨，高雅超絕；譬如幽人勝士，褐衣草履，居然簡遠，可謂古今絕藝。原來禪宗主直指頓悟，見性成佛。每以世間實相，解脫苦海波瀾，故草木花鳥，雨竹風聲，山雲海月，以及人事之百般實相，均足爲參禪者對照之淨鏡，成了悟之機緣。絕與顯、密諸宗以繪畫爲佛教之奴隸者不同。且此等玩賞式之道釋人物畫，大多出於僧人，或兼

長山水花卉之作家。例如蘇東坡僧人梵隆、蘿憁、法常等，均於簡略之筆墨中，助長白描人物，及墨戲畫之大發展；使吾國繪畫，隨禪宗之隆盛，激揚成風於一時。李公麟即爲當時白描人物之魁首。

李公麟　字伯時，舒州人，熙寧中進士，官朝奉郎，後歸老龍眠山，因號龍眠山人。博學精識，用意至到，凡目所覩，即領其要。繪畫集顧、陸、張、吳及先世名手之所長，而自成一家。尤長白描，多以澄心堂紙爲之。初畫鞍馬，得馬之神變，後專畫佛。說者謂鞍馬逾韓幹，佛像過吳道玄，山水似李思訓，人物似韓滉，非過譽也。而筆墨瀟灑，則類王維，不愧爲宋畫第一。晚歲優遊林壑，凡三十四年，黃庭堅稱之爲古之人云。

南渡而後，道釋畫，尤見殘山剩水，無可記述。高宗時，僅有李從訓、蘇漢臣、李祐之等。從訓、宣和待詔，善道釋人物，位置不凡，傅彩精妙，高出流輩。漢臣、開封人，宣和畫院待詔，師劉宗古，道釋人物臻妙。繼李氏者，有從訓養子嵩及顧師顏等；繼蘇氏者，有其子焯、孫堅及陳宗訓、孫必達等；作風大抵精工而巧於賦采。繼李公麟白描一派者，紹興間，則有賈師古、釋梵隆、喬仲常等。賈思古、汴人，極得李伯時閒逸自在之趣。嘉泰時，畫院待詔梁楷，更以公麟白描之法，創減筆之新格。繼之者，有紹定待詔俞洪、咸淳祗候李權，以及李確、劉朴等，均爲白描派之能手，盛行於南宋之間。蓋白描，素雅簡秀，其風趣極爲薰陶理學禪風之南宋人士相恰合，爲當時諸畫家所崇奉。

宋代繪畫，傾向於純粹藝術之鑒賞；鑒藏之風因而極盛。士大夫作家多努力於卷軸之製作；故道釋畫，亦以卷軸爲多。然壁畫亦不廢，北宋承唐末五代之餘，較盛於南宋。其取材，多道釋故實，間作龍水，實諸君主獎勵提倡，有以致之。然多抄襲舊樣，無傑出之新作。當時允爲壁畫能手，而有聲譽者，僅孫夢卿、武宗元等數家。而南宋壁畫多取村

於山水，兼及花鳥與牛，爲壁畫取材上之大變。其總因，固爲受禪理學之影響；亦緣宋代花鳥畫之盛興，足以取道釋故實而代之耳。南宋寶慶而後，壁畫作者絕爲少見，自是以還壁畫幾全不爲畫人所習，而沒落於漆工之手中矣。

宋代專門龍水作家殊多，有董羽、吳進、吳懷、孫白、侯宗古、徐友、陳容、陳珩等。蓋有宋道教興盛，並因緣於老子猶龍之思想有以致之。其中以董羽、吳懷、孫白三家爲特出。羽，毗陵人，字仲翔，初仕南唐李煜爲待詔，後隨煜歸宋，太宗卽命爲圖畫院學藝。善畫龍水及魚，喜作禹門砥柱，驚雷怒濤，使觀者若臨煙波絕島間，咫尺汗漫，莫知其涯涘。嘗奉召畫端拱樓下，龍水四堵，極其精思，凡半載功畢。一日，太宗與嬪御登樓時，皇太子尚幼，見畫壁，驚畏啼呼不敢視，亟令汚墁。因此羽亦鬱鬱不遇，尋病卒。吳懷，江南人，善龍水。其最佳處，據孤島，憑老木，伏平陵。拏怒浪，呼雲自蔽，有夭矯欲飛之勢。孫白，專長畫水，刱意作潭泊淺源，平波細流，停爲瀲灧，引爲決泄；蓋出前人意外，別爲新規勝槩。不假山石爲激躍，而自成迅流；不借灘瀨爲湍濺，而自成衝波；使夫縈紆曲直，隨流蕩漾，自然長紋細絡，有序不亂，爲唐人所不及。

宋代專門之人物作家殊少；大概善道釋畫者，例能兼之。北宋道釋畫，較南宋爲盛，故北宋能畫人物者，亦較多。如石恪、王道眞、高元亨、郝澄、武洞清、李公麟、顏博文等，均兼擅人物。石氏，有四皓圍棋、竹林七賢、青城遊俠諸圖，意甚縱逸。王氏，有惠子五車書及挽糧濟水諸圖，皆爲精備。高氏，有從駕兩軍角抵戲場圖，寫其觀者四合如堵，坐立翹企，攀扶俯仰，及富貴貧賤老幼長少緇黃技術外夷之人，莫不備具。至有爭怒解挽，千變萬狀，求眞盡得，古所未有。郝氏，長畜馬人物，有出獵圖、人馬圖、渲馬圖、牧放散馬圖等，得精神骨氣之妙。武氏，尤工人物，獲譽一時。顏氏，長人物，筆法

位置，大似伯時。其中尤以李氏公麟，可謂無所不長。有孝經圖、列女圖、離騷圖、王維看雲圖、羲之書扇圖、歸去來兮圖、蔡琰還漢圖、昭君出塞圖、織錦迴文圖、遊騎圖、習馬圖、以及西園雅集、白蓮社圖等所謂衣冠巾幗仕女遊宴以及經傳圖繪等無不盡成妙筆。然當時亦有山水花卉作家而兼善人物者；如董源、王士元、湯子昇、高克明、徐兢、顧大中等。十國春秋云：董源又工人物，後主坐碧落宮召馮延己論事，至宮門逡巡不敢進，後主使趣之，延己云：有宮娥着青紅錦袍，當門而立，未敢竟進。」使隨共諦視之，乃八尺琉璃屏，畫夷光於上，蓋源筆也。王士元，汝南宛丘人，好讀書，為儒者言，長山水人物木屋。圖畫見聞志云：「士元靈襟蕭爽，畫法特高，人物師周昉，山水學關仝，屋木類郭忠恕，皆造其微。」湯子昇，蜀人，擅山水人物，志慕高逸，有文簫彩鸞圖、鑄鑑圖等傳於世。宣和畫譜謂其：「至理所寓，妙與造化相參，非徒丹青而已。」顧大中，江南人，工花竹及人物牛馬，有韓熙載縱樂圖、杜牧詩思圖，殊有思致，當時可稱為人物畫專家者，僅有葉進成、葉仁遇兄弟及趙宣、黃宗道、劉浩等數人。進成，江南人，工畫人物，得閻令之體格。仁遇、進成族弟，多狀江表市肆風俗田家人物，有維揚春市圖，狀其士俗繁浩，貨殖相委，往來疾緩之態；至其春色駘蕩，花光互照，深得淮楚之勝。趙宣，宣和元年試中畫人，好用飛白作人物，得人物之創格。黃宗道，宣和畫院待詔，工畫馬人物，師胡瓌、李贊華；胡畫馬得肉，李畫馬得骨，宗道二法俱備。劉浩，無錫人，居華陰。愛作雪驢水磨，故事人物，意象幽遠，筆法清新。均各有所特長，然少特殊發展於畫學，無大貢獻耳。南渡以後，人物專門作者尤為少，多半係山水畫家，能兼作人物，以為點綴。例如李唐、劉松年、朱銳、閻仲及其子次平、次于、馬遠、夏珪、蘇顯祖、樓觀等，均為山水專家而精於人物者。次為道釋畫家兼作人物者，則有喬仲常、蘇漢臣、梁楷、陳宗訓、龔開等。李氏有伯夷叔齊採薇圖、晉文公復國圖。劉氏

有便橋圖成王問道圖。朱銳，河北人，工畫山水人物，尤好寫騾綱雪獵盤車等圖，形容布置，曲盡其妙。閻仲，宣和待詔，工畫人物及絳色山水。其子次平、次于，能世其家學而過之。龔開，淮陰人，山水師二米，人物師曹霸，描法甚麤，尤喜作墨鬼鍾馗等。馬遠，夏珪，均與梁楷為寧宗時畫院待詔，與梁楷興水墨減筆之新格，世多宗法之。梁楷實為南宋人物畫家錚錚者。

梁楷　東平人，善畫人物山水，道釋鬼神，師賈師古，描寫飄逸，青過於藍。嘉泰時，畫院待詔，賜金帶，不受，掛於院內。嗜酒自樂，號梁風子。院人見其精妙之筆，無不驚伏，但傳於世者，皆草草，世謂之減筆。趙由儁云：「畫法始從梁楷變，觀圖猶喜墨如新。」為於馬夏外，獨樹一幟者。

南宋專門人物作家，僅有紹興、乾道間之馬和之，端平間之史顯祖，紹定間之胡彥龍，景定間之謝昇等幾人。馬和之，錢塘人，紹興中登第，善山水，尤工人物，仿吳裝，筆法飄逸，務去華藻，自成一家，高、孝兩朝，皆深重之。曾畫毛詩三百篇圖，官至工部侍郎。胡彥龍、儀眞人，善畫人物天神，寒林水石，描法用大落墨，自成一家。史顯祖、謝昇，均杭人，史善人物士女青綠山水。謝善仕女，兼工花鳥，均待詔畫院，頗有聲譽。原吾國道釋畫與人佛畫。向有不能分離之關係，北宋以後，道釋畫既大見衰退之象，人物畫亦隨而衰落，固屬當然之事矣。

(丙)宋代之山水畫　吾國山水畫，至宋實為一多方發展之時期；派別之分演既多，作家亦彬彬輩出。宋初承五代荊、關之後，即有董源、李成、范寬三大家之崛起，與吾國山水畫上以大進展。元湯垕畫鑑云：山水之為物，稟造化之秀，陰陽晦冥，晴雨寒暑，朝昏晝夜，隨形改步，有無窮之趣；自非胸中丘壑，汪洋如萬頃波者，未易摹寫。如六朝至唐

初，畫者雖多，筆法位置，深得古意。自王維、張璪、畢宏、鄭虔之徒出，深造其理。五代荊、關，又別出新意，一洗前習。迨於宋朝，董元、李成、范寬三家鼎立，前無古人，後無來者，山水之格法始備。三家之下，各有入室弟子二三人，終不逮也。」畫鑒又云：「宋山水家，超絕唐世者，李成、董源、范寬而已。嘗評之，董源得山水之神氣，李成得體貌，范寬得骨法，故三家照耀古今，而為百代師法。」郭若虛圖畫見聞志亦云：「畫山水，惟營丘李成，長安關仝，華原范寬，知妙入神，才高出類，三家鼎峙，百代標程，前古雖有傳世可見者，如王維、李思訓、荊浩之論，豈能方駕近代？雖有專意力學者，如翟院深、劉永、紀眞之輩，難繼後塵。復有王士元、王端、燕貴、許道寧、高克明、郭熙、李宗成、丘訥之流，或有一體，或具體而微，或預造堂室，或各開戶牖，皆可稱尚。藏畫者方之三家，猶諸子之於正經矣。」郭氏所論三家，雖關仝係五代梁人，與湯氏易以董源者稍不相同；然其備極讚揚宋初李范，則全為一致耳。三家而下，繼之者，雖大有人在；然多私淑三家成法，得一體一格之所長，卽有所稱尚。董其昌畫禪室隨筆云：「唐人畫法，至宋乃暢，至米又一變耳。」則宋代山水畫，在米氏以前，畫一段落，稱為宋代前期，實無不可。

李成　字咸熙，長安人，唐之宗室，五代戰亂，避地北海，居營丘，遂為營丘人。世業儒，善屬文，磊落有大志；因才命不遇，放意詩酒琴弈，尤擅山水，初師關仝，卒自成家。山林澤藪，平遠險易，縈帶曲折，飛流危棧，斷橋絕澗，水石風雨晦明，煙雲雪霧之狀，一皆吐其胸中，而寫之筆下。其寫平遠寒林，惜墨如金，稱為前所未有。蓋其畫精通造化，筆盡意在，掃千里於咫尺之間，寫萬趣於峰巒之外。故論者謂其高妙入神，古今一人，雖王維、李思訓之徒，亦不可同日而語。尊之者，至不名而曰李營丘焉。人欲求其畫者，先為置酒，酒酣落筆，煙雲萬狀，其品性高

潔放達如此。景祐中成孫宥，爲開封尹，命相國寺僧惠明購成之畫，倍出金幣，歸者如市，故成之蹟，於今少有。米元章刻意搜訪，生平僅見二本云。宣和畫譜並謂成兼善龍水。

范寬　名中正，字仲立，華原人。性溫厚有大度，關中人謂性緩爲寬，故世人謂之爲范寬，不以名著焉。寬風儀峭古，進止疎野，嗜酒落魄，不拘世故。喜畫山水，師李成，又師荊浩；山頂好作密林，水際作突兀大石。既乃歎曰：「與其師人，未若師諸物也。與其師於物者，未若師諸心也。」乃舍舊習，卜居終南太華，徧觀奇勝；如是落筆雄偉老硬，眞得山骨。然其剛古之勢，又不犯前人，自成一家。論者謂宋有天下，爲山水者，惟范寬與李成稱絕。李成之筆，近視如千里之遠；范寬之筆，遠望不離坐外；皆所謂造乎神者也。雖晚年用墨太多，然溪出深虛，水若有聲，自無人可出其右。其所作雪山，全出麼詰，好爲冒雪出雲之勢，尤有骨氣，至今無及之者。

董源　一作元。字叔達，鐘陵人，事南唐爲後苑副使，因咸稱之爲董北苑。善山水，水墨類王維，着色如李思訓；尤工秋嵐遠景，多寫江南眞山，不爲奇峭之筆。米芾畫史云：「董源平淡天眞，唐無此品，在畢宏上。近世神品，格高無與比也。」峯巒出沒，雲霧顯晦，不裝巧趣，皆得天眞；嵐色鬱蒼，枝幹勁挺，咸有生意；溪橋漁浦，洲渚掩映，一片江南也。畫鑒亦云：「董源得山水之神氣，李成得體貌，范寬得骨法，故三家照耀古今，而爲百代師法。」源兼工牛虎，肉肌豐混，毛毳輕浮，具足精神，脫略凡格。作人物亦生意勃然，尤見思致云。

師李氏一派者，則有許道寧、李宗成、翟院深、郭熙、燕肅、宋廸、范坦、李遠、劉明復等。師范氏一派者，則有紀眞、黃懷玉、商訓等。師董氏一派者，則有釋巨然、劉道士、江參等。許道寧，河間人，一作長安人。工詩，善畫山水，學李成而得其氣；林木

平遠野水，皆造其妙。傳其法者，有侯封、丘納等。李宗成，鄜時人，山水寒林，破墨潤媚，取象幽奇；林麓江臯，尤爲盡善。翟院深，營丘人，善山水，喜爲峯巒之景，得營丘之風。宋迪，字復古，山川草木，妙絕一時；尤工平遠，運思高妙，筆墨淸潤。兼工畫松，或高或偃，或孤或雙，以至於千萬株，森森然殊可駭也。紀眞，工山水，學范寬而能畢眞。黃懷玉，華原人，樹木皴剝，人物淸麗，意思孤特，得其岩嶠之骨。劉道士，亡其名，建康人，工佛道鬼神，落筆遒怪。尤善山水，與釋巨然同時，作風亦與巨然相同。唯劉畫道士在左，巨然則以僧在左，以此爲別耳。其中以許道寧、郭熙、燕肅、釋巨然、江參幾人爲有名。

郭熙　河南溫縣人，爲御書院藝學。山水寒林，施爲巧贍，位置淵深，雖復學慕營丘，亦能自放胸臆，巨嶂高壁，多多益壯。高堂素壁，每放手作長松巨木，回溪斷崖，巖岫巉絕，峯巒秀起，雲煙變滅，晻靄之間，千態萬狀，獨步一時。晚年，筆益壯老，著有山水畫論行世。師其法者，至南宋紹興時，有楊士賢、張浹、顧亮、胡舜臣、張著等。亮，喜畫大幅巨軸；浹，喜畫重山疊巘，布置繁冗；舜臣，謹密；士賢，勁挺；雖僅各得熙之一偏，然後人亦無及之者。

釋巨然　江寧人，受業於本郡開元寺。工山水，祖述董源，臻於妙境。少年喜作礬頭，古峯峭拔，風骨不羣。晚年漸向平淡，巒氣淸潤，積墨幽深；每於林麓間，多爲卵石，如松柏草竹，交相掩映，得雅逸之趣。說者謂前之荊關，後之董巨，闢六法之門庭，啓後學之矇瞶，皆此四人云。承其衣鉢者，有釋惠崇、玉澗等。惠崇，喜作小幅，極瀟灑虛曠之趣，時人稱爲惠崇小景云。

宋初山水，自以李成、范寬、董源三家爲代表作者。然亦有加巨然爲李、范、董、巨四家者。蓋巨然山水，雖師董源，然其所成就，實不在李、范、董三家之下耳。此外以山水有名於當時者，尚有吳興燕文貴，絳州高克明，洛陽王端，延安賀

眞，以及特擅屋木之郭忠恕、王士元等。屋木原以折算無差，乃爲合作。畫者往往束於繩墨，稍涉畦畛，便落庸匠。獨郭氏以沉宏精審之才，博聞強識之資，游心於規矩繩墨之中而不爲窘，可謂古今絕藝。神宗以後，山水作風，一時頗偏向於工整，如李公麟、王詵、趙令穰、馮覲、周純等，著色山水，多近李氏一派。惟晁補之則集諸之長，自成一格。至徽宗時，始有襄陽米芾，遠仿王洽，近學董源，好以積寫點寫，滿紙淋漓，天眞煥發，自成一家，稱大米；其子友仁繼之，稱小米；合稱米氏雲山，爲吾國山水畫之又一變耳。燕文貴，（圖畫見聞志作燕貴畫繼作燕文季。）工山水，不專師法，自成一家，而景物萬變，觀者如眞臨焉；世稱之曰燕家景致。王端，瓘子，字子正，工繪事，山水專師關仝，好爲鱗石濺水，怪樹老根，出人意思。賀眞，擅山水，宣和初，建寶眞宮，一時名手畢呈其技，有忌眞者，推眞畫不易下手之講堂高壁，作雪林圖，觀者嗟賞，衆工歛衽。王士元，仁壽子，喜丹青，精父藝；人物師周昉，山水師關同，屋木師郭忠恕，善作樹石雲水，其景趣在關仝之上。王詵，字晉卿，太原人，能詩畫，山水學李成，淸潤可愛。着色師李思訓，不今不古，自成一家。趙令穰，宋宗室，字大年，雅有美才高行，讀書能文；長山水松石，雪景類王維，小山叢竹學東坡，淸麗而有思致。晁補之，濟州鉅野人，字無咎，才氣飄逸，嗜學不倦，詩文奇卓，書畫不凡，人物鞍馬山水花鳥，無所不作。此外宋子房，字漢傑，融洽古今，能出新意，著有六法六論。韓拙，字純全，善山水窠石，著有山水純全集，著論極爲精到，均能自成體格，爲北宋山水畫家之有名者。其中尤以高克明、郭忠恕、米芾三家爲特出。

高克明　絳州人，喜幽默，多行郊野間，覽山林之趣，箕坐終日；歸則求靜室以居，沈屏思慮，神遊物外，景造筆端。景德中，遊京師，大中祥符中，入圖畫院；與太原王端、上谷燕文貴、潁川陳用志爲畫友。上嘗詔入便殿，命畫圖

壁，遷至待詔，守少府監主簿。畫擅衆長，凡佛道、人馬、花竹、翎毛、禽蟲、畜獸、鬼神、屋木，皆造其妙。尤工山水，採擷諸家之美，參成一藝之精，足爲後世楷法。

郭忠恕　洛陽人，字恕先，能文章，精小學，工篆隸，擅繪畫，爲人不羈，玩世嫉俗，縱酒肆言。少事周爲博士，入宋召爲國子主簿。山水師關仝，善圖壁，重複之狀，頗極精妙。孫穀祥云：「忠恕畫天外數峰，略有筆墨，使人見而心服者，在筆墨之外。」尤工屋木，雖本尹繼昭，然自爲一家，棟梁楹桷，望之中虛，若可蹋足，欄楯牖戶，則若可以捫歷而開闔之也。以毫計分，以寸計尺，以尺計丈，增而倍之，以作大宇，皆中規度，略無小差，其妙可知。時人王士元，元之王振鵬，明之仇英等，皆傳其法。

米芾　字元章，號鹿門居士，襄陽人，嘗寓居蘇，故宋史訛爲吳人。自署姓名，米或爲芉，芾或爲黻，又稱海嶽外史、襄陽漫士。宣和時，擢爲書畫博士。天資高邁，人物蕭散；好潔，被服效唐人；所與遊，皆一時名士。工書畫，自成一家，其作墨戲，不專用筆，或以紙筋，或以蔗滓，或以蓮房，皆可爲畫；枯木松石，時出新意。又以山水古今相師，少出塵格，因信筆爲之，多以煙雲掩映樹木，不取工細，畫紙不用膠礬，不肯畫絹；蓋妙於點染，以古爲今，故其畫，多氣韻生動。所作人物，喜畫古聖像，嘗於無爲州治見巨石，狀奇醜，大喜，具衣冠拜之，呼之爲兄，其放誕如此。米氏深於畫理，精於鑒別，著有畫史等書行世。其子友仁，字元暉，小字虎兒。力學好古，官至兵部侍郎，敷文閣直學士。晚自號嬾拙老人，天機超逸，不事繩墨，所作山水，點染煙雲，草草而成，不失眞趣，克肖乃翁，故世稱元章曰大米，元暉曰小米。南宋之龔開，元之高克恭，方從義等，皆胎息之。

宋代南渡以後，山水畫風大變，蓋北宋山水，除少數兼習李將軍青綠山水者外，全崇尚水墨。約言之，卽爲多趨向於王維破墨之一派。至北宋末，南宋之初，始有趙伯駒伯驌兄弟以及李唐、劉松年等，蔚起於畫院，筆法細潤，色彩富麗，大興精麗巧整之作風，樹南宋畫苑之新幟，世稱院體。卽李思訓青綠之一派也。師趙氏一派者，則有單邦顯、張敦禮、史顯祖等。傳李氏一派者，則有徐改之父子，蕭照、高嗣昌、陸青等。閻次平、次于兄弟，彷彿李唐，亦屬此派，均爲北宗山水之正系。至光、寧時，有馬遠、夏珪出，師李唐而參以南宗水墨之法，行筆粗率，不主細潤；雖同爲院體，屬於北宗統系之下；然焦墨枯筆，蒼老淋漓，別開簡率蒼勁之風，世稱水墨蒼勁派。蓋已受南宗董、巨、范、米諸家之陶鎔，而開南北混合之新格，爲吾國山水畫上之又一變也。繼此派者，則有樓觀、蘇顯祖、朱懷瑾、龍升等。張敦禮，（後避光宗諱改名訓禮。）工人物山水，恬潔滋潤，時輩不及。蕭照，濩澤人，紹興間入畫院，知書善畫山水人物，異松怪石，蒼琅古野。陸青，紹熙畫院待詔，工山水，用墨清秀，簡易不凡。樓觀，錢塘人，工畫花鳥人物山水，得夏珪筆法；咸淳間畫院祗候，與馬遠齊名。蘇顯祖，錢塘人，嘉定間待詔。工山水人物，與馬遠同時，筆法相類，世稱其畫爲沒興馬遠。

趙伯駒　宋宗室，字千里，太祖七世孫，仕至浙東兵馬鈐轄。優於山水花果翎毛，尤長人物屋木。人物精工妙麗，精神清潤，能別狀貌，使人望而知其詳也。其弟伯驌，字希遠，少從高宗於康邸，仕至和州防禦使，長山水人物花鳥，傅染輕盈，頓有生意。論者謂趙氏昆弟博涉書史，皆妙於丹青，以蕭散高逸之氣，見於豪素。

李唐　河陽三城人，字晞古，徽宗朝入畫院，建炎間，與馬遠、夏珪同爲畫院待詔。善山水人物，筆意不凡。山水初法李思訓，其後變化，愈覺清新。喜作長圖大幛，其石用大斧劈皴，水不用魚鱗紋，有盤渦動蕩之勢，使覩者神

驚目眩。人物類李伯時，畫牛得戴嵩遺法。

劉松年　錢塘人，紹熙畫院學生，師張敦禮，工山水樓臺人物，神氣精妙，過於敦禮。寧宗朝，進耕織圖稱旨，賜金帶，院人中絕品也。

馬遠　字欽山，光寧時畫院待詔，山水人物花鳥，種種臻妙，自成一家，與夏珪齊名，時稱馬夏。說者謂遠所繪，多殘山賸水，不過南渡臨安風景，故人又稱爲馬一角云。其兄逵，亦工畫山水人物花果禽鳥。禽鳥尤生動逼眞，有過於遠云。

夏珪　字禹玉，錢塘人，寧宗時畫院待詔，善畫人物，筆法蒼老，墨汁淋漓，山水尤工，雪景全學范寬。院中人畫山水，自李唐以下，無出其右者。樓閣不用界尺，信手而成，突兀奇怪，氣韻尤高。其子森，亦工山水。

南宋南宗山水作家殊少，僅有李覺、馬和之、江參、朱銳、龔開等，在院外維持殘餘之舊壘而已。李覺，京師人，字民先；工潑墨，曲盡自然之妙。馬和之，錢塘人，紹興中登第，善人物山水，筆法飄逸，務去華藻，自成一家。高孝兩朝，深重其畫，官至工部侍郎。江參，字貫道，江南人，形貌清癯，嗜茶爲生，山水師董源，而豪過之，平遠曠蕩，盡在方寸。說者謂其嘗居苕霅，得湖天浩渺之趣。朱銳，河北人，山水師王維。龔開，字聖予，淮陰人，工書，善書畫山水師二米。均爲南宗山水畫之能手。

綜有宋之山水畫，北宋以李、范、董、米四家爲師表。李營丘，墨色精微，豪鋒穎脫。范華原，設色渾厚，搶筆俱勻；雖意趣相似，而作法不同。董叔達寫江南山，米元章寫京口江山，雖同一寫生，而取景亦復各異。顧所圖寫，如疊嶂層巒，喬

林倚磴，秋山疎樹，江洲平遠，均多積墨深厚，點筆淋漓，全沿習荊、關雲中山頂，四面峻厚之畫風。至南宋趙、李，一變青綠巧整，馬夏再變水墨粗肆；其所作，如仙山樓閣，長江萬里等，一則用筆細潤，一則取景簡碎。故馬夏之作，至有殘山賸水之誚，亦運會使然歟？然山水畫自唐分派以後，至宋名家蔚起，闡微發奧，實能開唐人所未開，盡唐人所未能盡；變化既多，派別亦繁。故山水至宋，可謂羣峰競秀，萬壑爭流，法備而藝精，宜爲後代所師法矣。

（丁）宋代之花鳥畫　花鳥畫，自五代徐、黃並起，分道揚輝，駸駸乎有與人物畫並駕齊驅之勢。入宋，純粹審美之風氣大盛，致花鳥畫與山水畫，益見榮盛，幾取人物中心地位而替代之。宋初卽有黃居寀、徐崇嗣二家並起。居寀、乾德間，待詔畫院，尤得太宗睠遇。其畫法雖全承乃翁筌之勾勒塡彩，風致富麗；然所作山水恠石，往往超過乃翁遠甚。故其畫法，成爲當時畫院中之標準，校藝者，每視黃氏體制，以爲優劣去取。蓋黃筌花鳥，勾勒老硬，尚少嫵媚之跡，未染畫院習氣；至居寀，馴習於宮庭富貴，其作風專存富麗精緻，大成院體花鳥之一派。徐崇嗣，則傳其輕淡野逸之祖風，剏造新意，不華不墨，以丹鉛疊色漬染，世以其無筆墨骨氣，號沒骨體，張旗幟於院外，與黃氏一派相對峙。蓋崇嗣之於徐熙，猶居寀之於黃筌也。徐氏花鳥，至此支分爲水墨淡彩與沒骨漬染二派矣。當時徐、黃二大派，一則發展於院內，一則鳴高於院外，春蘭秋菊，各擅芬芳。當時學花鳥者，不入於黃，卽入於徐，其情形頗與北宗山水發展於院內，南宗山水發展於院外者相似。故花鳥雖無南北宗派之分別，然實可以徐爲花鳥畫之南宗，黃爲花鳥畫之北宗也。繼黃派者，則有夏侯延祐、李懷袞、李吉等，皆其嫡系。傳文用、李符、陶裔等，均髣髴黃氏，實受黃氏之影響者也。至神宗時，有崔白、崔慤、吳元瑜等出，始大變黃氏格法。蓋崔氏兄弟，體製淸贍，元瑜師之，筆益縱逸，遂革從來院體之風習；

亦與道釋人物畫等之受禪理學之影響有以致之也。至紹興間，有李安忠父子，最長勾勒；乾道間，有王會，花竹翎毛，頗拘院體，爲黃派之遺。王定國、王持，傅色輕淡，清雅不凡，爲屬黃氏而近崔、吳一派者。繼徐氏水墨淡彩一派，則有崇嗣之弟崇勳、崇矩，唐希雅之孫宿忠祚，以及易元吉等。易靈機深敏，所作花鳥，間以亂石叢花，疎篁折葦，論者謂爲徐熙後一人。又艾宣之孤標高致，每多野逸；趙士雷之落筆荒寒，思致絕勝；李甲之逸筆花鳥，有意外之趣；均近於徐氏水墨淡彩者。繼徐氏沒骨漬染一派者，眞宗時有趙昌，仁宗時有劉常，徽宗時有費道寧，南宋孝宗時有林椿等。趙氏特擅寫生，妙於傅色，王友其高弟也。又陳從訓之傅采精妙，高出流輩，李迪父子，花鳥竹石，頗有生意；吳炳之精緻富麗，巧奪造化，亦屬此派。

黃居寀　筌季子，字伯鸞，工花卉翎毛，默契天眞，冥周物理。始事孟蜀爲翰林待詔，乾德乙丑，隨蜀主至闕下，太宗尤加睠遇，恩寵優異，委之搜訪名畫，銓定品目，一時儕輩，莫不歛衽，故其畫爲當時畫院標準。至神宗時，崔白、崔慤、吳元瑜出，格始大變云。

徐崇嗣　熙孫，工寫生，擅花木禽魚時果草蟲蠶繭之類；尤善爲連樹，及墜地棗，備得形似，無及之者。又能刱造新意，不華不墨，疊色漬染，號沒骨花。其弟崇矩、崇勳，均能世其家學。崇矩尤於花竹禽魚，蟬蝶蔬果，能妙奪造化，一時從其學者，莫能窺其藩也。論者謂二徐有祖風。

趙昌　劍南人，字昌之，性傲易，雖遇強勢，亦不肯下之。游巴蜀梓遂間，善畫花果，初師滕昌祐，後過其藝。時州伯郡牧，爭求筆跡，昌不肯輕與，故得者以爲珍玩。其畫花卉，每於清晨朝露下，時遶欄諦玩手中調彩寫之，自號

寫生趙昌，故能逼眞，與時無比。論者謂趙昌畫，染成不布彩色，驗之者，以手捫摸，不爲采色所隱，乃眞趙昌畫也。其畫生菜折枝果尤妙。傳其衣鉢者，有王友，不由筆墨，專尙設色，得其芳艷。

易元吉　字慶之，長沙人。天資頴異，畫壁臻妙，花鳥蜂蝶，動輒精奧，時稱徐熙後一人。畫初以花鳥專門，及見趙昌畫，乃曰：「世未乏人，須要擺脫舊習，超軼古人之所未到，方可以成名家。」於是遂游荊湖，搜奇訪古；曾入萬守山百餘里，以覘猿狖獐鹿之屬，逮諸林石景物，一一心傳足記，得天性野逸之姿。寓宿山家，動經累月，其欣愛勤篤如此。又嘗於長沙所居舍後，疏鑿池沼，間以亂石叢花，疎篁折葦，其間多蓄諸水禽，每穴牎伺其動靜遊息之態，以資筆墨之妙。故翎毛猿獐無出其右。治平中，景靈宮迎釐御扆，詔元吉畫花石珍禽，極爲精妙。未幾復詔畫百猿圖於開先殿西廡，纔十餘枚，感時而卒，爲世歎息。或謂爲畫院人妒其能而鴆之，不使伸其所學云。

崔白　字子西，濠梁人。工畫花竹翎毛，尤長寫生，體製淸贍，雖以敗荷鳧雁得名，然於道釋人物鬼神，無不精絕。神宗熙寧初，詔畫稱旨，補畫院學藝，以性情疏闊，度不能執事，固辭之。凡臨素多不用朽，復不假直尺界筆，爲長絃挺刃，眞絕藝也。有宋以來，圖畫院之較藝者，必以黃筌父子筆法爲程式，自白及吳元瑜出，始變其格云。

吳元瑜　字公器，京師人。畫學崔白，能變世俗之所謂院體者，故其筆特出衆工之上，自成一家。累官武功大夫，合州團練使。

宋代花鳥畫，不在徐、黃二統系之下者，作家殊少。宋初僅有王曉之似郭乾輝而得精神筋骨之妙。劉夢松水墨

花鳥，淺深輕重，自成氣格。哲宗時，有陳常，以飛白法作花卉，清逸欲奪造化，時稱妙手。馬賁、長鳥獸，以寫生有名於元祐、紹聖間。政宣時，有韓若拙，翎毛自嘴至足，皆有名稱，而毛羽有數，兩京推爲絕筆。戴琬，供奉翰院，恩寵特異，因求者甚衆，徽宗聞之，至封其臂，不令私畫，足見其作品之名貴矣。其他紹興間之韓祐、馬興祖父子，乾道間之毛益，光寧朝之馬逵，紹定間之魯宗貴，咸淳間之樓觀，寶祐間之陳可久等，均爲南宗花鳥畫家之錚錚者。有宋花鳥畫，至南宋，黃派已漸與徐派溶洽，其情形頗與當時之山水畫相似。

（戊）宋代墨戲畫之發展　吾國繪畫，雖自晉顧愷之之白描人物，宋陸探微之一筆畫，唐王維之破墨，王洽之潑墨，從事水墨與簡筆以來，已開文人墨戲之先緒；然尚未獨立墨戲畫之一科。至宋初，吾國繪畫，文學化達於高潮，向爲畫史畫工之繪畫，已轉入文人手中，而爲文人之餘事；兼以當時禪理學之因緣，士夫禪僧等，多傾向於幽微簡遠之情趣，大適合於水墨簡筆之繪畫，以爲消遣。故神宗哲宗間，文同、蘇軾、米芾等出，以遊戲之態度，草草之筆墨，純任天眞，不假修飾，以發其所向；取意氣神韻之所到，而成所謂墨戲畫者。其畫材多爲簡筆水墨之林木窠石，梅蘭竹菊，以及簡筆水墨之山水，洞天清錄云：「米南宮作墨戲，不專用筆，或以紙筋，或以蔗滓，或以蓮房，皆可爲畫，紙不用膠礬，不肯於絹上作一筆」。人物，都穆寓意編云：「石恪畫戲筆人物，惟面部手足，用畫法，衣紋麤筆成之。」等，已開明清寫意派之先聲。梅竹二者，尤爲當時所盛行。作梅竹時，不曰畫梅畫竹，而曰寫梅寫竹。蓋梅蘭竹菊等，爲植物中清品，不可假丹鉛以求形似，須以文人之靈趣，學養品格，注之筆端，隨意寫出，以表作者高尚純潔之感情思想，一如三百篇之草木鳥獸，離騷之美人芳草者然。故世稱爲四君。宣和畫譜，因亦特立墨竹一科，並謂「以淡墨揮掃，整整斜斜，不專於形似，而獨得於象外者，往往不出於畫史，而多出於詞人墨卿

之所作；蓋胸中得固已吞雲夢之八九。而又文章翰墨，形容所不逮，故一寄於豪楮；則拂雲而高寒，傲雪而獨立，與夫搖月吟風之狀，雖執熱使人亟挾纊也。」墨竹世傳起於唐代，元李衎竹譜云：「墨竹亦起於唐，而源流未審。」山谷集云：「墨竹起於近代，不知所師承。初吳道子作畫，運筆作卷，不加丹青，予意墨竹之師起於此。錢塘諸曦庵序芥子園蘭竹譜云：「傳墨竹始於王摩詰。」然無查考。青在堂畫竹淺説云：「李息齋竹譜，自謂寫墨竹，初學黃澹游，得黃華老人法；黃華乃私淑文湖州，因覓湖州眞蹟，窺其奧妙，更欲追求古人，鉤勒着色法，上自王右丞，蕭協律，李頗，黃筌，崔白，吳元瑜，諸人，以爲與可以前，惟習尙鉤勒着色也。張退公墨竹記云：「夫墨竹者，肇自明皇後傳蕭悅，因觀竹影而得意，故寫墨君。據此，則墨竹既起於唐，並以玄宗爲始祖矣。是後作者漸多，冬心畫竹題記云：「唐蕭協律善墨竹，畫十五竿贈醉吟先生，醉吟先生作長歌報之，傾倒其絕藝，逼眞，舉世無倫也。」益州名畫錄云：「孫位松石墨竹，筆精墨妙，昭覺寺夢休長老請畫浮漚先生松石墨竹一堵。」圖繪寶鑑云：「張立，蜀中畫蹟甚多，亦能墨竹。」李衎竹譜，謂成都大慈寺灌頂院，有張立墨竹一堵。」宣和畫譜載五代黃筌亦有水墨湖灘風竹圖、墨竹圖。世傳墨竹，起於五代郭崇韜夫人李氏，於月下就牕紙摹影，殊有眞態，遂相祖述，非是。入宋，作者寖盛。至哲宗時，有文與可同出，始集墨竹格法之大成。李衎謂：「如杲日升空，爝火俱息。黃鐘一振，瓦釜失聲。豪雄俊偉，如蘇公猶終身北面。」爲後世所推崇。蘇東坡軾，並創朱竹之新格，爲後代所沿習。莫廷韓集云：「朱竹起自東坡試院時，興到無墨，遂用朱筆，意所獨造，便成物理；蓋五采同施，竹本非墨，今墨可代青，則朱亦可代墨矣。」繼文、蘇衣鉢者，則有黃斌老、李時雍、楊吉老、程堂、周堯敏、張昌嗣、蘇過、高述等。李漢舉、田逸民、趙士安、吳琚、丁權、單煒、韓侂胄、艾淑、李昭等，均爲擅長墨竹，有名一時者。及至金之蔡珪、虞文仲、完顏璹等，亦深得文氏墨竹畫法，可知當時風行之盛。畫梅雖亦起唐代，然均以色彩爲之，如于錫之能

鈎勒着色梅花者是。宋初，徐崇嗣亦能叠色點染梅花。至陳常又創以飛白寫梗，用色點花一派，爲着色梅花之又一變。然所謂以飛白法寫梗者，已爲吾國墨梅之張本。至僧人惠崇，每以皂子膠畫梅於生絹扇上，燈月下映之，宛然影也。見畫繼。實爲墨梅之先緒。其專用水墨者，則創自釋華光長老仲仁。青在堂畫説，謂崔白專用水墨畫梅，未知何據。華光梅譜云。墨梅始於華光仁老之所酷愛，其方丈植梅數本，每花放時，輒移床其下，吟咏終日，莫知其意；偶月夜未寢，見牕間疏影橫斜，蕭然可愛，遂以筆窺其狀，淩晨視之，殊有月下之思，因此好寫，得其三昧，標名於世；山谷見而美之曰：「嫩寒淸曉，行孤山籬落間，但欠香耳。」又湯厚古今畫鑑云：「花光長老，以墨暈作梅，如花影然，別成一家，正所謂寫意者也。」繼之者，有汴人尹白，得華光扶疎縹緲之致。至南宋揚無咎，更創圈花點蕚之新格，鐵梢丁橛，遠勝傳粉，得墨梅之極致。其姪季衡，甥湯正仲、湯叔周，同邑劉夢良，以及趙孟堅、釋仁濟等，爭相效法，大暢墨梅之泉源，而爲墨梅中有勢力之畫派焉。又茅汝元善墨梅，與善墨竹之艾淑，並稱爲茅梅艾竹。道士丁野堂，名未詳，善梅竹，理宗因召見，問曰：「卿所畫者，恐非宮梅？」對曰：「臣所見者，江路野梅耳。」遂號野堂。蕭太虛畫墨梅墨竹，松柏雜樹，每畫須用濃墨作枝梢，其上幹暈梅花，有山林淸幽氣象，自成一格，淸奇可愛；均以墨梅有名一時者。墨蘭亦起於宋，而源流未審，或謂與墨菊同起於殷仲容。王槩芥子園二集序文云，蘭菊盛於趙吳興，然不始於吳興，而始於殷仲容，不知根據何書。或云，東坡居士能墨竹，兼能墨蘭，均無查考。至宋末，湯正仲叔雅、趙孟堅彝齋等，文人寄興，多好寫之。元湯垕古今畫鑑云：「湯叔雅，江右人，墨梅甚佳，大抵宗補之別出新意。水墨蘭花亦佳。」又云：趙孟堅子固，墨蘭最得其妙，其葉如鐵，花莖亦佳，作石用筆輕拂，如飛白書狀，前人無此作也。」至鄭思肖，更得墨蘭之極則，爲後代所宗師。繼之者，有趙孟奎等。墨菊亦未識起於何時，雖五代黃筌、黃

居寶、丘餘慶，宋代趙昌等，皆有寒菊圖；然均以色彩爲之，似尚無以水墨畫者。惟按北宋劉蒙有劉氏菊譜，南宋史正志有史氏菊譜，范成大有范村梅菊譜，史鑄有百菊集譜，知當時藝菊之風特盛。安知墨菊不隨當時墨竹墨梅等之風行，而與起耶？惟查歷代鑑藏卷軸，墨菊至元初始盛耳。

文同　梓州梓潼人，字與可，號錦江道人，又號笑笑先生，世稱石室先生。皇祐進士，累遷太常博士，集賢校理。元豐間出守湖州，故亦稱文湖州。方口秀目，操韻高潔，善詩、書、畫、及楚詞，有四絕之目。尤擅畫竹，富瀟灑之姿，逼檀欒之秀，學者宗之，稱爲湖州竹派云。亦善山水，所作晚靄橫卷，黃山谷謂爲瀟灑大似王摩詰，而工夫不減關仝。與可既以竹名，四方持縑素請者，足相躡於門，同厭之，投縑於地，罵曰：「吾將以爲韈。」或求索至終歲，不可得，人問其故，曰：「吾乃學道未至，意有所不適，而無所遣之，故一發於墨竹，是病也。今吾病良已，可若何？」其自珍惜如此。

蘇軾　字子瞻，眉州眉山人，自號東坡居士。嘉祐進士，官至端明殿翰林侍讀學士，禮部尚書，謚文忠。博通經史，工詩文，善畫墨竹，師文湖州，所作喜從地一直至頂，米元章問以何不逐節分？曰：「生竹時，何嘗逐節生？」其運筆清拔，英風勁氣，往來逼人，使人應接不暇，恐非與可所能拘制也。其枯槎壽木，叢篠斷山，筆力跌宕，而入風煙無人之境。兼長畫佛，曾作應身彌勒圖，筆法簡古，遂妙天下。兼善畫蟹，瑣屑毛介，曲隈芒縷，無不具備。蓋蘇氏高名大節，照映古今，據德依仁之餘，遊心茲藝，故所作無不曲盡其妙，是得「從心不踰矩」之道也夫！其子過，克承家學，怪石叢篠，直逼坡翁，而又能時出新意。兼長山水，每以焦墨爲之，畫繼許爲出於奇者也。

揚无咎　字補之，號逃禪老人，南昌人。圖繪寶鑑謂補之爲漢子雲之裔，其祖書姓，從扌不從木。高宗朝，以不直秦檜，累徵不起。又自號淸夷長者。工詩善書畫，水墨人物學李伯時，梅竹松石水仙，淸淡閑雅，爲世一絕。其作紙梅，下筆便勝花光仲仁；尤宜巨幅，其枝幹蒼老如鐵石，其葩蘤芳䕺如玉雪。洞天淸錄謂江西人得補之一幅梅，價不下千金云。

趙孟堅　宋宗室，字子固，號彝齋居士，居海鹽廣陳鎭。寶慶二年進士，官至翰林學士；宋亡，不仕，隱居秀州廣練鎭。修雅博識，有米氏遺風。工詩及書，善水墨白描梅、蘭、竹、石及水仙、山礬。說者謂其以諸王孫，負晉宋間標韻，酒邊花下，率以筆硏自隨。常東西游適，一舟橫陳，盡挾雅玩之物，意到吟弄，至忘寢食，遇者望而知爲趙子固書畫船。嘗與周公瑾諸好事各攜書畫，放舟湖上，相與評賞。子固脫帽，以酒晞髮，箕踞歌離騷，旁若無人；薄暮，入西泠，掠孤山，艤舟茂樹間，指林麓最幽處，叫絕曰：「此是洪谷子董北苑得意筆也。」鄰舟皆駭絕，以爲眞謫仙人也。晚年逃禪，片紙可値百千。有梅譜傳世。

鄭思肖　福州連江人，字憶翁，號所南，自稱三外野人。曾應博學宏詞科，會元兵南侵，隱吳下，有田三十畝。邑宰來，聞其精墨蘭，不妄與人，紿以賦役取之。怒曰：「頭可得，蘭不可得。」宰奇而釋之。鄭氏寫蘭多露根，不寫地坡，蓋有首陽之意。嘗自畫一卷，長丈餘，高可五寸，天眞爛漫，超出物表，題云：「純是君子，絕無小人。」亦有托而作也。畫竹亦妙，有推篷竹卷傳於世。

其餘善戲墨雜畫者殊多：如釋靜賓之工長松恠石，虎踞龍騰。法常之工山水人物，隨筆點染。溫日觀之善水墨

葡萄，出自草法，自成一家。以及倪濤之善水墨草蟲，牛戩之善寒雉野鴨，裴叔泳之松石窠木，釋擇仁之善墨松，惠崇之工池塘小景，寶覺之蘆雁，希白之白描荷花，均為當時墨戲畫家中之有名者。

(己)宋代之畫論　宋代論畫，遠比唐代為盛。其原因一為有宋學術思想之發達，致成繪畫理論之勃起。二為宋代繪畫，幾全轉入文人之手，文人之能繪畫者，每以其經驗理想之所及，發為文章，鉤玄摘要，無不言之有物。故有宋論畫之著作，傳世者，不下二三十種之多。關於鑒賞及收藏者，則有米芾之海嶽畫史，李廌之德隅齋畫品，宣和敕撰之宣和畫譜，周密之雲煙過眼錄等。關於史傳及品第者，則有黃休復之益州名畫錄，劉道醇之聖朝名畫評，五代名畫補遺，郭若虛之圖畫見聞志，鄧椿之畫繼等。關於作法等之論述者，則有饒自然之繪宗十二忌，沈括之圖畫歌，韓拙之山水純全集，郭思之林泉致高集等。關於題跋者，則有董逌之廣川畫跋等。關於專門論著及圖譜者，則有董羽之畫龍輯議，宋伯仁之梅花喜神譜，趙孟堅之梅竹譜等。(宣和論畫雜評，華光梅譜等均係後人偽託，不贅。) 茲將其重要者提要於左：

海嶽畫史　米芾撰，凡二卷。四庫提要略曰：「此書皆舉其平生所見名畫，品題眞偽，或間及裝褙收藏及考訂譌謬。歷代賞鑒之家，奉為圭臬。」中亦有未見其畫而載者，如王球所藏兩漢至隋帝王像，及李公麟所說王獻之畫之類。蓋芾作書史，皆所親見，作寶章待訪錄，別以目覩的聞，分類編次，此則已見未見，相雜而言，其體例各異也。其間敍鑒賞收藏雜事數則，足以窺當時風氣，亦為絕好史料。然又有論及他事者，如辨古服制一條，頗精采，為作故事畫不可不知者。論天文音韻兩條，四庫斥其謬妄，蓋與畫無關涉也。其記鍾隱一條，當是偶誤耳。

德隅齋畫品　宋李廌撰，凡一卷。是編雖名畫品，實就所見畫而加以評論，與各家分別等第，或比況形容者不同。所記名畫凡二十二人，皆趙德麟令時襄陽行橐中所貯者，其文或即當時題畫之作，持論甚精，四庫稱其妙中理解者是也。

宣和畫譜　不著撰人名氏，凡十卷。記宋徽宗朝內府所藏諸畫，計二百三十一人，六千三百九十六幅，分爲十門：一道釋，附鬼神。二人物。三宮室，附舟車。四蕃族，附蕃獸。五龍魚。六山水，附窠石。七鳥獸。八花木。九墨竹，附小景。十蔬果，附藥品草蟲。此書當與書譜同爲宣和時內臣奉敕編集者，故序中有今天子云云。（四庫提要，謂前有宣和庚子御製序；然序中稱今天子云云，乃類臣子之頌詞，疑標題誤也。按近所見元明刊本，並無宣和御製序，不知其所據何本也。）筆塵曰：「畫譜，採薈諸家記錄，或臣下撰述，不出一手，故有自相矛盾者。」

益州名畫錄　黃休復撰，凡三卷。計所錄凡五十八人，起自唐乾元迄於宋乾德。分逸、神、妙、能四品，與朱景玄唐朝名畫錄略同，而神逸兩種，俱不分等，逸品祇取一人，神品取二人，可謂審愼矣。其書敍述古雅，而詩文典故，所載尤詳，非他家畫品，泛題高下無所據者比也。

聖朝名畫評　劉道醇撰，凡三卷。分六門：一人物，二山水林木，三畜獸，四花木翎毛，五鬼神，六屋木。每門分神、妙、能三品，每品復分三等。所錄凡九十餘人，各系以傳；傳後加以評語，或二三人併爲一評，而說明所以列入各品之故。詞簡意賅，洵佳構也。

圖畫見聞誌　郭若虛撰，此書爲續張彥遠歷代名畫記而作，凡六卷。第一卷，敍論十六篇，論繪畫製作及氣韻，

頗爲精到透澈。第二卷紀藝，自唐會昌二年，迄於宋熙寧七年，計得畫人二百八十四人，述事亦佳。末一篇敍述畫，斥方術怪誕之謬，以明畫道之正軌。章法謹嚴，得未曾有。

畫繼 鄧椿譔，凡十卷。蓋繼張氏郭氏之書而作。郭氏書，止於熙寧七年，即以其年爲始，迄於乾道三年，故名畫繼，計九十四年間，凡得畫人二百十九人。然不用張、郭二家體裁，別立門類，一至五卷，以人分，曰聖藝，曰侯王貴戚，曰軒冕才賢，曰巖穴上士，曰縉紳韋布，曰道人衲子，曰世冑婦女，附宦者。卷六卷七，以藝分，曰仙佛鬼神，曰人物傳寫，曰山水林石，曰花卉翎毛，曰畜獸蟲魚，曰屋木舟車，曰果蔬藥草，曰小景雜畫，不純以時代爲次，而以事類立名。如正史世家及食貨游俠之例，爲是書之所長。八七卷，曰銘心絕品，記所見奇蹟，愛不能忘者。惜僅有目而不加疏說，後人無由稽考耳。卷九卷十，曰雜說，分論遠論近二子目，論遠多品畫之詞，論近則多說雜事，實爲書中之總斷。鄧氏以當代之人，記當代之藝，又頗議郭若虛之遺漏，故所收未免稍寬，然網羅賅備，俾後人得以考核。其持論以高雅爲宗，不滿徽宗之尚法度，亦不滿石恪等之放佚，亦甚平允。固賞鑑家所據爲左驗者矣。

山水純全集 韓拙譔，凡一卷。一論山，二論水，三論林木，四論石，五論雲霞、煙靄、嵐光、風雨、雪霧，六論人物，橋約、關城、寺觀、山居、船車、四時之景，七論用筆墨、格法、氣韻之病，八論觀畫別識，九論古今學者。自序謂有十篇，今本祇九篇，四庫疑佚其一者是也。諸篇所論，具主規矩，四庫提要所謂逸情遠致，超然筆墨之外者，殊未之及。然分類詳說，不爲空泛之談，極合初學者之應用，不可以其院體而小之也。

林泉高致集　郭熙譔，子思纂，一卷，凡六篇。曰山水訓，曰畫意，曰畫訣，曰畫題，曰畫格拾遺，曰畫記，四庫以前四篇爲郭熙作，後兩篇爲子思作，極是。其中山水訓，畫訣兩篇所論至爲精到。

廣川畫跋　董逌譔，凡六卷，計題跋一百三十四篇。其文偏重考據，引據精核，議論樸實。其論山水者，惟王維一條，范寬二條，李成三條，燕肅二條，時記室所收一條而已。逌雖與蘇黃同爲宋人，而題跋風趣迥殊，題故事圖畫，應以此種爲正宗。

梅花喜神譜　宋伯仁譔，凡二卷。所譜凡百品。每品，各立名色，各綴五言絕句，爲寫梅之意態而作。所謂「喜神」者，宋時俗語謂寫像也。惟詩多涉纖巧，阮氏四庫未收書目提要，謂爲江湖派人是也。世傳華光梅譜係僞託之作，梅之有譜，此編最古，固可存。寫梅者，祇須取其意而遺其態，不流入江湖惡道可矣。

吾國畫法，至宋而始全。故宋代繪畫論著，亦以作法方面爲較多。如上所舉之繪宗十二忌山水純全集畫龍輯議以及林泉高致集中之山水訓畫訣等，均屬專論作法之著作。尤以圖譜之新興，如梅竹譜，梅花喜神譜等，補助作法論著之不足。至於宋代繪畫思想之傾向，雖北宋畫院中人，全追求於形體之寫實；然院外作家，以及諸文人，則竭力提倡靈感機趣之表現，以求神情氣韻之所到。形成重理意，輕形似之風氣，使南宋畫院中，亦產生水墨簡寫之一派。蘇軾曰：「論畫以形似，見與兒童鄰。爲詩必以詩，定知非詩人。」歐陽修曰：「古畫畫意不畫形，梅卿詠物無隱情，忘形得意知者寡，不若見詩如見畫。」董逌曰：「若謂得其神明，造其縣解，自當脫去轍迹，豈媲紅配綠，求象後模寫卷界而爲之耶？畫至於此，是解衣盤礴，不能傴僂而趨於庭矣。」沈括曰：「書畫之妙，當以神會，難可以形器求也。世

之觀畫者，能指摘其間形象位置彩色，瑕疵而已。至於奧理冥造者，罕見其人。如張彥遠所謂王維畫物，多不問四時，如畫花，往往以桃杏芙蓉蓮花同畫一景。予家所藏摩詰畫袁安臥雪圖，有雪中芭蕉，此乃得心應手，意到便成，故造理入神，迥得天意，此難可與俗人論也。」以上諸家，均主繪畫不在形似，雖其語氣上或有對於當時畫院中人，太主形似而發，然大足代表當時院外作家思想之一斑。沈括並以反對形似，而提出理意二字，爲繪畫之準則，理意二字，實爲宋人繪畫思想之總趨向。

蘇軾曰：「余嘗論畫，以爲人禽宮室器用，皆有常形。至於山石竹木，水波煙雲，雖無常形而有常理。常形之失，人皆知之，常理之不當，雖曉畫有不知。故凡可以欺世而取名者，必托於無常形者也。雖然，常形之失，止於所失，而不能病其全。若常理之不當，則舉廢之矣。以其形之無常，是以其理不可不謹也。世之工人，或能曲盡其形，而至於其理，非高人逸才不能辨。」

米友仁曰：「子雲以字爲心畫，非窮理者，其語不能至是；是畫之爲說，亦心畫也。自古莫非一世之英，乃悉爲此，豈市井庸工所能曉。」

張懷曰：「造乎理者，能畫物之妙；昧乎理者，則失物之眞；何哉？蓋天性之機也。性者，天所賦之體，機者，人神之所用。機之發，萬變生焉。惟畫造其理者，能因性之自然，究物之微妙，心會神融，默契動靜，察於一豪，投於萬象，則形質動蕩，氣韻飄然矣。

歐陽修曰：「蕭條澹雅，此難畫之意，畫者得之，覽者未必識也。故飛走遲速，意淺之物易見，而閑和嚴靜，趣遠

之心難形。若乃高下向背，遠近重複，此畫工之藝耳。」

蘇軾曰：「觀士人畫，如閱天下馬，取其意氣所到。乃若畫工，往往只取鞭策皮毛，槽櫪芻秣，無一點俊發。」

宋迪曰：「先當求一敗牆，張絹素訖，倚之敗牆上，朝夕觀之。既久，隔素見敗牆之上，高平曲折，皆成山水之象。心存目想，高者爲山，下者爲水，坎者爲谷，缺者爲澗，濕者爲近，晦者爲遠，神領意造，恍然見人禽草木飛動往來之象，了然在目；則隨意命筆，默以神會，自然景皆天就，不類人爲，是謂活筆。」

蘇氏之所謂常理，米氏之所謂窮理，張氏之所謂造理，皆一理也。即物理，亦即畫理也。歐陽氏之所謂難畫之意，蘇氏所謂意氣之意，宋氏之所謂意造之意，皆一意也。即心意，亦即畫意也。然理雖在於物，而在心悟。由心生意，機即隨焉。故須澄澈寸衷，忘懷萬慮，或求品格襟懷之高遠，或求道德學養之深純，方能達氣韻神趣之全。實爲宋人對於繪畫思想之大概。

米友仁曰：「世人知余善畫，競欲得之；尠有曉余所以爲畫者，非具頂門上慧眼者，不足以識；不可以古今畫家者流目之。畫之老境，於世海中一毛髮事，泊然無着染，每靜室僧趺，忘懷萬慮，與碧虛寥廓，同其流蕩。」

董逌曰：「丘壑成於胸中，既寤，則發之於畫。故物無留跡，景隨見生，殆以天合天者耶。李廣射石，初則沒鏃飲羽，既則不勝石矣。彼有石見者，以石爲礙；蓋神定者，一發而得。其妙解過此，則人爲已。」

郭若虛曰：「竊觀自古奇蹟，多是軒冕才賢，巖穴上士，依仁遊藝，探賾鈎深，高雅之情，一寄於畫。人品既高矣，氣韻不得不高；氣韻既高矣，生動不得不至；所謂神之又神而能精焉。凡畫必周氣韻，方號世珍，不爾，雖竭巧

思，止同衆工之事，雖曰畫而非畫。故楊氏不能授其師，輪扁不能傳其子，繫得其天機，出於靈府也。

鄧椿曰：「畫之爲用大矣。盈天下之間者萬物，悉爲含豪運思，曲盡其態。而所以能曲盡者止一法耳；一者，何也？曰「傳神而已矣。」世徒知人之有神，而不知物之有神，此若虛深鄙衆工，謂『雖曰畫而非畫；』蓋止能傳其形，不能傳其神也。故曰，畫以氣韻生動爲第一。而若虛獨歸於軒冕巖穴，有以哉！

此外關於禮教及宗教思想者，殊不多見。僅張敦禮等有「畫之爲藝雖小，至於使人鑒善勸惡，聳人觀聽爲補益，豈其儕於衆工哉？」然米芾卻謂：「古人圖畫，無非鑒戒，今人撰明皇幸興慶圖，無非奢麗；吳王避暑圖，重樓傑閣，徒動人侈心。」足證當時對於此種思想，已屬殘山剩水，無甚勢力矣。

第四章　元代之繪畫

元族起於斡難河、克魯倫河、肯特山附近，其勢力漸漸擴張，並呑四鄰，牧馬南下，竟席捲亞洲及歐洲東北諸部之地；其經略之雄偉，爲秦皇、漢武、唐太宗所不及也。然元與遼金，同爲毳幕之民，馬蹄所過，廬舍爲墟，文物典章，闃然無睹。故有元一代，以言文藝學術，實無所成就。僅以其武力撫有中土以後，放棄其生來部落之習，稍範中國立國之規，不師先聖禮義之長，徒於其表面者慕之追之；以致惰氣中乘，雄心軟化，天賦獷悍之質，既奄然以盡，元代之宗社，亦隨之而傾覆矣。以文學言，則僅有戲曲小說等軟文學之大勃興，成一代之特彩。語云：「金之詩多悲，元之詩多纖，」蓋有所由來歟。

總元之歷世，自忽必烈滅宋至順帝末，凡九十餘年。此九十餘年中，因異族入主中原，政教之旨趣既殊，人民之心理亦異，其影響於當時繪畫者，亦呈特殊之觀。卽全傾向於文學化之進展，以達吾國文人畫之最高潮。原吾國宋代繪畫，以禪理學之影響，形成尙理想重筆墨之特殊風氣，使文人寄興之作，大有勢力於畫苑。然南北宋，均有大規模之畫院，冠冕於朝廷，院中畫史，幾全爲精工艷麗者，流佔畫院重要之勢力；而四方畫士，亦每以得一供奉爲榮；故尙技巧，麗賦色之作者，仍屬不少。元崛起漠北，以武力入主中原，自不知文藝爲何物，故內府之收藏鑒別，遠不如唐宋之淹博；亦無畫錄記載，以爲流傳。唯大德四年，藏於祕書監之畫，選其佳者，馳驛杭州，命裱工王芝呈以古玉象牙

爲軸，以鸞鵲木錦天碧綾爲裝褫，並精製漆匣，藏於祕書庫，計有畫幅六百四十六件。文宗天曆初，置奎章閣，以柯九思爲鑒書博士，專事鑑定內府所藏法書名畫。皇族貴戚之收藏，亦僅有英宗之姊魯國大長公主，頗好鑑賞；其畫目見於湯允謨雲煙過目錄者，亦僅有三十六軸。私家之收藏，除趙孟頫鮮于樞幾家外，餘不多見。各君主對於畫人之獎重，雖有劉貫道寫御容稱旨，補御衣局使。葉可觀之寫天顏，被命爲提舉梵像監。亦屬僅有之事。將作院所附之畫局，亦掌描造諸色樣製，全係建築裝飾等之應用製作，無關於正式之繪畫。故元代之於畫事，實無所注意與提倡也。然當時在下臣民，以統治於異族人種之下，每多生不逢辰之感；故凡文人學士，以及士夫者流，每欲藉筆墨以書寫其感想寄托，以爲消遣。故從事繪畫者，非寓康樂林泉之意，即帶淵明懷晉之思。故所作，以寫愁懷者，多鬱蒼，以寫忿恨者，多狂怪，以鳴高蹈者，多野逸，憑作者之個性，與不同之胸懷，或殘山賸水，或爲麻爲蘆，以達其情意而已。既不以技工法式爲尊重，亦不以富麗精工爲崇尚，任意點抹，自成蹊徑。故有元一代之繪畫，全承宋代繪畫隆盛之餘勢，以元人治華之環境，一任自然發展而成之者。故無論山水、人物、花鳥、草蟲，非特不重形似，不尙眞實，憑意虛構，用筆傳神，乃至於不講物理，純於筆墨上求意趣，實爲元代畫風之特點。在宋時新興之墨戲畫，至此尤特見興盛，如墨蘭墨竹一類，凡文士大夫以及釋士優伶等，每多能之。以至於能畫者，幾無不兼長墨蘭墨竹；蓋亦一時風氣，與當時繪畫相率歸於簡逸，有以使然也。故以技工論，元人不能以草草之筆，得唐、宋繁密工整之長。以筆墨論，元人能以簡逸之韻，勝唐、宋精工富麗之作。俗云：「元畫尙意。」又不失爲吾國繪畫史上之又一進步焉。然元初諸家，如錢選、趙孟頫、劉貫道等，高古細潤，多呈古風，猶存宋代之遺緒。雖同時高克恭等，主寫意，尙氣韻，承二米、董、巨之衣鉢而發揚之，已

趨解放，漸成所謂元風者；然尚未完全脫去宋人之意致。至黃公望、王蒙、倪瓚諸家出，全用乾筆皴擦，淺絳烘染，特呈高古簡淡之風，成有元一代之格趣。啓明、清南宗山水畫之先驅，爲吾國山水畫上之一大變。

總元代以畫名家而可考見者，凡四百二十餘人之多，其中泰半爲墨戲畫之作者，山水畫次之，道釋、人物、花鳥最少，道釋人物花鳥之畫風，亦多襲宋人舊緒，無甚進展。蓋吾國道釋人物，至宋已大呈衰退之象，元繼有宋之後，所謂強弩之末，其餘勢不易復爲振起。兼以當時喇嘛教之特盛，與佛教除禪宗外，多呈衰運，以致禮拜圖像寺院畫壁之風，全行歇絕。又因人物畫較山水墨蘭墨竹等，大重形似，尚法則，與元人簡逸重韻之意趣，不甚相合，故其畫風，除元初之高古細潤派外，全在李公麟白描與馬、夏水墨蒼勁兩派範圍之下。迨至有元季世，非特作家日少，且如黃子久倪雲林等，於山水畫中每至寸馬豆人而無之矣。花鳥畫，則承宋代多方發展之盛勢以後，不易得新程途以爲進展，殊少成績。亦因當時墨戲花鳥與墨蘭墨竹之盛起，已足饜元人作畫之意旨而有餘也。故元代花鳥畫，僅以黃筌趙昌之濃麗一派，得藉宋代隆盛之餘勢而佔一小地位焉。又元人入主中土以後，習於浮靡，繪畫亦頗涉及輕巧取便之嫌，與當時之文學相似。茲分述於左：

(甲)元代之道釋人物畫　元代道釋畫，繼宋代道釋畫衰運之後，專門作者，幾可謂烏有。雖間有觀音像羅漢像諸作，均出於人物作者之手。並多係墨幻白描，全注意於筆墨之意趣，實屬於墨戲範圍之內，無復如前代之金碧輝皇，以示莊嚴妙相者，以爲世俗所崇奉觀瞻。吾國道釋畫至此，可謂達衰退之極點。故元代畫人，以兼能道釋名者，僅有趙孟頫、管道昇、劉貫道、楊說巖、許擇山、顏輝、金質夫、周巽卿、道士丁清溪、蕭月潭、王景昇等。管道昇，字仲姬，趙文

敏室。兼工佛像，纖秀無比。丁清溪，錢塘人，王景昇，杭人，道釋人物，學王輝、李嵩而稱入室。蕭月潭，淮人，工白描道釋，不落凡俗。其中以劉貫道、顏輝爲有名。劉貫道，尤堪稱爲道釋畫衰運中之能手。

劉貫道　字仲賢，中山人。道釋人物，鳥獸花竹，一一師古，集諸家之長，故尤高出時輩。亦善山水，宗郭熙，佳處逼眞。至元中，寫裕宗容稱旨，補御衣局使。其應眞人物，宗晉、唐而能變化，態度尤雅，一展玩間，恍然置身入五臺國，與阿羅漢對語，眉睫鼻孔皆動，眞神筆也。汪珂玉珊瑚網謂雖吳道子、王維，亦當無忝云。

顏輝　字秋月，江山人，善道釋人物，尤工畫鬼，筆法奇絕，有八面生意。

又斯時日本適爲鎌倉時代，正與吾國交通往來。而禪宗諸僧人，以當時喇嘛教之驕橫，遂多乘機東渡，遠拓宗門於蓬島。如月湖、阿加加、嘎子、因陀羅等諸僧人，均長牧溪派之水墨人物，開日本近代南畫之淵源，其畫名遂不著於吾國畫史焉。

此外向爲道教畫特殊畫材之龍，神逸變化，頗與元人作畫之意旨相合。尤爲一般道士僧人，每藉此以寄托妙解，作家因亦特多。如楊月澗、王庭鈺、陳俞、周耕雲、陳亦所、曾瑞、伯顏不花、天師張羽材、張嗣成，道士吳霞所，蕭得周、李道士，僧人維翰、絕照、性天然等，均以畫龍見稱。王庭鈺，字仲良，畫墨龍解悟變化。伯顏不花，蒙古人，姓畏吾兒氏，字蒼巖，（案元史作伯顏不花的斤，號蒼崖，謚桓敏，高昌王孫。）倜儻好學，曉音律，善草書，畫龍稱妙。張羽材，字國梁，別號廣微子，封留國公，居信州龍虎山。善畫龍，變化不測，了無粉本，求者鱗集。晚年修道，嬾於舉筆。丹青志云：「人有絹素，輒呼曰：『畫龍來！』頃之，忽一龍飛上絹素，卽成畫矣。」蕭得周，號自愚翁，善畫龍，世稱自愚龍，均爲一代能手。

元代人物畫，屬於李公麟細潤白描派者，有錢選、趙孟頫、趙孟籲、陳琳、趙雍、劉貫道、朱德潤、王淵、李士傳、張渥等。屬於水墨蒼勁派者，有孫君澤、張遠、沈月溪、金碧、張觀、丁野夫等。陳琳，字仲美，俱師古人，特見臻妙。朱德順、王淵，追踪前賢，有古作者風。李士傳、張渥，學李龍眠白描法而能入妙。張遠，字梅岩，華亭人；金碧，字潤夫，蘇州人；張觀，字可觀，楓涇人；均學馬夏，得其似而能亂眞。其中以錢選趙孟頫爲最有名。

錢選　吳興人，字舜擧，號玉潭，又號巽峰，別號淸癯老人，家有習懶齋，因又號習懶翁，又稱霅川翁。宋景定間鄉貢進士，工詩，善書畫，人物師李公麟，山水師趙令穰，青綠山水，師趙伯駒，花鳥師趙昌，尤善折枝；生平多寫人物花鳥，故所圖山水，當世罕傳。元初吳興有八俊之號，以趙孟頫稱首，而舜擧與焉。及孟頫被薦登朝，諸公皆相繼宦達；獨舜擧齟齬不合，流連詩畫，以終其身。性嗜酒，酒不醉，不能畫；然絕醉亦不可畫；惟將醉醺醺然，心手調和時，得其畫趣。畫成，亦不暇計較，往往爲好事者持去。今人有圖記精明，又旁附謬詩猥札者，蓋贋本，非親作，亦非得意筆也；其得意者，至與古人無辨。吳興之人，得其指授，類皆以能畫稱；趙孟頫亦嘗從之問畫法焉。

趙孟頫　字子昂，嘗匾其燕處曰：松雪齋，因號松雪道人。又其居處，有鷗波亭，故世稱之曰鷗波。宋太祖十一世孫，居湖州，仕元至翰林學士承旨，封魏國公，謚文敏，幼聰敏，讀書過目成誦，詩文淸遠，操筆立就。作書，眞楷行草，篆籀分隸，皆造古人堂奧，宜其畫之工也。爲人才氣英邁，神彩煥發，如神仙中人。顧爲書畫所掩，人知其能書畫者，不知其能文章；知其能文章者，不知其有經濟。工佛像、山水、樹石、花鳥、人物、鞍馬，悉造其微，窮極天趣。

其作畫，初不經意，對客取紙墨，遊戲點染，欲樹卽樹，欲石卽石，故多入逸品，高者詣神。容臺集謂其有唐人之致，去其纖；有北宋人之雄，去其獷；非過言也。人馬尤精緻，論者謂擬龍眠有過之無不及。又能墨戲蘭竹，以飛白作石，以金錯刀法寫竹，爲古人所鮮能者。著有松雪齋集等行世。其子雍，字仲穆，官至集賢待制同知湖州總管府事。奕，字仲光，號西齋，隱居不仕，皆以書畫名。而仲穆師董巨，尤善人馬竹石，著稱於時。

其餘如楊叔謙，善田園風俗。趙清澗，長人物仕女。陳鑑如、王繹、冷起巖之特工寫眞，各有專擅。宋嘉禾之師石恪，而無俗態。宋汝志之學樓觀，而灑落自如。郭敏之喜武元直，但師其意，不師其法，好自出心裁，均爲元代人物畫中之有名者。

(乙)元代之山水畫　元初山水畫，約可分爲四派：一爲錢選之青綠巧整派。二爲趙孟頫之集古細潤派。三爲高克恭之破墨簡逸派。四爲孫君澤之水墨蒼勁派。錢氏師趙伯駒兼師趙令穰，爲承南宋院體派而得其餘緒者。然此派繼起者既少，又無特出人材，故勢力甚爲薄弱。水墨蒼勁派，較青綠巧整派爲興盛，作家亦稍多，除孫君澤外，有陳君佐、張遠等；以孫氏爲沈鬱遒勁，得馬、夏之傳，爲此派健者，差有聲勢。循至元代季世，尚有張觀、沈月溪、丁野夫、金質夫等，延續其統系而弗替；然其勢力亦甚有限，蓋以上二系，原爲南宋畫院中有勢力之畫派，元人不重文藝，朝廷中又無畫院之設立，因未得好環境之栽培灌溉，頓呈衰退之狀。亦以院體與元人作畫意趣，不相脗合，有以使然也。

元初山水畫，最有勢力者，當爲集古細潤派。此派作家，除趙孟頫外，尚有陳仲仁、陳琳、唐棣、邵思善等。王若水淵之學郭熙，經趙文敏指授，肖古而不泥古。盛子昭懋之師陳仲美，略變其法，精緻有餘，特過於老。亦屬此派範圍之內。趙氏

原爲元初畫壇領袖，主倡復古，趙氏論畫有云：「作畫貴有古意，若無古意，雖工無益。今人但知用筆纖細，傅色濃豔，便自爲能手。殊不知，古意旣虧，百病横生，豈可觀也。吾所作畫，似乎簡率，然識者知其近古，故以爲佳。此可爲知者道，不可爲不知者說也。」又論畫人物云：「宋人畫人物，不及唐人遠甚。予刻意學唐人，殆欲盡去宋人筆墨。」經其號召之餘，頓成一時風氣耳。然當時高克恭，主寫意，尚氣韻，師二米、董、巨，成破墨簡逸一派，造詣精絕，時稱第一。繼起者，有道士方從義，發揚振展，其勢力已足與集古細潤派相抗峙。元初以後，繪畫思想大趨解放，筆墨日臻簡逸，至黃公望、王蒙、倪瓚、吳鎮四大家出，各立門戶，始完成所謂元風者，達吾國山水之最高潮；當時山水畫之勢力，亦幾爲四家所佔據，可謂盛矣！

高克恭　字彥敬，號房山，其先西域人，後占籍大同，後居武林。至元十二年，由京師貢補工部令史，至大中大夫刑部尙書。工山水，初學米氏父子，晚乃出入董、巨，造詣精絕，爲一代奇作。然不輕於著筆，遇酒酣興發，或好友在前，雜取縑楮，研墨揮毫，乘快爲之，神施鬼設，不可端倪。又好作墨竹，妙處不減文湖州。嘗自題云：「子昂寫竹，神而不似；仲賓寫竹，似而不神；其神而似者，吾之兩此君也。」說者謂其墨竹實學黃華老人云。董其昌畫旨謂趙集賢極推重之，如後生事名家，故其畫極貴，歿後購其遺墨一紙，率百千緡云。

方從義　貴溪人，字無隅，號方壺，上淸宮道士，山水師二米高房山，峰巒高聳，樹木槎枒，雲橫嶺岫，舟泊莎汀，筆趣瀟灑，墨氣冉冉，非世人所能及，實品之逸者也。嘗言：「太行居庸，天下之巖險，其雄傑奇麗，皆古之名畫，余所願見者，今皆見之，而以慊吾志，充吾操，吾非若世俗者區區而至也。」其自詡如此。蓋方壺爲學仙之顯然者，由無形而有形，雖有形終歸於無形，非仙者，孰與於此。

黃公望　一名堅，平江常熟人。無聲詩史，杭州府志，均作富陽人，圖繪寶鑑，則作衢州人。本姓陸，繼永嘉黃氏，字子久，或曰：「其父九十餘，始得之曰：『黃公望子久矣。』因而名字焉。」號一峯，又號大癡道人，晚號井西道人。幼聰敏，有神童之目，經史九流之學，無不通曉。工詩文，通音律，擅山水，居富春，領略江山釣灘之勝，山水以北苑爲宗，而能化身立法，氣清而質實，骨蒼而神腴，淡而彌旨，爲元季之冠。常於道路行吟，見老樹奇石，即囊筆就貌其狀；凡遇景物，輒即模記。後至虞山，見其頗似富春，遂僑居二十年，湖橋酒餅，至今尤傳勝事。故得於心，形於筆，所畫千丘萬壑，愈出愈奇，重巒疊嶂，越深越妙。其畫格有二種：一種作淺絳色者，山頭多礬石，筆勢雄偉；一種作水墨者，皴紋極少，筆意尤爲簡遠，惟所作較少耳。子久學問人品，超絕一世，蓋爲負才之士，不屑隱忍以就功名者。戴表元贊其像曰：「身有百世之憂，家無擔石之儲；蓋其俠似燕趙劍客，其達似晉宋酒徒；至於風雨寒門，呻吟槃礴，欲援筆而著書，又將爲齊魯之學士，此豈爲尋常之畫史也哉？」後歸富春，年八十六而終。

王蒙　字叔明，湖州人，元末避亂，隱居黃鶴山，因號黃鶴山樵，趙孟頫甥。強記力學，善詩文，不尙矩度，頃刻數千言。素好畫，得舅士法；然不求研於時，惟假筆意以寓其天機之妙。後乃泛濫唐、宋諸家，用墨得巨然法；用筆亦從郭熙捲雲皴中化出，而以王維、董源爲歸者。故縱逸多姿，往往出文敏規格之外。論者謂叔明專師文敏，未必不爲文敏所掩也。生平不用絹素，惟於紙上寫之，其得意筆，常用數家皴法，山水多至數十重，樹木不下數十種，徑路迂迴，煙靄微茫，曲盡山林幽致。亦善人物，嘗爲陶宗儀寫南村圖，鳧鴨貓犬，紡車舂碓，人家器具，一一畢備，若子久渾厚，雲林疎簡，雖各極所擅，而施之此圖，似終遜一籌也。元鎭嘗題其畫云：「筆精墨妙王右

丞，澄懷高臥宗少文，叔明絕力能扛鼎，五百年來無此君。」其持論如此，可知其畫品之超詣矣。入明曾一出泰安知州廳事，後嘗與會稽郭傳僧知聰觀畫胡惟庸第，洪武乙丑，以惟庸案被逮，死獄中。

倪瓚　無錫人，字元鎮，號雲林，又署雲林散人。案董其昌集唐、宋、元寶繪册中，倪瓚設色圖，款署倪珽。玄宰跋云：「觀此圖，知其初名珽也。又雅宜山齋圖、鶴林圖題款，書倪作郳。嘗自署名曰嬾瓚，或東海瓚，或句吳倪瓚。其變姓名曰奚元朗，曰元映，曰幻霞生。別號五，曰荊蠻民，淨民居士，朱陽館主，蕭閑仙卿，雲林子。性甚狷介，善自晦匿，好潔，與世不合，故有迂癖之稱。嘗築清祕閣，蓄古書畫於中，人罕迹其所好。喜遊僧寺，一住必旬日，篝燈禪榻，蕭然宴坐。明初，被召不起，人稱無錫高士。家固富饒，至元初，海內無事，忽散其資，與親故，人咸怪之，未幾兵興，富室悉被禍，而瓚扁舟獨坐，與漁夫野叟，混迹五湖三泖間，有類天隨子。生平好學，攻詞翰，皆極古意，書從漢隸入手，翰札奕奕有晉人風氣，山水，早歲師董源，晚年益精詣，一變古法，以天眞幽淡爲宗，世稱高品第一。論者謂仲圭大有神氣，子久特妙風格，叔明奄有前規，所謂漸老漸熟者，若不從北苑築基，不易到也。三家未洗縱橫習氣，獨雲林古淡天然，米顚後一人而已。宋人易摹，元人難摹；元人猶可學，獨雲林不可學。其畫正在平淡中出奇無窮，直使智者息心，力者喪氣，非巧思力索可造也。平生多小品，壯年有雅宜山圖，晚年有雨後空林生白煙大幅，爲世所珍。所寫山水，不位置人物，問之，則曰：「今世那復有人？」陳眉公謂其平生罕繪人物，惟龍門僧一幅有之，圖章亦罕用，惟荊蠻民一鈕，其畫遂名荊蠻民云。

吳鎮　嘉興魏塘人，字仲圭，號梅花道人，嘗自署梅沙彌，自題其墓曰：梅花和尚之塔。博學多聞，藐薄榮利，村居

教學以自娛，參易卜卦以玩世。遇興揮毫，非酬應世法也。故其筆端豪邁，墨汁淋漓，無一點朝市氣。師巨然而能軼出畦逕，爛熳慘淡，自成名家。蓋心得之妙，非易可學。北宋高人三昧，惟梅道人得之。兼工墨花，寫像亦極精妙。爲人抗簡孤潔，雖勢力不能奪。唯以佳紙筆投之，欣然就几，隨所欲爲，乃可得也。故仲圭於絹素畫極少。說者謂文湖州以竹掩其畫，仲圭以畫掩其竹。高巽志謂如老將搴旗，勁氣崢嶸，莫之能禦。本與盛子昭比門而居，四方以金帛求子昭畫者甚衆，而仲圭之門闃然，妻子笑之，仲圭曰：「二十年後，不復爾。」後果如其言。工詞翰，草書學譬光，卒年七十有五。

元四家，全師法北宋，而各有變異，其意趣各不同也。黃子久，本師法董、巨，汰其繁皴，瘦其形體，巒頂山根，重加累石，橫其平坡，自成一體。西廬畫跋所謂其布景用筆，於渾厚中仍饒遒峭，蒼莽中轉見娟妍，纖細而氣益閎，塡塞而境愈廓，意味無窮，學者罕窺其津涉也。王叔明，少學松雪，晚法輞川、北苑諸家，將郭熙晚年之雲頭，北苑之披麻，加以變化，名爲解索，山頭雲石，草樹掩映，氣韻蓬鬆，自闢蹊徑。倪雲林、吳仲圭，亦皆師法董巨。惟雲林改繁實爲疎落空靈；仲圭易緊密爲蒼茫古勁，有林下風；其取法亦各有所異致。要皆以董、巨起家成名，後世者蓋能師古人而不爲古人所拘泥也。然雲林嘗自謂：「僕之所畫者，不過逸筆草草，不求形似，聊以自娛耳。」仲圭亦謂：「畫事爲士大夫詞翰之餘，適一時之興趣。」其寄興寫情，純受文學化之影響則一也。四家而外，若道士張雨，字伯雨，號貞居，高逸振世，詩文淸絕，韜光山水間，默契神會，點染不羣，樹意縱橫，大得北苑遺意。釋本誠，字道元，號覺隱，元僧四隱之一。品局高潔，能書畫，山水學巨然，有灑脫之韻，是得於道而簸弄精光於筆墨間者。陸廣，字季弘，號天游生，善山水，仿王叔明，落筆蒼

古，用墨不凡，其寫樹枝，有鸞舞蛇驚之勢。陳植，字叔方，號慎獨癡叟，純行篤孝，刻苦積學，工詩畫，山林泉石，幽篁怪木，各盡其態，蒼莽疎宕，有子久氣韻，亦屬於董、巨一派。當時學李成、郭熙者，作家亦復不少。學李氏者，有商琦、喬達、朱裕、陶鉉等。學郭氏者，有劉融、朱德潤、曹知白、吳古松、沈麟、杜士元、從子雲、閻驤等。朱德潤，字澤民，睢陽人，秀異絕人，能詩，山水學郭熙，蒼潤清逸，在子久、叔明間，著有存復齋集。曹知白，字貞素，號雲西，華亭人。山水師郭熙，筆墨清潤，全無俗氣。然多爲前人蹊徑所壓，不能自立堂戶，遠不及董、巨一派之有異彩而見勢力。此外，張衡、李沖、釋溥光等之學荊關，郭畀、柴浩、陳公才等之學二米，曾瑞之學范寬，郭敏、韓紹曄之學武元直，宋汝志之學樓觀，以及自成家數之李澄叟、史杠等，均爲元代之山水作者，顧不甚著名耳。

與山水相關之界畫，以元初之王振鵬爲最有名。振鵬，字朋梅，永嘉人，官至漕運千戶。界畫極工，仁宗眷愛之，賜號孤雲處士。論者謂其運筆和墨，豪分縷析，左右高下，俯仰曲折，方員平直，曲盡其體；細微精緻，神氣飛動，格力超騰，不拘於法，而不出於法，非畫院中人所能可並駕郭恕先云。承其衣鉢者，有李容瑾、衛九鼎、朱玉等。

元以前之山水，多用濕筆，謂之水暈墨章，開始於唐，宋復爾爾。元初，高房山始以乾筆皴擦，南田畫跋云：「石谷言見房山畫可五六幀，惟昨在吳門一幀作大墨葉樹，中橫大坡，疊石爲之，全用渴筆，潦草皴擦，不用橫點，亦無渲染；顧不多作，偶一爲之耳。」然已開元人乾筆作畫之風氣。至元季四家，幾全用乾筆，子久皴點多而墨不費，設色重而筆不沒，游移變化，隨管出沒，而力不傷，爲能用乾筆故也。雲林用筆輕鬆，燥鋒多而潤筆少，世稱惜墨如金，爲元季高品第一者，亦以其能乾筆故也。叔明一以北苑披麻，變爲解索，一以淡墨勾石骨，純以焦墨皴擦，使石中無餘地，鬆密

深秀，冠絕古今者。又以其能乾筆故也。惟仲圭筆端豪邁，墨汁淋漓，少用乾筆耳。淺絳烘染，則始於北宋，盛於元季。鹿柴氏云：「李思訓，皆青綠山水，李公麟，盡白描人物，初無淺絳色也。始於董源，盛於黃公望，謂之吳裝；傳之文、沈，遂成專尚矣。」繪畫上之款識，亦至元季，漸見流行。尤以黃公望，倪雲林，吳仲圭輩；詩文書法，均極超逸，隨意成致。明沈顥畫塵云：「元以前，多不用款，或隱之石隙，恐書不精，有傷畫局耳。後來書繪並工，附麗成觀。」又云：「倪雲林，書法遒逸，或詩尾用跋，或跋後系詩，隨意成致。」又云：「衡山翁行款清整，石田翁晚年題寫灑落，每侵畫位，翻多奇趣，白陽輩效之。」蓋倪、黃二氏，山水墨戲，疏散簡率，每多空處，輒運用其文章書法之長，以爲款識。文衡山、沈石田、陳白陽等繼之，因發揮布置上之落款美，完成世界繪畫上之特殊形式。明、清以還，更見相習成風，竟至於無畫不落款識矣。

(丙)元代之花鳥畫　元初花鳥畫家，首推錢選，其畫法師趙昌，高者與古無辨。嘗借人白鷹圖，夜臨摹裝池，翌日以臨本歸之，主人弗覺也。尤善折枝，得意者，賦詩其上。同時趙孟頫，趙孟籲、趙雍、陳仲仁、陳琳、劉貫道、郭敏等，均以兼善花鳥名。孟籲，文敏弟，官至知州，精長花鳥。仲仁，江右人，官至陽城主簿，精長花鳥，師法黃筌。嘗爲湖州安定書院山長，日與趙文敏論畫法，文敏多所不及，見其寫生花鳥，含毫命思，追配古人，歎曰：「雖黃筌復生，亦復爾爾。」其見重如此。當時學黃氏體而爲元代花鳥巨擘者，有王淵。

王淵　字若水，號澹軒，錢塘人。（一作臨安人。）幼習丹青，親承趙文敏指授，故所畫皆師古人，無一筆院體。山水師郭熙，花鳥師黃筌，人物師唐人，一一精妙。尤精水墨花鳥竹石，珊瑚網，謂其天機溢發，肖古而不泥古，允稱當代絕藝。

與王氏同時，或稍後於王氏，以能花鳥名者，尚有沈孟堅之師錢舜舉，往往逼眞。謝祐之之仿趙昌，傅色差厚。賈策之工花鳥得其飛鳴翔集之狀。鮑敬之善花木禽魚，尤工牡丹，姿態天然。馮君道之長花竹翎毛，每袖養鵓鴿，觀其飲啄，以資筆墨之妙。孟珍（字玉潤，以字行。）之爲世所珍，史杠之咸臻精到，趙雲巖設法有法，及以臧良之師王淵，林伯英之師樓觀，鄭彝之善作草蟲，吳梅溪之工花鳥雜畫，王仲元之專工花鳥，尤善小景，均爲花鳥畫之有名者。元代季世作家尤少。雖有李仲方、班惟志、邊武等之墨戲花鳥作家，爲明清寫意花鳥之先驅；然亦須畫入墨戲畫範圍之內。故僅有盛洪之頗臻巧妙，田景延之下筆逼眞，曾雲峰之得草蟲之性，盛懋之師陳仲美，宋汝志師樓觀，以及陸厚錢君用、方君瑞、張定、卞仲子、卞珏等幾人，亦不甚著名。蓋有元因墨戲畫之興盛，工麗之花鳥畫，雖承宋代盛勢之後，尚存餘勢於元初；然是後日見衰落，其情形頗與道釋人物畫之衰退者相似。

（丁）元代之墨戲畫　元代墨戲畫作者，濟濟多士，可謂空前絕後。其專長一科之專門作者，固甚多；實則元人以能畫名者，幾無不兼工墨戲畫。以其畫材言，則以四君子爲最盛。墨戲花鳥次之，枯木窠石又次之。四君子，以墨竹爲最盛，墨梅次之，墨蘭墨菊爲下。專長墨戲花鳥及枯木窠石者，有班惟志、邊武、邊魯、南宮文信等。兼長者，有郭畀、張中等。當時兼擅墨竹者，趙孟頫，不以墨竹名，其以金錯刀法寫竹，爲古人所鮮能。高克恭，墨竹學黃華，不減文湖州；頗自負，嘗自題曰：「子昂寫竹，神而不似；仲賓寫竹，似而不神；其神而似者，吾之兩此君也。」信世昌之別成一家，蓋學黃華後又一變者也。張衡、商琦之工山水墨竹，不師古人，獨開蹊徑。尚雨、郭敏之善山水雜畫墨竹，瀟灑可愛。倪雲林、吳仲圭，雖以山水負盛名，而竹石均極臻妙品。喬達、釋溥圓之學王庭筠，韓紹曄之師樂善老人，鄭禧之法趙文敏，朱

淳甫、蕭鵬搏之兼善梅竹而有佳致。均係兼長梅竹有名一時者。專長四君子者，元初則有管道昇、李衎、李士行、柯九思、楊維翰、王英孫、張遜、趙鳳、趙淇、宋敏、韓公麟、顧安等。張遜，字仲敏，與李衎同時。畫墨竹，一旦自以為不及李衎，卽棄墨竹而用鉤勒得摩詰遺意，有名吳中。王英孫，紹興人，字才翁，宋將，入元不仕。墨竹蘭蕙，雅潔無倫。趙鳳，仲穆子，畫蘭竹與乃父亂眞。宋敏，字好古，工竹石，嘗以墨竹進明宗，明宗語左右曰：「此眞士大夫筆。」人遂名其竹為「敕賜士大夫竹。」趙淇，長竿勁節，風致甚佳。韓公麟，筆意簡當，殊有生意。顧安，長書法，墨竹筆法遒勁，風梢雲幹得蕭協律之法。其中以管道昇、李衎、柯九思、楊維翰四家為最有名。

管道昇　吳興人，字仲姬，趙孟頫室，封魏國夫人，世稱為管夫人。工書善畫，梅蘭竹石，筆意清絕。圖繪寶鑑謂：「晴竹新篁，是其始剏，寸縑片紙，人爭購之，後學者為之模範。」容臺集謂其亦工山水佛像。

李衎　字仲賓，號息齋道人，薊邱人。皇慶元年，為吏部尚書，拜集賢殿大學士，追封薊國公，諡文簡。善圖古木竹石，庶幾王維文同之高致，達官顯人爭欲得之，求者踵門，公弗厭也。公少時，卽好寫墨竹，見人畫竹，每從旁窺其筆法；始若可喜，旋覺不類，輒歎息捨去。後從黃華老人之子澹游學，已覩黃華所畫墨蹟，又迥然不同，乃復棄去。至元初，來錢塘得文同一幅，欣然願慰，自後一意師之。兼善畫靑綠設色，嘗曰：「墨竹畫竹，皆起於唐，自吳道子以來名家纔數人；王右丞妙蹟，世罕其傳；蕭協律雖傳，昏腐莫辨；黃氏神而不似，崔、吳似而不神，惟李頗形神兼足，法度該備。然文湖州最後出，不異杲日升空，爝火俱息，黃鐘一振，瓦釜失聲矣。」後使交趾，深入竹鄉，於竹之形色情狀，辨析精到；作墨竹畫竹兩譜，凡黏幀礬絹之法悉備，其有功於後學不少。松雪齋集云：

「吾友仲賓，爲此君寫眞，冥搜極討，蓋欲盡得竹之情狀，二百年來，以畫竹稱者，皆未必能用意精深如仲賓也！」其子士行，字遵道，詩歌字畫，悉有前輩風規，竹石得家學而妙過之，尤善山水。

柯九思　字敬仲，號丹丘生，仙居人，文宗置奎章閣，特授學士院鑒書博士，凡內府所藏法書名畫，咸命鑑定。又善鑑識金石，博學，能詩文，善書。墨竹師文湖州，其寫竹，必儐以古木，煙梢霜樾，與叢篠相映，頗具奇趣。又有謂其畫槎牙竹石全師東坡，大樹枝幹皆以一筆塗抹，不見痕迹。間作山水，筆墨蒼秀，丘壑不凡，筆法在范寬、夏珪間。亦善墨花，卒年五十有四。

楊維翰　字子固，號方塘，越之暨陽人。工書畫，墨蘭竹石，極精妙。興至卽揮灑，求者無貴賤，悉爲執筆。時監辨博士柯九思自以爲弗及，推曰：方塘竹云。

此外顧正之工墨竹，學樂善老人，酷似處人莫能辨。田衍，墨竹學王澹游，頗得雅趣。周堯敏，畫竹宗文湖州，而有所得。王鼎，好寫竹，學丁權深悟筆意。張德琪，工墨竹梅花，得澹游佳趣。吳瓘，能窠石墨梅，學楊補之而有逸趣。劉自然之自開蹊徑。李卓、牛麟之瀟灑有致，劉敏、張敏夫之學顧正之，李倜、盛昭、姚雪心之宗文湖州，范庭玉之師樂善老人，劉德淵、高吉甫之宗劉自然，皆有所師承，有名一時者。至黃、王、倪、吳四家，以山水崛起後，寫竹寫梅之風稍戢；然作家亦復不少。墨梅，有陳立善、陳處亭父子。立善，黃巖人，至正中爲慶元路照磨，工墨梅，與會稽王冕齊名。子處亭，號方山，墨梅克承家學。墨竹，有陶復初、赤盞君實、張明卿、陳大倫、伯顏守仁、王翠巖等。復初，字明本，天台人，官台州儒學教授。師李息齋，瀟放絕俗。赤盞君實，女眞人。畫竹學劉自然，頗有意趣。張明卿，字子晦，天台人。竹石近文湖州，韻度清灑。陳

大倫，字彥理，善文詞，長竹樹，蕭蕭有蒼勁之意。伯顏守仁，蒙古人，爲平江教授。後放逐，遊九峰三泖間，托寫竹石以見志節，世咸高之。墨蘭有鄧覺非、瞿智等。智字睿夫，婁江人。博學善詩，以書法鈎勒蘭花，尤稱妙絕。有元墨菊作家，可考查者，僅有元季之赤盞希曾一人。希曾肅愼貴族，讀書工詩，善鼓琴，工墨菊，有新意。至道人衲子之長四君子者，有道士趙元靖，浪遊閩、浙間，以墨竹有名，淋漓牆壁，頗有可觀。鄒復雷，齋居蓬華，琴書餘興，以寫梅自樂，得華光老人不傳之妙。鄒復元，復雷兄，擅詩畫，工墨竹。鐵網珊瑚謂爲既見元竹，復見雷梅云。僧人則有溥光之工山水墨竹，學文湖州，俱成佳趣。枯林，天台葉西澗丞相之後，有才氣，能詩，以畫蘭名世。頗勇俠，不舟渡水，蓋隱於浮屠者。智浩，號梅軒，工墨竹，脫灑簡略，得自然之趣。方厓，墨竹淋漓淅瀝，默坐對之，如有聲然。此外圓妙墨竹之有法度，虛白墨竹枯梅之學文湖州，允才之似丁權，道隱之蘭石學趙子固，墨竹宗王翠巖，均屬有名一時者。

（戊）元代之畫論　吾國繪畫，至元代，文學化已呈高潮。故有元享祚雖僅九十餘年，然論畫之著述，亦頗不少。關於畫竹者，有李衎竹譜，柯九思墨竹譜，張退公墨竹記，以及散佚未見之吳仲圭墨竹譜等。關於山水作法者，有黃公望之寫山水訣。關於寫像者，有王繹之寫像祕訣並彩繪法，以及無名氏之元代畫塑記。關於歷代史傳者，有夏文彥之圖繪寶鑑。關於鑒賞者，有湯垕之畫論畫鑑。關於題贊者，有吳仲圭之梅道人遺墨等。茲擇其重要者提要於左：

竹譜　李衎譔，凡七卷。據知不足齋本，凡分四譜：一畫竹譜。二墨竹譜。三竹態及墨竹態譜。四竹品譜。復分全德異形，異色，神異，及似是而非，有名而非竹六種，各爲之圖。言畫竹之書，莫備於是。考竹之有譜，始於晉之戴凱之，僅有名色，無關畫法。宋文、蘇輩，擅寫竹，均未有畫竹之專書。元柯九思，雖有竹譜，僅存墨蹟，語焉不詳。獨此

譜以畫法言之，至爲詳盡。並附黏幀礬絹調色和墨諸法，亦靡不備載，洵足爲學寫竹者之津梁。其竹品一譜，俱自實踐得來，多有未經人道者。四庫提要，謂其廣引繁徵，頗稱淹雅，可爲博物之助，誠非虛語。

寫山水訣　黃公望譔，一卷，凡二十二則。每則多或十餘語，少或一二語，文雖不多，凡山水樹石，用筆用墨，以及皴法着色，布景山水畫法之祕要，殆盡於是。蓋舉其一生學問經驗之所得而歸納之，其持論頗與郭熙、韓拙二家稍殊。因郭爲北宗，韓屬院體，皆主法度立言，此篇則不純主法度，爲南宗衣鉢，明清諸大家，多得力於此。

圖繪寶鑑　夏文彥譔，凡五卷。卷一俱論畫事。卷二記吳至五代畫人。卷三爲宋。卷四南宋及金。卷五元及外國，又附補遺，續補，自軒轅至元至正間，計得能畫者一千五百餘人，其考核精誠，用心勤苦，向爲藝林所珍重。惟細覈之，頗嫌蕪雜，中間如封膜之類，尚沿舊譌，未能糾正。又每代所列，不以先後爲次，往往倒置，體例亦未爲善。然蒐羅廣博，在前人畫史中，最爲詳贍者矣。

畫論　湯垕譔，凡一卷。專論鑑藏名畫之方法與其得失，凡二十三條，深切著明，又多從畫法立論，尤得要領。

畫鑑　湯垕譔，凡一卷。所論歷代之畫，始於吳曹弗興，次晉衞協、顧愷之，次六朝陸探微諸家，次唐及五代諸家，次金元諸家。然元惟龔開、陳琳二人，蓋趙孟頫諸人，並出同時，故不錄也。次爲外國畫，次爲雜畫，大致似米芾畫史，以鑑別眞僞爲主，皆在筆墨氣韻間，不似董逌諸家，以考證見長也。

梅花道人遺墨　吳鎭撰，明錢棻輯，凡一卷。爲錢棻仲芳自梅道人墨蹟中錄出成編，故具爲題畫之作，凡五古三首，七古七首，五律一首，七律三首，四絕一首，五絕三十二首，七絕二十一首，詞十二首，偈三首，題跋二十首。

詩格清拔如其人，亦如其畫，梅道人畫，多有題記，惜仲芳所輯未廣，且多贋作耳。

元人對於繪畫，全以寄興寫情之意旨，以求神逸氣趣之所在。與宋人之以理意爲立腳，以求神情氣韻之所到者，殊有不同。故元人作畫之態度，對於有合物理與否，既每不屑顧及；對於形似之追求，尤爲反對。此種斷片之論畫，殊多，如倪雲林云：「余畫竹，聊寫胸中逸氣耳。豈復較其似與非，葉之繁與疏，枝之斜與直哉？或塗抹久之，他人視以爲麻爲蘆，僕亦不能強辨爲竹，眞沒奈覽者何！」又云：「僕之所謂畫者，不過逸筆草草，不求形似，聊以寫胸中逸氣耳。」故元人作畫，每不曰畫而曰寫。直以寫字之工夫，寫出其胸中所欲寫者，寫於畫幅上，以得神逸氣趣爲繪畫之極則。湯君載云：「畫梅謂之寫梅，畫竹謂之寫竹，畫蘭謂之寫蘭，何哉？蓋花之至清，畫者當以意寫之，不在形似耳。」至其極，全以文人之書法爲繪畫。楊鐵崖云：「書盛於晉，畫盛於唐、宋，書與畫一耳。士大夫工畫者必工書，其畫法卽書法所在；然則畫豈可以庸妄人得之乎？」柯敬仲云：「寫竹，幹用篆法，枝用草書法，葉用八分法，或用魯公撇筆法，木石用折釵股屋漏痕之遺意。」又趙文敏嘗問畫道於錢舜舉，何以稱士氣？錢曰：「隸體耳！畫史能辨之，卽可無翼而飛。不爾，更落邪道，愈工愈遠。」趙文敏云：「石如飛白木如籀，寫竹還應八法通，若也有人能會此，須知書畫本來同。」蓋吾國繪畫至元，全入於文人餘事之範圍，純爲士大夫詞翰之餘，消遣自娛之具，故墨戲畫中之梅蘭竹菊，孤姿清致，殊有契於士夫之懷抱，尤見興盛。而作畫之重點，亦全傾向於以書法爲畫法，發揮繪畫上之特殊情趣，爲有元繪畫思想之主幹。

第四編　近世史

第一章　明代之繪畫

朱元璋，乘元末衰亂之秋，崛起草莽，覆滅胡夷，返舊章於司隸，復威儀於漢官。修明政治，獎勵文學，徵遺逸，舉賢才，文物典章燦然具焉。故以文物論，遠比元爲振起。明初卽承宋制，復設畫院。兼以宣宗、憲宗、孝宗均愛好文藝，兼工繪事。諸王子如周憲王有燉、鎮平王有爌、唐成王彌鍗、岷靖王彥汰、三城王芝垝、富順王厚焜等，均以詩文繪事見稱於世，足證當時文藝風氣之盛。然太祖沉猜刻薄，屢興大獄，駢誅功臣，並以制義取士，一守程朱之說；其意蓋欲網羅天下之驥足，範我馳驅，以戢其風雲之志耳。然其弊適足羈束朱明三百年文藝思潮之精神，致全傾向於擬古，形成模型式之風狀，不能與唐、宋之文學儒學等，相爭雄者以此故也。惟戲曲小說等軟文學，仍繼元代而進展，於吾國文學史上呈一線之光彩。然亦足爲當時社會傾向浮靡之證。故以繪畫言，亦有歷史風俗畫之新流行，故朱明以能畫名者，不下一千三百人左右，除沈周、董其昌等之渾雄壯拔之作者外，如戴進之水墨蒼勁，仇英之精緻濃麗諸派，均爲繼承南宋畫院之體格而稍變作風者。其餘多係運筆細潤，裁構淳秀，取唐、宋、元諸家格法，集爲一體，而又各分派別，而成有明一代之風趣，卽所謂明清近體者是也。唯花鳥畫，如陳醇之水墨，林良之寫意，以及周之冕之鈎花點葉

體，殊有新發展，為清代花鳥畫之先河。然有明一代之繪畫，頗與當時之文學相似，顛到於門戶搶攘之中；攻何、李伐歐、曾，入者主之，出者奴之。延及末流，其爭益烈，而國勢亦益不振。唯薪盡火傳，致有清繪畫之盛隆，要亦於此發其端焉。雖然，明代直承宋、元而下，同與宋、元為文學化時期，則一也。

明代以華人治華，對於文藝之愛好，自與胡元之漠不關心者不同。故當時各君主及私家鑒藏之風，極為興盛；尤以宣宗之雅好書畫，內府蒐集之富，幾不亞於宋之宣和、紹興。古人名蹟，遺留於現代，而有宣德祕玩，武英殿寶等圖記者，均為宣宗時內府所藏之祕蹟。原宣宗本擅繪事，山水人物花果翎毛草蟲等，無所不工。蓋萬幾之暇，游戲翰墨，點染寫生，堪與宣和爭勝。其次憲宗、孝宗等，亦均好法書名畫，以為珍玩。當時私家之鑒藏，尤盛成風習。專門著述，亦名目繁多。或志一家之珍祕，或記平生之賞閱，如都穆之寓意編，朱存理之珊瑚木難，文嘉之鈐山堂書畫記，嚴氏書畫記，王世貞之爾雅樓所藏名畫，王世懋之澹圃畫品，何良俊之書畫銘心錄，詹景鳳之東圖玄覽，張丑之清和書畫舫，董其昌之容臺集，畫禪室隨筆，陳繼儒之祕笈，郁逢慶之書畫題跋記續書畫題跋記，以及汪砢玉之珊瑚網等，可見大概。諸私家收藏中，以分宜嚴嵩之鈐山堂，太倉王世貞之爾雅樓，嘉興項元汴之天籟閣為最富。嚴氏當世宗時，恃寵攬權，貪賄賂，親僉邪，氣焰之盛，不可一日。承其意旨者，爭以書畫等相饋獻。其幕友趙文華、鄢懋卿等，並長於鑒識，故所收劇蹟殊多，見知不足齋叢書天水冰山錄中，僅古今名畫冊頁一項，凡三千二百餘件，可想見其宏富矣。爾雅樓天籟閣之藏品，可在爾雅樓所藏名畫及天籟閣題記等著述中見其大略：大抵三家中，以分宜嚴氏為最富；以嘉興與項氏為最精。蓋項氏鑑別精深，為有明第一，故眞蹟神品，尤為特多焉。茲將明代之畫院及道釋人物山水花

鳥墨戲等流派，分述如左：

（甲）明代之畫院　吾國自五代之西蜀、南唐、南北宋，相繼設立畫院以來，其勢力，日見擴展。至元，以不重文藝，頓然終止。明初太祖，雅好繪事，頗知奬重，因承宋制，復設畫院，徵集畫士，授以待詔、副使、錦衣指揮、錦衣鎮撫、錦衣衛千戶、錦衣衛百戶等官職。雖其規模組織等，略與兩宋不同，然奕世諸君主，均知尊崇而加提倡，故作家名手，彬彬輩出，堪與兩宋畫院相媲美。洪武初，即徵趙原、周位爲畫史；陳遠以應召寫御容爲文淵閣待詔；沈希遠亦以寫御容稱旨，授中書舍人；盛著以全補圖畫，運筆着色，與古無殊，供事內府。其餘孫文宗、王仲玉、相禮等，均以精長繪事，被召入京，影響於明初繪畫者極大。趙源（一作趙元。）字善長，工山水，師董北苑，雄麗可雁行王叔明。兼工龍角鳳毛，所作金錯刀竹，尤爲簡貴。周位，鎮洋人，字元素，工山水，凡宮掖山水畫壁，多出其手。陳遠，字中復，少力學，通易經，善摸寫人物，可比李伯時。沈希遠，崑山人，工山水，宗馬遠，兼善傳神。然太祖資性峻酷，嚴刑罰；不久，趙源以應對失旨坐法，周位亦被讒致死，盛著以畫水母乘龍背於天界寺壁，不稱旨棄市。於是當時朝野諸作家，咸肅然深自警惕，不敢隨意下筆，以免意外。或揣摩上意，以爲迎合。於是元人放逸之畫風，爲之驟歛。惠帝時，僅有郭純，以精繪事，擢營繕所丞。至成祖，始復加奬重，嘗偏徵天下名工，畫諸宮殿壁。當時道釋人物作家蔣子成、鞏庸，山水作家張子時、上官伯達，花鳥作家范暹、邊文進等，皆應召供奉內殿。又卓迪以善水墨山水，召爲翰林。陳撝以善寫照，召傳御容。沈遇以善淺絳丹青，嘗應召見。趙廉之善虎，與邊文進翎毛，蔣子成人物，稱爲禁中三絕。郭純，永嘉人，初名文通。太祖賜名純，遂以文通爲字。洪熙初，陞閤門使。宣廟時，供奉內庭。長山水，學盛子昭，豐腴溫潤，布置茂密，有言馬、夏者，輒斥之曰：「是殘山剩水，宋偏安

之物也。何取焉？」翟庸，字友常，山水人物，學張世祿，隨筆有意，永樂間，應詔至京，名動公卿間。張子時，（一作子明。）彥材子，字蘭雪，工山水花鳥，名播京師。上官伯達，邵武人，善山水人物，傳色既精，神采亦備，永樂中，召詣京師，直仁智殿。范暹，字啓東，號葦齋，東吳人，永樂中，取入畫院，工花竹翎毛，談論館閣名公者，多重之。卓迪，字民逸，奉化松溪人。山水師朱自方，得其心妙，而筆法精緻，實過焉。南京報恩寺，有其畫壁。沈遇，字公濟，號臞樵，吳縣人。善山水，淺絳丹青，種種能之。兼善人物，常好畫古忠節孝義之跡，置坐間，使人觀感。沈氏衣冠言貌，古雅有前輩風，非尋常畫史也。至宣德、成化、弘治三朝，爲有明畫院最隆盛時期，與宋之宣和、紹興相並駕。原宣廟、憲廟、孝廟，皆精繪事。宣廟於人物、山水、花果、翎毛、草蟲諸科，無所不工；蓋萬幾之暇，游戲翰墨，點染寫生，堪與徽宗爭勝。宣德中，謝環以善山水，應召爲錦衣千戶，戴進、倪端、石銳、李在、周文靖等，均以善繪事待詔直仁智殿。商喜，以工山水，人物，花竹，翎毛，授錦衣衛指揮。鄭時敏，以善山水應召，官錦衣衛鎮撫。韓秀實，以善人物鞍馬，供奉內庭，深被寵渥。邊楚芳、周鼎，均以善畫，徵襲錦衣。其餘鄭克剛、顧應文等，亦以精繪事被召入京。成化中，林良以善花果翎毛，官錦衣指揮。其子郊，克承父風，以應試畫工第一，授錦衣衛鎮撫，直武英殿。吳偉、林時詹、沈政、詹林寧、張乾等，均以有名繪事，同待詔直仁智殿。弘治中，呂紀、呂文英、馬時暘、鍾禮、王諤、張玘等，均以繪畫供奉內庭。郭詡，亦以繪事，應召入京師。石銳，字以明，錢塘人。畫得盛子昭金碧山水，兼工界畫樓臺人物，傳色鮮明溫潤，著名於時。李在，字以政，莆田人。山水細潤者，宗郭熙；豪放者，宗馬、夏；多摹倣古人，筆氣生動。畫史會要謂：「自戴文進以下，一人而已。」周文靖，閩之莆田人。山水學夏珪、吳鎮，蒼潤精密，筆力古健，醞釀墨色，各臻其妙。人物、花卉、竹石、翎毛、樓閣、牛馬之類，咸有高致。宣德間，以陰陽訓術，徵直仁智殿。御試枯木寒鴉第一。商喜

字惟吉，工山水、人物、花木、翎毛，全摹宋人筆意無不臻妙，超出衆類，爲明初士林所推重。顧應文，松江人，工畫山水人物、尤精道釋，脫去習氣，識者貴之。林時詹，興化人，長繪畫，尤精山水，成化初，直仁智殿，除工部文思院副使。許伯明，善花鳥竹石，與林時詹同時被召，亦爲文思院副使。詹林寧，字必泰，浦城人。自幼酷好丹青，弱冠遂精其業。繪山水、樓臺、人物，遠近濃淡，縈迴曲折，皆出新意。天順間，召入京師。成化中改元，授工部文思院副使，直仁智殿。呂紀，鄞縣人，字廷振，工翎毛山水人物。翎毛，初學邊景昭，後摹仿唐、宋以來名筆，兼集衆長，益造精詣。弘治中，被徵入御用陞至錦衣衛指揮。應詔承制，多立意進規，孝宗嘗稱之曰：「工執藝事以諫，呂紀有之。」時稱大呂。呂文英，括蒼人，長人物，與呂紀皆被寵渥，時稱小呂。孝宗時，以指揮同知直祕殿。馬時暘，名暄，以字行。幼潁悟，博通經史，兼工丹青。孝廟初，徵入華蓋殿供御，授錦衣衛鎮撫。鍾禮，字欣禮，上虞人。工書畫，善山水草蟲，始學戴文進，後自出機軸。弘治中，直仁智殿。王諤，字廷直，奉化人。善山水樹石，肆力於唐、宋名家，凡奇山怪石，古木驚湍，盡摹其妙。弘治時，以繪事供奉仁智殿。孝宗好馬遠畫，亟稱之曰：「王諤今之馬遠也。」官錦衣千戶。其中被恩渥最厚，並爲院中重要人材者，當推謝環吳偉二人焉。

謝環　永嘉人，字庭循，以字行。知學問，喜賦詩，吟詠自適，好繪畫，長山水，師張叔起，並宗荊浩、關仝、米芾，馳名於時。永樂中，召入禁中。宣宗妙繪事，供奉之臣，特奬重庭循，恆侍左右，進官錦衣千戶。

吳偉　江夏人，字士英，號魯夫，更字次翁，號小仙。齠年流落海虞，收養於錢昕家，侍其子於書齋中，便取筆畫地作人物山水狀。錢見而奇之曰：「欲作畫工耶？」即與筆札，厚給養之。弱冠，至金陵，畫名遂起。偉性戇直，有氣岸而豪毅。成國朱公，延至幕下，以小仙呼之，因以爲號。憲宗時，召授錦衣衛鎮撫，待詔仁智殿。好劇飲狎妓，人

欲得偉畫者，則戴酒攜妓往。一日被詔，正醉中，宦扶掖入殿，上命作松泉圖，偉跪翻墨汁，信手塗抹，上歎曰：「眞仙筆也！」又孝宗命畫稱旨，授錦衣百戶，賜印章曰：「畫狀元。」山水樹石，俱作斧劈皴，落筆健壯，白描尤佳。人物出自吳道子；縱筆不甚經意，而奇逸瀟灑動人。臨畫用墨如潑雲，旁觀者甚駭，俄頃揮灑，巨細曲折，各有條理，若宿構然。藝苑卮言，則謂偉山水樹石亦大遒緊，宜畫祠壁屏障，至於行卷單條，恐無所取云。

弘治以後，畫院漸衰。正德間，僅有朱端、曾和等，以畫士直仁智殿。嘉靖間，僅有張廣、張一奇等，供奉內庭。朱端，字克正，工山水，兼善人物花卉翎毛。山水宗馬遠，人物學盛子昭，以畫士直仁智殿，授指揮。曾和，善山水，筆法高古，與朱端同時直仁智殿。張廣，字秋江，無錫人，善書畫。嘉靖應徵，待詔內庭，世宗見其萬福圖，賞之；命盡進所畫，於是宦者共屬廣爲圖，將獻以邀寵。廣辭疾不可，明日探之，已南歸矣。張一奇，字彥卿，沙縣人。善翎毛山水，名聞於時。至京師，召畫便殿稱旨，授錦衣千戶。嘉靖以後，邊境多事，國事日下，畫院竟寂無聲聞。僅有萬曆中吳彬，天啓中鍾士昌二人而已。吳彬，字文中，莆田人。工山水人物，山水布置，絕不摹古，最爲奇出。人物形狀奇怪，迥別前人，自立門戶。白描尤佳，遠卽不敢追踪道子，近亦足力敵松雪。萬曆中，召見，授工部主事。鍾士昌，字汝樸，通海人。善書畫，北游兩都，筆墨益妙，天啓間，試畫爲畫品中書。

明自洪武至正德，可謂畫院極隆盛時期，院內外之軋轢，亦特激烈。名山藏云：『宣廟善繪事，一時待詔有謝廷循、倪端、石銳、李在，皆有名。及進入京，衆工妒之。一日，仁智殿呈畫，進首幅爲秋江獨釣圖，一紅袍人垂釣水次，畫家惟傳紅色最難，而進獨得古法。廷循曰：「此畫良佳，惟恨野鄙耳。」宣廟叩之，對曰：「紅品，官服色也；用以釣魚，失大體

矣。」宣廟頷之，遂揮去，餘幅不復閱，放歸。』於此可知當時院內排擠之大略矣。至以院中畫派言，則以馬、夏之水墨蒼勁派占大勢力，名手亦特多，戴文進、李在、吳偉等，均爲此派之代表。尤以戴氏、技腕超倫，樹浙派之新幟。當時院內外諸作家，多爲戴氏一派所風靡。蓋緣孝宗等，均愛好馬夏蒼勁之作風有以致之。換言之，卽明嘉靖以前之繪畫，以畫院爲中心，繪畫風氣，盡反元人之所尙，而追踪宋代畫院之舊緒，山水人物等，多法馬、夏二趙、劉、李諸家。雖當時有林良諸人，以簡筆水墨畫花鳥，剏寫意花鳥之新派，然其勢力亦遠非馬、夏、劉、李諸派之敵。嘉靖以後，士大夫以能名者，日見增多，其領袖如沈石田、文徵明等，均係吳人，因成所謂吳派者，占院外畫壇，張其新幟。其所持論，全厭棄院體，至議馬、夏諸派，爲狂邪板刻之學，致尙南貶北之論調，風蓋於有明季世。元人放逸之畫風，至此始見恢復，而呈燦爛之觀，啓清代繪畫發展之先河。

（乙）明代之道釋人物畫　明代道釋教尙盛；蓋明太祖微時，嘗爲僧，及有天下，選高僧使侍諸王。並以張道陵六十四世孫正常爲正一眞人。又招徠番僧授以封號，其時禪師僧官，不可勝數。至武宗，尤好佛氏，於佛經番語無不通曉，自稱大慶法王，爲有明佛教最盛時期。殆世宗崇信道教，尊禮道士，道教大盛，佛教勢力始稍衰減。雖然，當時道釋之繪畫，則仍存衰退之觀。徐沁明畫錄云：「古人以畫名家者，率由道釋始。雖顧、陸、張、吳，妙蹟永絕，而瓦棺維摩，柏堂盧舍，見諸載籍者，恍乎若在。試觀冥思落筆，傾都聚觀；輦金輸財，動以百萬；此豈後人所能及哉？近時高手，既不能擅場，而徒詭曰『不屑。』僧坊寺廡，盡汚俗筆，無復可觀者矣。」原吾國宋元以上之人物畫，全以道釋爲主體，自南宋廢禮拜圖像，而與尋常之玩賞繪畫同視以來，畫風已大見變遷；元代佛道教中衰，道釋畫已有絕跡之勢；至明，占

人物畫之主位者，一變而爲史實風俗畫傳神次之，道釋爲下，亦繪畫盛衰之勢有以使然也。故終明之世，號稱道釋畫之能手者，僅有蔣子成、倪端、張仙童、顧應文、沈鳴遠、張繼、吳彬、上官伯達、丁雲鵬等幾人。當時兼精道釋，其畫名不專以道釋聞者，有戴進、吳偉、張路、孫克弘、張世祿等。倪端，杭州人，道釋超妙，不落恆蹊。張仙童，善羅漢，凡寺廟牆壁，經其畫者，咸稱神妙。顧應文，道釋脫去時習，識者貴之。沈鳴遠，佛道神像，流輩罕及。張繼，瑰麗侈貴，爲宣英時名手。吳彬，佛像人物，形狀奇異，迥別舊人，自立門戶。上官伯達，傅色精采，南中報恩寺，有其畫廊，獨絕一時。戴文進，神像威儀，鬼怪勇猛，南中報恩寺有其畫壁。吳偉，曾於昌化寺殿壁畫羅漢五百尊，穿崖沒海，神通遊戲。張路之學吳偉，得其遒勁，張世祿之善道釋人物，名重當世。其中以蔣子誠丁雲鵬爲有名。

蔣子成（金陵瑣事，明畫錄，均作子誠。）宜興人，幼工山水，中年悔其習，遂畫道釋人物，傅彩精緻，爲有明第一；尤長水墨大士像。永樂中，徵入京師，時以趙廉之虎，邊文進花鳥，並子成人物，爲禁中三絕，名重當時。

丁雲鵬　休寧人，字南羽，號聖華居士。善道釋人物，得吳道子法。白描，酷似李龍眠，絲髮之間，而眉睫意態畢具。陳眉公謂爲非筆具神通者，不能也。其所作羅漢，承五代貫休，別具一種風格。山水人物雜畫兼妙，董文敏贈印章曰：「毫生館」。其得意之作，嘗一用之。

其餘胡隆之受學於蔣子成，爲名輩所推重。阮福之道釋神像，比擬子成，僅亞一籌。馬俊之工鬼神，得其至妙。張靖之行筆疎爽，直入吳道元之室。熊茂松之師丁南羽，而得其神似。李麟之師聖華居士，筆墨疎秀，俱合古法，有出藍之譽。朱多爣之超然出塵，蘇遯之豪縱細潤，各極其妙。亦皆以能道釋畫有名於當時。

明代人物畫，略比元爲振起。然多摸擬唐、宋人舊派，不能如隋唐之燦爛輝皇，照耀百世耳。如金陵陳遠，閩縣朱孟淵，南海張譽，無錫王鑑等，均屬南宋李伯時一派。松江朱芾，吳江朱應辰，蘇州夏鼎，均善白描；又丹徒杜堇，樓閣人物，嚴雅深有古意，尤工白描人物，稱白描第一手，亦與李氏一派相近。錢塘戴進，江夏吳偉，均遠宗道玄，近法馬、夏，參酌靈妙，氣勢特盛，亦屬南宋水墨蒼勁派而稍變面目者。繼吳、戴二氏者，有秣陵宋臣，休寧汪肇等；承吳氏者，有大梁張路，江寧薛仁，儀眞蔣貴，浦城陳子和，新河宋登春等，均屬此派健者。又江寧李著，字潛夫，號墨湖，童年學畫於沈啓南，學成歸家，每倣吳次翁筆以售。明畫錄云：「李著初從學沈周之門，得其法。時重吳偉人物，變而趨時，行筆無所不似，遂成江夏一派。」可知當時吳氏一派人物之風行矣。然作風漸趨粗獷，不足爲畫人正則。同時有陳暹之設色山水人物，傳之周臣，周臣傳之仇英，創精麗艷逸之史實風俗畫，爲有明一代人物畫之師範，風靡於有明季世。

仇英　太倉人，移居吳縣，字實父，號十洲。初志丹青，師事周臣，善山水人物士女。尤工臨摹，粉圖黃紙，落筆亂眞；至於髮翠豪金，絲丹縷素，精麗艷逸，無慚古人。嘗作上林圖，人物、鳥獸、山林、臺觀、旗輦、軍容，皆憶寫古人名筆，斟酌而成，可謂極繪事之絕境，藝林之勝事也。董思白題其仙弈圖，謂實父是趙伯駒後身，卽文、沈亦未盡其法，詢非過譽焉。

承仇氏流派者，有吳人沈完，徽州程環，均稱入室，其女兒杜陵內史，善山水人物，精工秀麗，筆意不凡。論者謂爲丹青獨擅，尤能克承家學。嘉興周行山，長洲尤求，所作仕女，艷冶絕世，亦屬仇氏一派。與仇氏同學周臣者，有唐六如寅，所作人物士女，極秀潤縝密而有韻度，與周臣雅俗迥別，實深得李伯時而稍變風趣者。同里張靈，與唐氏志氣雅

合，茂材相敵。人物冠服，玄古形色，淸眞無卑庸之氣，而筆新墨勁，斬然絕塵，允與唐氏同一統系。同郡周官李翬工人物士女，雅秀不俗，標格生動，亦近唐氏一派。至崇禎間，有順天崔子忠靑蚓，諸暨陳洪綬章侯，皆以人物齊名，時號南陳北崔，爲十洲以後之人物大家，開淸代人物畫之法門者也。

陳洪綬　諸暨人，字章侯，號老蓮，甲申後，自稱悔遲，又曰勿遲，以明經不仕，賦性狂散，研心書畫，尤工人物，世所罕及。甫四齡，過婦翁家，見新堊壁，登案畫關壯繆像，長八九尺，蓋繪事本天縱也。少長，搨得李公麟孔門七十二賢石刻，閉戶臨橅，數橅而數變之。又嘗橅周昉美人圖，至再四，猶不已，人指所橅者謂之曰：「此已勝原本，猶嗛嗛何也？」曰：「此所以不及也。吾畫易見好，則能事尤未盡，周本至能而若無能，此難能也。」論者謂老蓮人物，軀幹偉岸，衣紋輕圓細勁，兼有伯時子昂之妙；運筆旋轉，一氣而成，頗類陸探微，設色古雅，得吳道子法。至繪經史故事，狀貌服飾，必與時代脗合，洵推能品。間作花鳥草蟲，無不精妙，山水亦另出機局。其作品遺世者頗多，其刻本圖卷，如水滸傳、西廂記、離騷圖等，多爲淸代人物畫家所宗風。

崔子忠　萊陽人，占籍順天，案無聲詩史，作山東人。淸朝書畫家筆錄，作北平人。初名丹，字開予，更名後，字道母，號北海，又號靑蚓。崇禎時，順天府學諸生，形容淸古，言辭簡質，望之不似今人。文翰之暇，留心丹靑，規摹顧、陸、閻、吳遺蹟，唐人以下，不復措手。居京師闤闠中，蓬蒿翳然，凝塵滿席，蒔卉養魚，杳然遺世。興至則解衣盤礴，白描設色，皆能自出新意，與陳洪綬齊名。一妻二女，亦嫺點染，相與摩挲指示，共相娛悅。間出以貽相善者，若庸夫俗子，用金帛相購者，雖窮餓，掉頭弗顧也。甲申後，走入土室不出，卒餓死。

教學以自娛，參易卜卦以玩世。遇興揮毫，非酬應世法也。故其筆端豪邁，墨汁淋漓，無一點朝市氣。師巨然而能軼出畦逕，爛熳慘淡，自成名家。蓋心得之妙，非易可學，北宋高人三昧，惟梅道人得之。兼工墨花，寫像亦極精妙。爲人抗簡孤潔，雖勢力不能奪。唯以佳紙筆投之，欣然就几，隨所欲爲，乃可得也。故仲圭於絹素畫極少。說者謂文湖州以竹掩其畫，仲圭以畫掩其竹。高巽志謂如老將搴旗，勁氣崢嶸，莫之能禦。本與盛子昭比門而居，四方以金帛求子昭畫者甚衆，而仲圭之門闃然，妻子笑之，仲圭曰：「二十年後，不復爾。」後果如其言。工詞翰，草書學謦光，卒年七十有五。

元四家，全師法北宋，而各有變異，其意趣各不同也。黃子久，本師法董、巨，汰其繁皴，瘦其形體，礬頂山根，重加累石，橫其平坡，自成一體。西廬畫跋所謂其布景用筆，於渾厚中仍饒遒峭，蒼莽中轉見娟妍，纖細而氣益閎，塡塞而境愈廓，意味無窮，學者罕窺其津涉也。王叔明，少學松雪，晚法輞川、北苑諸家，將郭熙晚年之雲頭，北苑之披麻，加以變化，名爲解索，山頭雲石，草樹掩映，氣韻蓬鬆，自闢蹊徑。倪雲林、吳仲圭，亦皆師法董巨。惟雲林改繁實爲疎落空靈；仲圭易緊密爲蒼茫古勁，有林下風。其取法亦各有所異致。要皆以董、巨起家，成名後世者，蓋能師古人而不爲古人所拘泥也。然雲林嘗自謂：「僕之所畫者，不過逸筆草草，不求形似，聊以自娛耳。」仲圭亦謂：「畫事爲士大夫詞翰之餘，適一時之興趣。」其寄興寫情，純受文學化之影響，則一也。四家而外，若道士張雨，字伯雨，號貞居，高逸振世，詩文清絕，韜光山水間，默契神會，點染不羣，樹意縱橫，大得北苑遺意。釋本誠，字道元，號覺隱，元僧四隱之一。品局高潔，能書畫，山水學巨然，有灑脫之韻，是得於道而簸弄精光於筆墨間者。陸廣，字季弘，號天游生，善山水，仿王叔明，落筆蒼

逼眞，雖周昉之貌趙郎，不是故也。若軒冕之英，巖壑之俊，閨房之秀，方外之踪，一經傳寫，姸媸惟肖。然對面時，精心體會，人我都忘，每圖一像，烘染至數十層，必匠心而後止。其獨步藝林，名動遐邇，非偶然也。

傳曾氏之衣鉢者殊多，明畫錄云：「傳鯨法者，爲金穀生、王宏卿、張玉珂、顧雲仍、廖君可、沈爾調、顧宗漢、張子游輩，行筆俱佳，萬曆間，名重一時。」又嘉興張琦、沈韶，無錫張遠，松江顧企，均善寫照，亦曾氏弟子。

（丙）明代之山水畫　明代繪畫，以山水爲最發達，作家以遠比宋、元爲多。自明初至嘉靖間，畫院特盛，當時繪畫趨勢，全以畫院爲中心。院內諸畫人，自以南宋健拔整美之院體爲專尚。院外諸作家，亦多繼承二趙、劉、李、馬、夏，成一時之風習。如張渙、陶成、唐寅、仇英，尤求諸家，均爲學二趙、劉、李之能手。冷謙、陳汝秩、沈昭，均善李大將軍之體，亦屬此派。戴進、倪端、李在、周文靖、吳偉、張乾諸人，則皆承馬、夏之衣鉢，然當時作畫之風氣，盛尚摹倣，故一般作家，頗嫌元季畫風，過於放逸，因多從事於精細巧整，故學盛懋畫法者，如王繼宗、陳暹、郭純、盛叔大、顧叔潤、石銳、陳公輔、周臣、蘇復等，亦不在少數。但貢獻無多，於明代山水畫派上，無特殊之地位耳。是後畫院不振，士大夫如沈周、文徵明等，以雄渾溫雅之筆墨，樹聲勢於成、弘、嘉靖之際，延至萬曆末而稍衰。至天啓、崇禎間，莫是龍、董其昌、陳繼儒輩相繼而起，大張旗鼓於後，於是遠而荊、關、董、巨，近而王、黃、倪、吳之畫派，乃代二趙、劉、李、馬、夏之畫派而大盛。顧凝遠畫引云：「自元末以至國初，畫家秀氣略盡，成、弘、嘉靖間，復鍾於吾郡，至萬曆末而復衰。董宗伯起於雲間，才名道藝，光岳毓靈，誠開山祖也。」故總明代之山水畫而論，大體可分爲三大統系：即嘉靖以前，紹述馬、夏遺矩，略變其簡厚沉鬱之趣，而爲整飭健拔者，爲浙派；以戴氏文進爲首領。繼承二趙、劉、李舊格，於細巧濃麗中，稍加秀潤者，爲院派；以唐寅、仇英爲代

表。成弘、嘉靖以後，一般士大夫雅好繪事，咸以荊、關、董、巨、王、黃、倪、吳之南宗旗幟相號召，而與盛極就衰之浙派爭優劣者，爲吳派；以文、沈爲先鋒，董其昌爲後起。考三派盛衰之跡，則又可畫爲二期：自明初至嘉靖間，爲前期，浙派與院派並行時期也；浙派尤較院派爲盛。成弘、嘉靖以後，則爲吳派所獨占。嘉靖前後，則爲浙院派與吳派交替時代，南北二宗因有互相影響之趨勢。例如冷謙周臣之筆墨，大有從南而北之姿致；唐寅之作風，全存從北而南之體格；沈周之圓渾挺健，雅受浙派情趣之陶融；戴進之作，亦每有類似石田翁蒼老秀逸，出於同一師法。故子畏直承李晞古、劉松年爲院派領袖，一面並爲吳門健將，故世稱子畏爲折中吳、浙、院而爲一派者。明畫錄云「南宗推王摩詰爲始祖，傳而爲張藻、荊、關、董源、巨然、李成、范寬、郭忠恕、米氏父子，元季四大家，明則沈周、唐寅、文徵明輩，舉凡士氣入雅者，皆歸焉。」又云「南北二宗，各分支派，亦猶禪門之臨濟曹溪耳。今鑑定者，不溯其源，止就吳、浙二派，互相掊擊，究其雅尙，必本元人。孰知吳與松雪，唱提斯道，大痴、黃鶴、仲圭，莫非浙人。四家中，僅有梁谿迂瓚。然則沈文諸公，正浙派之濫觴，今人安得以浙派而少之哉？」蓋文、沈正由浙派而入也。據此，則當時吳、浙之爭，顧未免乎文人門戶之見焉：茲將浙、院、吳三派，敍述於左：

（一）浙派　明初山水，紹述馬、夏遺規之作家，在院內者，有沈希遠、倪端、李在、周文靖諸人。在院外者尤多，如新安朱侃，崑山王履，蜀人蘇致中，華亭章瑾，（明畫錄作莊瑾）。吳縣沈遇，常熟范禮，杭州王恭，錢唐沈觀，閩人周鼎，廣陵林廣，吳人周臣，蜀人雷濟民，太倉張翬，張乾，江右丁玉川，蘇州邵南，奉化王諤等，均爲此派作手。然自戴進出，一變其風趣，當時畫人多相偃附，而成浙派，蓋戴氏籍錢唐也。

戴進（案明畫錄作璡。）字文進，號靜庵，又號玉泉山人。善繪畫，幼師葉澄，及長，臨摹精博，得唐、宋諸家之妙。故道釋、人物、山水、花果、翎毛、走獸，無所不工。山水大率以摹擬馬夏爲多；花果翎毛走獸，俱極精緻；而神像之威儀，鬼怪之勇猛，衣紋設色輕重純熟，不下唐、宋先賢。其畫道釋，多用鐵線描，間亦用蘭葉描。畫人物，則多用蠶頭鼠尾，行筆頓挫，蓋以蘭葉而稍變其法者；其技法在南宋諸家之上，爲有明畫流第一。宣宗妙繪事，一時畫院待詔有謝環、倪端、石銳、李在等，皆有名，及進入京，衆工妒之，見讒被放，以窮死。文進生平多厄，弇州山人云：「文進生平作畫，不能買一飽，是小厄。後百年，吳中聲價，漸不及相城翁，是大厄。多才固遭天忌耶？」

繼戴氏而起，大暢浙派之泉源，形成極有勢力之流派者，當推陳景初、吳偉。景初，號草庭，海鹽人。與戴氏同時，筆法亦相類，蒼老可愛。吳偉，憲孝時，與北海杜堇、姑蘇沈周、江西郭詡齊名，爲此派健將。一時名流如海鹽陳璣，江寧吳珵，上虞鍾禮，浙人汪質，上元謝賓擧，吳縣葉澄，休寧汪肇，錢塘夏芷、方鉞、夏葵、仲昂，沙縣鄧文明，以及文進子泉，壻王世祥，僧人華朴中等，皆乘時崛起。繼吳偉而發揚振展者，則有祥符張路，金陵李著，儀眞蔣貴，江寧蔣嵩、蔣乾，薛仁，新河宋登春，南匯邢國賢，海鹽王儀等，遂成江夏一派。蓋吳氏籍江夏，爲浙派之支流也。此外如謝時臣之學沈周，兼善戴、吳之派，何澄之學米元章，未脫浙派習氣，均爲有影響於浙派畫風者，可謂盛矣！然張路、鍾禮等，漸陷粗豪，蔣嵩、朱邦、汪肇等，尤私心自用，一味頹放，並喜用焦墨枯筆，以求合時人之所喜。明畫錄云：「蔣嵩，喜用焦墨枯筆，最入時人之眼，然行筆粗莽，多越矩度。」一時與鄭顚仙、張復陽、鍾欽禮、張平山等，徒逞狂態，目爲邪學，致召吳派之非難，漸趨衰廢。至崇禎間，藍田叔瑛出，重爲振起，造浙派之極則，爲一代名家。然當時吳派之勢力極盛，尙南貶北之論，風掩一世，

不爲時人所重視耳。

藍瑛　字田叔，號蜨叟，晚號石頭陀，錢塘人。善山水，初年秀潤，摹唐、宋、元諸家，筆筆入古；而於子久，究心尤力，此如書家眞楷，必由此入門，各極變化。晚年筆益蒼勁，人物寫生並佳，蘭石尤絕。論者謂浙派始自戴進，至藍瑛爲極。畫史會要謂其老而彌工，蒼古頗類沈啓南云。壽八十終。

傳藍氏之畫法者，有其子孟，孫深、濤，以及劉度、陳璇、王奐、馮湜、顧星、洪都等，均爲此派繼承者。明畫錄云：「傳藍氏之法者甚多：陳璇、王奐、馮湜、顧星、洪都，皆其選也。」然浙派至此，其勢力已早成強弩之末，不克復爲振起矣。

(二)院派　明初紹述南宋二趙、劉、李一派之畫家，亦殊多，世稱院體。宗趙千里者，有太倉仇英，無錫陳言等。宗趙千里而兼趙松雪者，有秀水張渙，吳縣陳裸等。宗趙千里而兼劉松年者，則有長洲沈碩。宗劉松年而兼錢舜舉者，則有長洲尤求。宗李晞古而兼劉松年者，則有吳郡唐寅等，皆擅金碧青綠，並兼工設色人物及界畫等，爲此派健者。其中以仇英、唐寅爲尤有名。

唐寅　吳人，自署晉昌唐寅。字伯虎，一字子畏，號六如居士，弘治戊午，舉應天解元。賦性疏朗，狂逸不羈，與同里狂生張靈，縱酒不事生業，嘗鐫其章曰：「江南第一風流才子。」晚工詩文，書得趙吳興法，山水、人物、士女、樓觀、花鳥，無所不工，其爲學務窮研，山水自李成、范寬、馬遠、夏珪，及元之黃、王、倪、吳，靡不精究；行筆秀潤縝密而有韵度。說者謂其遠攻李唐，足任偏師，近交沈周，可當半席。或曰：「寅師周臣，而雅俗迥別，雖係其胸中多數千卷，實所得者衆也。」圖繪寶鑑續纂則謂：「唐寅山水人物無不臻妙，雖得劉松年、李晞古之皴法，其筆資秀雅，

青出於藍。」董玄宰亦謂「伯虎雖學李晞古，亦深於李伯時，故人物舟車樓觀無所不工。」著有六如畫譜行世。

紹唐氏遺緒者，則有蘇州朱綸，吳縣錢貢，將樂蕭琛，以及朱生等，均有聲名。顧院派雖導源於南宋之二趙、劉、李，然延及有明，畫風已多潛移。蓋當時院派諸作家，每多兼習南宗，近交文沈。故於細密巧整中，時存幽雅輕逸之風致，而頗近吳派；實爲院、浙、吳三派之中和。蓋吾國山水畫，至明已大見南北調和之趨勢矣。此外錢塘石銳，丹徒杜堇，爲明代有名之界畫作者，樓臺殿閣，備極玲瓏，嚴整有法。石銳，並善金碧山水，傳色鮮明，絢爛奪目，亦可附入此派範圍之內。

(三)吳派　明初山水畫，雖以浙院二派，占全有之勢力；然不在二派範圍內，直承唐代王摩詰以降之荊、關、董、巨、李、范二米、趙松雪、高克恭、元季四大家之統系者，尚大有人在。如吳郡趙原，字善長，師王右丞董源，雄麗可雁行叔明。溧陽張羽，字來儀，法二米，筆意最妙。蜀人徐賁，字幼文，師董源，山水林石，濯濯可愛。臨江陳汝言，字惟允，宗趙魏公，清潤不凡。常熟陳珪，字伯圭，師米氏父子，筆意高雅。臨江朱自方，號夢菴，出入郭熙范寬，而自成一家。無錫王紱，字孟端，用筆精到，超出幼文天游之上，與叔明並駕。長樂高廷禮，字彥恢，筆力蒼古，墨氣秀潤，得米南宮高房山之法，獨闢蹊徑。端安黃蒙，字養正，師黃公望，筆致清潤，能得其佳處。濟南王田，字舜耕，學高房山，不失矩度。海鹽張寧，筆法類趙子昂而特饒姿逸。臨川聶大年，字壽卿，宗高房山，落墨不凡，爲世所珍。長洲劉珏，字廷美，山水出王叔明，煙嵐草樹，綿緲幽深，迥有董、巨餘意。吳縣杜瓊，字用嘉，宗董源，層巒秀拔，遒麗無比。永嘉姜立綱，師黃子久，蕭疏聳秀，頗似黃鶴。嘉

興姚公綬，法仲圭兼趙松雪王叔明諸家，墨氣皴法，逸趣無倫。金陵史忠，字廷直，工畫雲山，似方方壺，縱筆揮灑，有雲行水湧之趣。無錫俞泰，字國昌，類子久、叔明，温雅可人。北平毛良，字舜臣，師米元章，雲霞出沒，有天然之妙。華亭王一鵬，天趣蕭疎，氣韻生動，有子久叔明仲圭之風。均爲南宗統系下之有名作者。然尙無吳派之名稱，至沈澄之子貞，字貞吉，號南齋，貞之弟恆，字恆吉，號同齋，工唐律及古文辭，山水師董源杜瓊，並衍黃鶴山樵遺緒，每賦一詩，營一障，必累月閱歲乃出；恆吉更虛和瀟灑，不在宋、元諸賢之下。至恆吉之子周，上紹宋、元，近接仲圭，尤爲有名，一時名流，如唐寅、文徵明等，咸出入其門下，且均係吳人，因完成所謂吳派者，與浙派相對峙。石田翁、文衡山、唐子畏，卽吳門之三宗匠也，

沈周　字啓南，號石田，又號白石翁，家長洲之相城里。山水花卉禽魚，悉入神品。唐、宋名流，勝國諸賢，上下千載，縱橫百輩，莫不兼總條貫，攬其精微。每營一障，則長林巨壑，小市寒墟，高明委曲，風趣泠然，使覽者雲霧生於屋中，山川集於几上。蓋沈氏於宋、元名手，皆能變化出入，而於董北苑、僧巨然、李營丘尤有心得。中年以子久爲宗，晚乃醉心梅道人，酣肆融洽，不可一世。獨於倪雲林不甚似，蓋老筆酣豪，有以過之也。沈氏少時畫，率盈尺小景，四十以後始拓爲大幅，粗枝大葉，雖草草點綴，而意已足。其畫以水墨寫山，爲藝林絕品，淺絳者次之，其大刷色者尤妙，但人間較少耳。沈氏高致絕人，而和易近物，販夫牧豎，持紙來索，不見難色，或作贋品求題者，亦樂然應之，酬給無間。一時名士如唐寅、文徵明之流，咸出其門。沈氏雖以畫擅名，而詩文亦卓成家，每成一軸，手題數十百言，風流文彩，照耀一時。

文徵明　名壁，以字行，更字徵仲，長洲人。以世本衡山，號衡山居士。貢至京師，授翰林待詔，三載，謝病歸。吳原博、李貞伯、沈啓南，皆其執友，徵仲授文法於吳，授書法於李，授畫法於沈。而又與祝希哲、唐六如、徐昌國切磨詩文，其才亞於諸公，而能兼擅其長。當羣公凋謝之後，以清名長德，主吳中風雅之盟者，三十餘年。文人之休有譽處壽考令終，未有能及之者。生平雅慕趙松雪詩文書畫，約略似之。所畫山水，松雪而外，又兼叔明子久之長，頗得董北苑筆意；合作處，神采氣韻俱勝，單行矮幅更佳。晚年，師李晞古、吳仲圭，翩翩入室，逍遙林谷，益勤筆硯，小圖大軸，皆有奇致。既臻耄耋，德高行成，宇內望風欽慕，以縑楮求畫者，案几若山積，車馬駢闐，喧溢里門，寸圖纔出，承學之士，千臨百摹，家藏而市鬻者，眞贋縱橫，一時硏食之徒，丐其芳潤，沾濡餘瀝，無不自爲饜足。精巧本宗松雪，而出入於南北二宋。翁覃溪特謂粗筆是其少作，老而愈精，今則於其磅礴沈厚者，謂之粗文，得者尤深寶愛。徵仲，生九十年，名播海內，既沒而名彌重。藏其畫者，惟求簡筆爲尤難也。

嘉靖間，此派已漸見興盛。其時浙派名手，已多凋落，繼起諸畫人，殊少健者，不能與吳派相匹敵。嘉靖以後，尤見蓬勃，並演三宗匠爲三大支流。石田翁中鋒禿穎，大氣磅礴，繼之者，有崑山王理之綸，下邳陳大聲鐸，太倉陳定之天定，吳縣杜士良冀龍，山陰朱越崢南雍，嘉興宋石門旭等；以宋旭爲特出。又山陰祁止祥豸佳，世稱承石田翁，所得最多，然率筆處已近粗悍。太倉張元春復，吳郡張鶴澗宏，學沈而漸近文、唐，已變其意。唐子畏，胷撑萬卷，出入宋元，離合之間，特存妙寄。同里張夢晉靈，詩書自華，茂才相敵，與子畏畫派，雅有虎賁中郎之似；然傳世無多，不易與世人習見耳。長洲邵瓜疇彌，雅逸沖淡，足以遙承子畏；然專工小品，迹近休寧，以致學沈者，氣不勝，摹唐者，韻不及。獨文氏一派，

人材輩起，而成停雲一派。如長洲陳道復淳之淋漓疎爽，不落蹊徑；吳人居士貞節，蕭然簡遠，有宋人之風，均能各樹丰標，離合文沈。又蘇州朱清溪朗，常熟陸華甫昺，金陵王潛之元耀，泰州李繼泉芳，均稱入室。而衡山之子彭，字壽承，號三橋；嘉，字休承，號文水；臺，字允承，號祝峰；從子伯仁，字德承，號五峰；嘉之子元善，字子長，號虎丘；元善之子從簡，字彥可，號枕烟老人；以及文氏之遠孫震亨、從昌、從忠、從龍、點等，均能世其家學。伯仁尤爲文家之英秀。

宋旭　嘉興人，(圖繪寶鑑續纂作湖州人。)字石門，(明畫錄作字初暘。)善山水，兼長人物，萬曆間名重海內。論者謂師沈石田學有指承，故出筆迴不猶人。所作山頭樹木，蒼勁古拙，巨幅大幛，均見氣勢。與雲間莫廷韓入殳山社，繪白雀寺壁，時稱妙絕。嘗論畫云：「山水惟李成、關仝、范寬，智妙入神，才高出類。繼起者稱尙之，猶諸子之於正經也。」後爲僧，法名祖玄，又號天池髮僧，其款識喜用八分書。

文伯仁　徵明從子，字德承，號五峰，又號葆生，別號攝山老農。山水人物，效王叔明，不失家法。嘗夢神語其前身，乃蔣子誠弟子，薰沐繪大士像，今當以畫名世。其山水筆力清勁，巖巒鬱茂，不在衡山之下。

此派自嘉靖以後，循至有明季世，竟掩有中原而獨步之勢。隨潮擁水，直使清代三百年之山水畫，亦全屬此派範圍之下，其情況眞有不可一世之概。此外，直承王摩詰之統系，繼沈、文而起者，作家尤多，雖非全屬吳人，然均畫入吳派範圍之內。蓋吳、浙之爭，擴而言之，卽南北之爭也。吳縣袁褧，字尙之，博學工詩文，善書畫，山水瀟灑，林丘鬱映，嘉靖間，與文衡山齊名。無錫王問，字子裕，變雲林子久之體，清逸不可一世。長洲陸師道，字子傳，筆墨簡淡，直逼倪迂之室，烏程關思，字何思，山水仿唐、宋，擬王叔明、倪雲林更妙，山石龐疎，林樹離披。萬曆時，與宋旭齊名。松江宋懋晉，字明

之，受業宋旭，參以宋人遺法，富有丘壑，經營位置，莫是過也。當塗曹履吉，字提遂，師倪元鎮，筆力高雅，稱逸格中第一人。吳縣侯懋功，宗王叔明、黃公望，出入宋、元，爲世所珍。臨邑邢侗，字子愿，宗元章叔明，古秀煙潤，庸史莫及。無錫鄒迪光，字彥吉，山水在大小米、黃、倪之間，透逸出羣，涴盡時格。嘉興李日華，字君實，詩文奇古，精長書法，尤擅山水，用筆矜貴，格韻兼勝，與董思白方駕。關中米萬鍾，字仲詔，得倪迂法，兼長潑墨，嘗仿米氏巨幅，氣勢灝瀚，煙雲滃鬱，令人歎絕。金陵馬文璧琬，工詩善書，山水得董北苑、米襄陽之法，世稱三絕。山陰王季重思任，山水仿大米，簡筆點抹，饒有雅致。閩人高宗呂穀，用墨濃潤，運筆古雅，出入宋、元，而造其妙。泉州張二水瑞圖，長書法，善山水，師法大癡，蒼勁有骨。張大風，崇禎諸生，山水得子畏雅妙之趣，人物花草，亦恬靜閒適，神韻悠然。常熟張維，宗董北苑、吳仲圭，煙巒出沒，得吳、越諸山之神。均爲此派健者。顧自莫廷韓是龍出，復大加崇揚，爲吳門築堅固之壁壘。顧仲芳正誼，董思白其昌繼起，遂開華亭一派，以顧氏爲首領矣。思白，宗董、巨，兼攝二趙、倪、黃之神，結嶽融川，筆與神合，自言其畫與文太史較，各有短長，文之精工具體，自謂不如，而古雅秀潤，更進一籌。晚年，神機一片，雖位置宋、元，亦無媿色，允稱集吳派之全成。

莫是龍　華亭人，僑居上海，得米海岳石刻雲卿二字，因以爲字，後更字廷韓，號秋水。八歲讀書，目下數行，十歲能文，有聖童之稱。詩宗唐人，古文辭宗西京，出入韓、柳。書法鍾、王及米襄陽。山水學大癡，揮染時，磊磊落落，鬱鬱葱葱，神醒氣足，而氣韻尤別。深於畫理，著有畫說一卷行世。吾國山水畫南北宗派之畫分，即始於莫氏。

顧正誼　字仲芳，號亭林，華亭人。萬曆時，仕爲中書舍人。善山水，初學馬文璧，後出入元季諸大家，尤得力於子久。家多名蹟，又與嘉興宋旭同郡，孫克弘友善，窮探旨趣。山多作方頂，層巒疊嶂，少着林樹，自然深秀，遂成華

亭一派。無聲詩史謂董思白於仲方之畫，多所師資。容臺集亦云：「吾郡畫家，顧仲方中舍爲最著，其遊長安，四方士大夫求者塡委，幾欲作鐵門限以卻之。」

董其昌　華亭人，字玄宰，號思白，萬曆乙丑進士，官至禮部尙書，謚文敏，以書法名重海內。畫山水宗北苑、巨然，能師其意，不逐其迹，秀潤蒼鬱，超然出塵。自謂好畫有因，其曾祖母乃高克恭之雲孫女也。其由來有自。又謂少學黃子久山水，中復去而爲宋人畫，故能集諸家之長。蓋文敏以儒雅之筆，寫高逸之意，宜其風流蘊藉，獨步一代。其畫頗自矜愼，貴人巨公，鄭重請乞者，多倩他人應之，或點染已就，僮奴以贋筆相易，亦欣然爲署題，都不計也。家多姬侍，各具絹素索畫，稍有倦色，則謠詠之；購其眞蹟者，得之閨房者爲最多。所著畫禪室隨筆、畫旨、畫眼，鈎玄提要，於筆墨等之諸奧竅，闡發無遺，眞藝林百世師也。

效董氏畫法者，有趙文度左，沈子居士充，陳眉公繼儒，吳竹嶼振等，無慮十數家，皆與董同時，復開雲間一派。文度，與宋懋晉同學於宋旭，宗董源而兼倪、黃，神韻逸發，超然意遠，與思白抗手游行藝苑。而董蹟流傳，頗有出文度手者，故收藏家得趙爲董，每有買王得褚之幸。子居，出宋懋晉之門，兼師文度，丘壑蒨葱，皴染淹潤。或謂曾見陳眉公與子居手札云：「子居老兄，送去白紙一幅，潤筆銀三星，煩畫山水大堂，明日即要，不必落款，要董思老出名也。」董畫贋鼎充塞天下，子居、文度均爲董氏左右手，實爲雲間正傳。眉公能以詩文學力作山水奇石，以生冷勝董、趙工能，亦爲此派嫡系。文度復展其餘勢，稱蘇松一派，爲雲間之支流。繼之者有華亭蔣志和藹等。吳梅村作畫中九友歌，以董玄宰居首，王時敏、王鑑、李流芳、楊文驄、程嘉燧、張學曾、卞文瑜、邵彌等，皆爲此派之卓卓者。流芳，字長蘅，號檀園，

歙人，僑居嘉定。工詩文，擅山水，亦工寫生，出入宋、元，逸氣飛動。文驄，字龍友，貴州人，流寓金陵。博學好古，工山水，有宋人之骨力去其結有元人之風雅，去其佻；出入巨然、惠崇之間。嘉燧，字孟陽，號松圓老人，休寧人，僑居嘉定。工詩畫，山水宗倪、黃，兼工寫生，沉靜恬淡，一如其人。學曾，字爾唯，號約庵，山陰人。善山水，宗北苑，蒼秀絕倫，備極蕭疏簡遠之意。文瑜，字潤甫，號浮白，長洲人。工山水樹石，勾剔甚有筆意。彌，字僧彌，號瓜疇，長洲人。山水學荊、關，清瘦枯逸，閒情冷致，有獨自來往之概。然二王之後，雲間一派，又有婁東之支分。唯雲間以濕取勝，非胸有嶔奇，即易流俗滯，自董仁常孝初以下，涉跡之士，日趨膚淺，非復雲間面目矣。此外項京子元汴，號墨林居士，檇李人。收藏之博，古今無兩，山水宗黃子久、倪雲林，而雅近文、唐。入清其孫徽謨、聖謨、曾孫奎等繼之，直可與休承父子抗席，其筆墨之高簡，幾欲上逼元人，而開嘉興一派，亦吳門之支流也。又明代季世，士大夫多工翰墨，兼長繪事，為清初繪畫興盛之先河，其中並多節義之倫，痛禾黍之離離，悲謳歌之難作，故其畫亦悲壯淋漓，寄其沈鬱蒼涼之感。如黃道周，字幼元，號石齋，漳浦人，天啓壬戌進士，官至禮部尚書。詩文敏捷，書畫奇古，尤以文章風節高天下；山水人物長松恠石，極為磊落，性嚴冷方剛，不諧流俗。及明亡，縶於金陵，在獄日，誦尚書周易，數月加豐。正命之前夕，故人持酒肉與訣，飲啖如平時，酣寢達旦，起盥漱更衣，謂僕曰：「曩某索書畫，吾既許之，不可曠也。」和墨伸紙，作小楷，次行書，幅甚長，乃以大字竟之。又索紙作水墨大畫二幅，殘山賸水，長松怪石，逸趣橫生，題識後，加印章，始出就刑。時明亡已三年矣。謚忠端。倪元璐，字汝玉，號鴻寶，上虞人，天啓進士，與石齋同科，官至戶部尚書。風節文章，亦極與石齋相似，善竹石山水，落墨超逸，秀絕人寰，山水鉤勒皴染，水墨淋漓，蒼潤古雅，別饒風致。詩文為世所重，工行草書，自成一家。李自成陷京師，自縊死。祁彪佳，字幼文、

山陰人，官至巡撫應天都御史，謝病歸，嘗治別業於寓山極林壑之勝。乙酉閏月六日，坐園中，題其案曰：「圖功爲難，潔身其易；吾其爲易者，聊存潔身志；含笑入九泉，浩然留天地。」步放生碣下，投水殉國。工書善畫，山水雄厚，謚忠敏。顧其清風亮節，有足多者矣。

（丁）明代之花鳥畫　明代花鳥畫，雖亦宗述徐、黃二體，然比諸有元，則遠有所振展。且於祖述徐、黃之畫風中，各能自出新意而見其特色。如沙縣邊景昭文進，宗黃氏而作妍麗工緻之體，實爲有明院派花鳥之先祖。鄞人呂廷振紀繼之，穠郁燦爛，尤爲臻妙，允爲此派領袖。繼景昭者，有錢永善、明畫錄作錢永。俞存勝、張克信、羅績、鄧文明、劉琦、盧朝陽，以及景昭之子楚芳、楚善等。宗廷振者，有陸錫、童佩、羅素、唐志尹等，其畫風更增精緻。華亭陳粟餘穀，師曹文炳，着色花鳥，工麗殊甚。鄞人楊治卿大臨，花鳥佳者，絕勝呂廷振，亦直承此派。無錫陳有實稱，花鳥入黃筌古紙中，幾不辨。閩人沈以政政，花卉翎毛，精彩生動。杭人沈士容奎，宗王若水，鮮麗可愛。休寧黃懷季珍，無聲詩史作金陵人 能詩書，花卉有黃筌筆意。華亭童西爽塏，鈎勒着色，具從宋人得來，均爲近似此派而稍異者。台州裴文璧日英，着色花鳥，臻妙入神長洲王祿之穀祥，特工寫生，精研有法。吳縣朱子朗朗，擅名花卉，鮮妍有致。江寧張子羽翀，花卉秀雅，傅彩鮮妍。錢塘孫漫士杕，筆墨遒勁，設色濃艷，其經意之作，直與黃、趙亂眞。錢塘劉問之奇，精於設色，歷久益新。山陰曾鶴崗益，花鳥精於設色，幽妍可愛，致閨秀亦慕其風雅。錢塘錢四維榆，花鳥渲染，艷得天然，調設五色，必出細君之手，而風調特出。以及吳郡唐子畏等，蓋近似趙昌一派而別開生面者；均屬精妍工麗之體格，而與黃派相並行也。無錫王子裕問，運筆迅速，點染不多，已足生趣。吳人魯岐雲治，善以墨色寫石，設色花鳥，落筆脫塵，最饒風韻。華亭孫雪居克宏，寫生花

鳥，遠則黃、趙，近則沈、陸，皆堪抗衡。華亭曹德常文炳，學孫雪居而稱入室。以及南昌朱謀㲅之纖秀絕倫，江陰朱承爵之秀潤可愛，則皆瀟灑秀逸，追踪徐氏一派者。臨海王一清乾，能以輕墨淺彩，作禽鳥花卉，寒塘野水，往往極妙。山陰張葆生爾葆，工折枝花卉，水墨淺色，各臻妙境，爲追蹤徐氏而加放縱者。廣東林以善良，以其精緻巧整之功力，更放縱筆意，取水墨爲煙波出沒，鳧雁嚵唼容與之態，樹木遒勁如草書，淸澹疎逸，人莫能及，遂開寫意之新派。傳其法者，有孫龍、任材、胡齡、邵節、瞿杲、韓旭等。吳縣范啓東暹，遒逸處頗有足觀，亦屬林氏一派。石田翁，高致絕俗，山水之外，花鳥蟲魚草草點綴，而情意已足，莫不各極其態。陳道復淳，一花半葉，淡墨欹豪，疎斜歷亂，愈見生動。其子括繼之，筆益放浪。徐文長渭，涉筆蕭灑，天趣燦發，可稱散僧入聖。實由文人墨戲變化而來，初無派別之可言，歸其統系，則近徐氏而與林良同爲寫意派也。陸叔平治，點筆秀麗，傅色精妍，蟲魚花鳥，頗得黃氏遺意，而參以徐氏風格者，亦黃派之變體，與白陽水墨派，同爲明代花鳥畫泰斗。周服卿之冕，兼白陽、包山之長，創鈎花點葉體，點染生動，爲白陽、包山以後大家。弇州續藁云：「勝國以來，寫花卉者，無如吾吳郡。而吳郡自沈啓南後，無如陳道復、陸叔平。然道復妙而不眞，叔平眞而不妙，周之冕似能兼撮二子之長。」白陽、包山、服卿，允稱嘉靖後，前後鼎立之三大家也。

陳淳　字道復，更字復甫，號白陽山人，長洲人。天才秀發，凡經學、古詩文詞、書法篆籀，無不精研通曉。嘗遊文衡山之門，然衡山每笑謂曰：「吾於道復，舉業師耳。渠書畫自有門徑。」實則道復專精花卉，一花半葉，淡墨欹豪，疎斜歷亂，咄咄逼眞，傾動羣類；久之，並淺色淡墨之痕亦具化矣。間作山水，學子久、叔明；中歲忽斟酌二米、高尚書，寓意而已；而蕭散閒逸之趣，宛然在目。其子括，字子正，號沱江，筆益放浪，大有生趣，名播遐邇焉。

陸治　字叔平，居包山，號包山子，吳縣人。偶儻嗜義，以友孝稱。好爲詩及古文辭，善行楷，嘗遊祝、文二先生門。其於丹青之學，務出胸中奇氣，以與古人角。一時好稱，幾與文先生埒。晚年貧甚，衣處士服，隱支硎山，種菊自賞。有貴官子因所知某以畫請，作數幅答之，其人厚其贄幣以謝；叔平曰：「吾爲所知，非爲貧也，」立卻之，其自好如此。徐沁明畫錄謂其花鳥得徐、黃遺意，不若道復之妙而不眞。山水規摹宋人，而奇偉秀拔過之。

周之冕　字服卿，號少谷，長洲人。工古隸，善寫意花鳥，最有神韻，設色亦極鮮雅。愛畜各種禽鳥，詳其飲啄飛止之態，故動筆具有生意。弇州續藁、明畫錄，均謂其能撮白陽、包山之長云。

傳白陽畫法者，有張懋賢元舉、吳延孝枝、林敬坡存義、周遠公裕度、姚啓寧裕，以及閨秀李因等。傳周之冕畫法者，有其壻郁喬枝、吳縣王維烈等。此外山陰陳鳴埜鶴，閩縣鄭繼之善夫，密縣劉伯明志壽，太倉陳定之天定，侯官高宗呂瀫，嘉定王叔楚翹等，均爲明代花鳥畫之有名者。總之，明代花鳥畫，雖變化殊多，新意雜出，然主要者亦不過邊文進、呂紀之黃氏體，陳醇徐渭之寫意派，周之冕之鈎花點葉體三大系而已。徐沁明畫錄花鳥畫敍頗可參考，卽節錄於左：

寫生有兩派，大都右徐熙、易元吉，而小左黃筌、趙昌，正以人巧不敵天眞耳。有明惟沈啓南、陳復甫、孫雪居輩涉筆點染，追蹤徐易。唐伯虎、陸叔平、周少谷以及張子羽、孫漫士，最得意者，差與黃、趙亂眞。他若范啓東、林以善，極遒逸處頗有足觀。呂廷振一派，終不脫院體，豈得與大涵牡丹、青藤花卉超然畦逕者同日語乎？

(戊)明代之墨戲畫及專門作者　墨戲畫，原以水墨簡筆之花卉，及梅蘭竹菊等，爲主要材題，有明寫意花鳥

大盛起以後，大部之墨戲花卉每可劃入寫意花鳥範圍之內，其界限不易如宋元時之清楚。例如青藤道士等之簡寫諸作，着筆草草，實係一有力之墨戲作家。而諸史籍均以其爲寫意派之作家者是。蓋寫意花鳥，實淵源於墨戲也。

明代墨戲畫，亦以墨竹墨梅爲最盛，作家不勝屈指。其最以墨竹着名者，當推宋克、王紱、夏昶、魯得之四家。

宋克　字仲温，家長洲南宮里，因自號南宮生。工詩，長書法，擅寫竹，尤長叢篁，雖寸岡尺塹，而千篁萬玉，雨疊烟森，蕭然絕俗。書工急就章，故能得寫竹之妙。嘗於試院牘尾，用朱筆掃竹，張伯雨有「偶見一枝紅石竹」之句，卽爲宋氏朱竹而作也。

王紱　字孟端，號友石，又號九龍山人，無錫人。（一作晉陵人。）博學工詩，永樂間，以墨竹名天下，能於遒勁中見姿媚；縱橫外，見灑落；蓋由方寸間，具有瀟湘淇澳，故不覺流出種種臻妙耳。爲人拔俗，不役於藝事，故雖片紙尺縑，苟非其人，不可得。嘗於月夜聞鄰笛，乘興畫幅竹，訪遺之；其人乃大賈，喜甚，與紱綺各二，更求配幅，孟端卻其幣，手裂畫而返，其高介如此。兼善山水，用筆精到，超出幼文、天游之上，而與叔明並駕。

夏昶　字仲昭，號自在居士，又號玉峰，崑山人。正統中，仕至太常卿。善墨竹，時推第一，煙姿雨色，偃仰濃疏，動合榘度，名馳絕域，爭以金購求。故有「夏卿一個竹，西涼十錠金」之謠。尤精楷法，永樂時，嘗試其書第一。傳其畫法者，有同郡張士謙益，屈處誠初，吳惟貢瓛，常熟張廷端緒以及魏應祥天驥等。

魯得之　錢塘人，僑寓嘉興，初名參，字魯山，後以字行，遂名得之，更字孔孫，號千巖，李日華弟子。工書，善寫墨竹，自謂從吳仲圭得法，而上窺文湖州。李日華墨君題語，謂爲遠宗獨紹，崛起千古之下，眞翰墨中精猛之將。晚

年病臂，以左手寫之，風韻尤佳。亦善畫蘭，縱筆自如，俱極瀟灑。論者謂其寫蘭竹如文與可，初不自貴重，人人可乞，當其最入意者，則又緘而藏之，曰：「吾將留以自驗少壯生熟進長之不同也。」

除上四家外，吳縣陳繼，字嗣初，通經學，擅文章，官至弘文閣翰林五經博士，進檢討。寫竹尤奇，夏昶、張益，皆師事之。上元陳芹（明畫錄謂其先本南安國王裔，永樂中，來奔，遂家金陵。），字子野，號橫崖，工詩畫；與盛時泰輩，結青溪社，乘興寫竹，醉墨欹斜，沾濕襟袖。文衡山每戒門士過白門愼勿畫竹，彼中有人。其推重如此。上元盛時泰，字仲交，號雲浦，天才敏捷，工古文辭，下筆數千言。善竹石枯木，蒼然映人。仁和高讓，字士謙，善屬文，有才子之目，初爲西湖書院山長，累官至翰林編修。善墨竹，瀟灑入神。休寧詹景鳳，字東園，號白岳山人，由南豐教諭，入爲吏部司務。工草書，變化百出，即以其書法寫墨竹，一竿直上，瘦勁絕倫。朱多㸅，字啓明，號履謙，樂安王孫，能詩嗜酒，所寫墨竹，醉後頹然肆筆，自謂具眞草隸篆四法，風格迴異。均爲明代墨竹作家之有名者。此外如餘姚史琳之蕭灑有法，崑山顧培之蕭然自放，華亭朱應祥之磊落多致，長洲文彭之老筆縱橫，歙縣何震之蒼莽淋漓，常熟沈春若之蒼秀不凡，崑山歸昌世之別具風格，以及朱鷺之宗梅花、石室，詹仲和之紹子固、仲圭，臨邑邢侗之宗文與可，商城楊所修之宗蘇子瞻，亦均以能墨竹著稱於時。當時最以墨梅著稱者，當推王冕、孫隆二家。

王冕　字元章，號老村，又號煮石山農，飯牛翁，諸暨人，居會稽，與楊維楨同號會稽外史。幼貧牧羊，潛入學校，聽諸生講誦，暮返，遂亡其羊，爲父所逐，因走依佛寺，夜坐佛膝上，映長明燈讀書，會稽韓性異之，錄爲弟子，後稱通儒。每大言天下將亂，携妻孥隱九里山，以畫自給。善寫竹石，尤工墨梅，歷絕古今，畫上必親題詠，蕭灑不羣，

求者肩背相望，以繒幅短長爲得米之差，人譏之，則曰：「吾藉是以養口體，豈好人家作畫師哉？」時人目爲狂生云。

孫隆　毘陵人，字從吉，號都痴，(案明畫錄，誤孫隆孫從吉爲二人。)工畫梅，永樂中，與夏㫤齊名，時稱孫梅花。遠方購者，與㫤竹同價。

墨梅除王孫二家外，瑞安任道孫，字克誠，號坦然居士；從吉壻，畫梅得婦翁法，蒼涼多致。錢塘王謙，字牧之，號冰壺道人，筆法蒼古，幽韻動人。會稽陳錄，字憲章，號如隱居士，與王謙齊名，風格不同，而筆力遒勁。江寧金琮，字元玉，紛霏蒼勁，雖逃禪老人，不是過也。山陰劉世儒，字繼相，號雪湖，畫梅筆力如拗鐵，花蕊紛披，蒼老中益見幽致。江寧盛安，字行之，號雪蓬，豪縱爽朗，淸韻逼人。華亭陳繼儒，字仲醇，水墨梅花，氣韻空遠。均爲明代墨梅作家之健者。又鳳陽張天吉祐，從王牧之而幽逸逼人。崑山周德元昊，宗王元章而稱入室。吳人吳孝甫治，師趙彝齋推爲能品。慈溪錢發公廷煥，叢枝零幹，率意落筆，能極其趣。均以能墨竹著稱於有明一代者。

明代蘭菊作家，雖比梅竹作家爲少，然比諸宋、元，已大見增多。長洲周天球，字公瑕，工書善畫蘭，乃出於文人餘事。畫史會要謂寫蘭草法，自趙文敏後失傳，復於公瑕僅見云。華亭朱蔚，字文豹，畫蘭得文太史風韻。常熟沈春澤，字雨人，畫蘭得趙文敏遺意。長洲陳元素，字古白，擅詩文，負才名，工山水，尤善寫蘭，蘭葉偃仰，墨花橫溢，得文衡山之秀媚而更沉厚。馬守眞，字湘蘭，小字月兒，秦淮名妓。蘭仿趙子固，竹法管仲姬，極有秀逸之趣。長洲張燕翼，字叔貽，善畫蘭，兼長竹石。其餘臨川朱孟約，江右倪宗器，湖州章橫塘以及楊體秀等，亦係畫蘭能手。浮梁計禮，字汝和，號瀨雲，天

順進士。工書，善墨菊，雅玩狂草，人所不及。時人語云：「林良翎毛夏㫤竹，岳正葡萄計禮菊。」其用筆皆用草書法。餘姚楊節，字居儉，善墨菊，得草書之法，故超妙不凡。餘姚孫堪，字伯子，號老健，楊節甥。善寫菊，初法舅氏，晚年自出新意，而能得其神焉。其餘如朱垣佐多爠王宇淸倘賢等，均以兼工墨菊著稱一時者。

四君子外之墨戲作家，如漷縣岳正，字秀方，詩文峻拔，善墨戲葡萄，時稱絕品。餘姚徐蘭，字秀夫，善水墨葡萄，風煙晴雨，曲盡其妙。鄞縣王養蒙，嘗作葡萄屏障，乘醉著新草履，漬墨亂步絹上，就以爲葉，布藤綴葉，天趣自然。以及釋可浩等，均以專擅水墨葡萄著稱一時者。又南州葛垓，字長熙，南州名儁也。善寫水墨人物花卉山水，濃淡數筆，不露點畫之痕。瑞金丁文進，號竹坡，墨戲禽鳥枯木，頗爲精到。釋大涵，工水墨牡丹，老松恠石，超然畦逕，均爲有明墨戲畫之有名者。

明代專門作者，亦不乏人，如詹儼、鄭克剛、蕭璟、韓秀實等之善馬；周是修、李焌、張德輝等之善龍；趙廉等之善虎；劉祥、何雪潤等之善龍，兼善畫虎；楊瓊傳金山之善菜；朱月鑑之善荷；曾沂、蕭澄等之善水；翁孤峰、莫勝、劉進等之善魚；張金之善貓；朱重光之善鵲，車輿明之善牛，均以專詣有名於當時者。

(己)明代之畫論　明人論畫之著述極多，不下七八十種。關於史傳者，如韓昂之圖繪寶鑑續編，朱謀垔之畫史彙要，毛大倫之增廣圖繪寶鑑等。關於鑑藏者，有朱存理之珊瑚木難，都穆之寓意篇，文嘉之鈐山堂書畫記，趙琦美之趙氏鐵網珊瑚，張丑之淸河書畫舫、眞蹟日錄，張泰階之寶繪錄，郁逢慶之郁氏書畫題跋記，汪珂玉之珊瑚網，項藥師之歷代名家書畫題跋，顧復之平生壯觀，朱之赤之朱臥庵書畫藏目等。關於論述者，如何良俊之四友齋論

畫，屠隆之畫箋，顧凝遠之畫引，沈灝之畫塵，莫是龍之畫說，董其昌之畫眼、畫旨等。關於雜識者：如董其昌之畫禪室隨筆，陳繼儒之書畫史、書畫金湯，呂留良之賣藝文等。關於品藻者，有李開先之中麓畫品，王穉登之國朝吳郡丹青志等。關於題贊者，有文徵明之文待詔題跋，王世貞之弇州題跋，李日華之竹嬾畫媵，都穆之南濠居士文跋，江元祚項聖謨之墨君題語等。關於作法及圖譜者，有岳正之畫葡萄說，劉世儒之雪湖梅譜，顧復之畫法册等。關於叢輯者，有王世貞之畫苑，詹景鳳之畫苑補益等。均爲明人論畫著述中之較重要者。至於明人對於繪畫之思想，全襲前人舊說，加以演繹，殊爲紛雜；有主形者，有主理者，有主意者，有主性者，可謂不一而足。然以主理主性者爲極少，主形者次之，主意者爲最多。主形者，多爲寫眞派諸作家，以及未嘗習畫之古道自泥者流。主意者，多爲深於畫學之士大夫。蓋明承有元之後，對於元人作畫之思想，自較切近也。練安云：「蘇文忠公論畫，以爲『人禽宮室器用，皆有常形。至於山石竹木，水波煙雲，雖無常形而有常理。常形之失，人皆知之。常理之不當，雖曉畫者有不知。』余取以爲觀畫之說焉。畫之爲藝，世之專門名家，多能曲盡其形似；而至其意態情性之所聚，天機之所寓，悠然不可探索者，非雅人勝士，超然有見乎塵俗之外者，莫之能至。孟子曰：『大匠誨人以規矩，不能使人巧。』莊周之論斲輪曰：『臣不能喩之於臣之子，臣之子，亦不能受之於臣。』皆是類也。方其得之心而應之手也，心與手不能自知，況可得而言乎？言且不可聞，而況得而效之乎？效古人之蹟者，是拘拘於塵垢糠粃而未得其眞也。」是演繹蘇氏常理之說，輕形似而主於理者。王履云：「夫憲章乎既往之迹者，謂之宗。宗也者，從也。其一於從，而止乎可從。從，從也。可違，亦從也。違果爲從乎？時當違，理可違，吾斯違矣；吾雖違，理其違哉？時當從，理可從，吾斯從矣，從其在我乎？亦理是從而已焉耳。」是主意而

兼重形者。沈顥云：「有一畫史，日間作畫，夢即入畫，曉復寫夢境，每入神。遂有蠅落屏端，水鳴床上，魚堪躍水，龍能破垣，稱性之作，直摻玄化：蓋緣山河大地品類羣生，皆自性現。其間卷舒取捨，如太虛片雲，寒潭雁跡而已。」是主性而得天地物類刹那之靈感者。王履云：畫雖狀形，主乎意；意不足，謂之非形可也。雖然，意在形，舍形何所求意？故得其形者，意溢乎形；失其形者，形乎哉？畫物欲似物，豈可不識其面？古之人之名世，果得於暗中摸索也！」是主理全傾向於形者。李日華云：「古人繪事，如佛說法，縱口極談，所拈往劫因果，奇詭出沒，超然意表，而總不越實際理地，所以人天悚聽，無非議者。繪事不必求奇，不必循格，要在胸中實有吐出便是矣。是輕形似而重理與意者。明人論畫之專主意趣者尤實繁有徒。岳正云：「畫者，書之餘也。學者於游藝之暇，適趣寫懷，不妄揮寫。大都在意不在象，在韻不在巧，巧則工，象則俗矣。」屠隆云：「意趣具於筆前，故畫成神足，莊重嚴律，不求工巧，而自多妙處。後人刻意工巧，有物趣而乏天趣。畫花，趙昌意在似；徐熙意在不似；意在不似者，太史公之於文，杜陵老子之於詩也。」顧凝遠云：「當興致未來，腕不能運時，徑情獨往，無所觸則已。或枯槎頑石，勺水疎林，如造物所棄置，與人裝點絕殊，深情冷眼，求其幽意之所在而畫之，生意出矣。」李式玉云：「今之畫者，觀其初作數樹焉，意止矣；及徐見其勢之有餘也，復綴之以樹。繼作數峯焉，意止矣；及徐見其勢之有餘也，復綴之以峯。再作亭榭橋道諸物，意亦止矣；及徐見其勢之有餘也，復雜以他物。如是，畫安得佳？即佳，亦安得傳乎？」周天球云：「寫生之法，大與繪畫之法異。妙在用筆之遒勁，用墨之濃淡，得化工之巧，具生意之全，不計纖拙形似也。」故重意趣，實爲有明繪畫思想之主幹。然重意趣者，每主放任，不重描而重寫，故其所畫以山水爲近，尤樂以書法入畫筆。薛岡云：畫中惟山水義理深遠，而意趣無窮，故文人之筆，山水常多。若

人物禽蟲花草，多出畫工，雖至精妙，一覽易盡。」文徵明云：「高人逸士，往往喜弄筆墨，作山水以自娛。」陳繼儒云：「畫者，六書象形之一，故古人金石鐘鼎篆隸，往往如畫；而畫家寫水、寫蘭、寫竹、寫梅、寫葡萄，多兼書法。」唐寅云：「工畫如楷書，寫意如草聖，不過執筆轉腕靈妙耳。世之善書者，多善畫，由其轉腕用筆之不滯也。」王世貞云：「郭熙、唐棣之樹，文與可之竹，溫日觀之葡萄，皆自草法中得來，此畫與書通者也。」董其昌云：「士人作畫，當以草隸奇字之法爲之；樹如屈鐵，山如畫沙，絕去甜俗蹊徑，乃爲士氣。不爾，縱儼然及格，已落畫師魔界，不復可救藥矣。」當時繪畫，既多以意趣爲重，意之在人，須有所脩養，始能超妙無儔，而足見美於畫。於是每多主學養品性，胸襟諸端，有深純之涵冶。董其昌云：「畫家六法，一曰氣韻生動。氣韻不可學，此生而知之，自然天授。然亦有學得處，讀萬卷書，行萬里路，胸中脫去塵濁，自然丘壑內營，成立鄞鄂，隨手寫出，皆爲山水傳神。」范允臨云：「學書者，不學晉轍，終成下品。惟畫亦然。宋、元諸名家，如荊、關、董、范，下逮子久、叔明、巨然、子昂，矩法森然，畫家之宗工巨匠也。此皆胸中有書，故能自具丘壑。」沈顥云：「趙大年平遠，逸家眼目，剪伐町畦，天然秀潤，從輞川叟得來。然昔有評者，謂得胸中千卷書，更奇古。則無書可以無畫。」文徵老自題其米山曰：「人品不高，用墨無法。」李日華云：「點墨落紙，大非細事；必須胸中廓然無一物，然後煙雲秀色，與天地生生之氣，自然湊泊，筆下幻出奇詭。若是營營世念，澡雪未盡，卽日對丘壑，日摹妙蹟，到頭只與髹采圬墁之工爭巧拙於毫釐也。」夫士大夫既以繪畫爲寄意，原以寓意以求趣，固非以畫爲事。至其極，僅以山水竹石等爲作畫之題材。致花鳥翎毛鬼神佛像等之以形象見重者，皆少人顧問。謝肇淛曰：「今人畫，以意趣爲宗，不復畫人物及故事；至花鳥翎毛，則卑視之；至於鬼神佛像及地獄變相等圖，則百無一矣。」雖明人以臨摹爲

習畫之不二法門，然至有明季世，幾可謂全傾向於寫意之風氣焉。雖然，文士大夫之畫，願非草草無實詣者。沈顥云：「今人見畫之簡潔高逸者，曰：『士夫畫也。』以為無實詣也。實詣指行家法耳！不知王維、李成、范寬、米氏父子、蘇子瞻、晁無咎、李伯時輩，士夫也，實無詣乎？行家乎？」世人每謬以草草漫無法則者為文人畫；沈氏此言，實為其當頭棒喝。然文人畫無實詣之誤會，已早見於有明季世矣。

第二章 清代之繪畫

滿人以遊牧起長白山，專尙武力，獷悍無文。自世祖入關以後，全以武力席捲中原，威服四鄰。繼則提倡文教，收拾民心，開科舉鴻博，編纂圖書，以虛名學術牢籠漢族文士。雖出於政治之方略，而影響所及，足以驅天下於浩博之一途。承學之士，又投其結習之所好，沈蟫於文史之間，以終其生活。致清代之文藝學術，繼有明舊勢而昌大之；繪畫亦然。故一時畫人競起，爲空前所未有。綜熙朝名畫錄、國朝畫徵錄、國朝畫識、墨香居畫識、墨林今話、清畫家詩史、八旗畫錄、清代畫史補錄、寒松閣談畫鑠錄、清畫傳輯佚三種等計之，不下六七千人，可謂盛矣！雖然，其統馭華夏政策，過於專制，清初漢人排滿之思想，殊見有增無減；而清室之防範，亦日益嚴厲；於是文字之獄，屢興無已，影響於當時之思想者甚大。對於繪畫前途，亦因而發生專制約束之障礙，如詩文辭章之尙聲調辭藻，鮮發揚蹈厲之風者相似。故順、康之際，除一二遺民逸士，淋漓痛快，獨闢蹊徑，以發其積鬱愁思者外；其勢力全爲吳派之末流所獨占。換言之，卽爲南宗所獨占，仍爲文學化時期也。蓋吳派自明季以來，久爲畫壇盟主；延及清初，如畫中九友之王時敏、王鑑等，仍承其盛勢而爲當時畫家之領袖，爲明、清兩代開繼之功臣。石谷繼之，近師二王，遠追宋、元，以精緻溫穆爲尙，美言之，能集宋、元南北宗諸家格法之全；毀言之，僅襲有明院、吳二派工能之長，使有清一代之繪畫，陷於形式之摹擬，而少有所振展。其原因，固爲當時非此不足以表現天下之承平；實則全因緣於政治方略與專制之過甚以致之。故世

祖、聖祖等均極崇愛繪畫。國初，卽承明代畫院遺制，設如意館，以延畫史。雖其規模，不及兩宋、朱明之美備，然其獎重繪事，殊不落兩宋、朱明之後。世祖，尤工書善畫，萬幾之餘，遊藝翰墨，時以奎藻頒賜部院大臣。嘗用指螺紋印畫水牛，意態生動，有爲筆墨烘染所不到者。作山水，泉壑窈窕，煙雲幽頤，得之者，珍逾珠寶。一日幸閣中，適中書盛際斯趨而過，世祖呼使前跪，熟視之，取筆墨畫一際斯像，面如錢大，鬚眉畢肖，以示諸臣，咸嘆宸翰之工。聖祖，亦天縱多能，雅好繪畫，喜收藏，當時王原祈以進士充書畫譜館總裁，鑑定古今名蹟，進少司農。唐岱之召入內廷，論畫法，賜畫狀元。董建中、沈宗正之獻畫稱旨，董則授湖北荊門知州，沈則賜御題扁額。劉九德、顧銘之詔寫御容，稱旨，劉則賜官中書，顧則賜金褒榮。聖祖尤酷愛董華亭眞蹟，因搜羅海內佳品，玉牒金題，彙登秘閣；惟題玄宰二字者，以玄字犯御名，臣下不敢進覽云。聖祖南巡歸後，並召集天下名工，作南巡圖，王原祈總其事，王翬主繪圖，圖成進呈，稱旨而獲厚賞，時稱盛事。並敕撰佩文齋書畫譜，於吾國書畫學上作一有統系之整理，尤有益於後學不少。以故一時畫史名家，蔚然競起，如清初四王之王時敏、王鑑、王翬、王原祈，與四王合稱清初六大家之惲壽平、吳歷等，均相繼領袖當時之畫苑。嚴繩孫、笪重光、方咸亨、程正葵、顧大申、高簡、王武、蔣廷錫、羅牧、梅清，以及金陵八家之龔賢、樊圻、高岑、鄒喆、吳宏、葉欣、胡慥、謝蓀等，各挾其所長以名世。卽如毛奇齡、周工亮、朱彝尊、宋犖、姜宸英等，亦均以詩文之暇，以繪畫自鳴者。而明際遺民，如傅山、丁元公、鄒之麟、文從簡、萬壽祺、蕭從雲、惲本初、吳山濤、程邃、金俊民、方以智、姜實節、查繼佐、查士標、釋宏仁、髡殘，以及明石城王孫釋八大山人、明楚藩後人釋道濟等，均抱道自尊，或巖棲谷隱，或韜迹緇流，每殉身藝事以爲消遣，故於繪畫各有獨特之造詣，尤有影響於清初畫學者不少。世宗，雖在位僅十三年，然愛好繪畫，不減聖祖，雍

正初，特召謝松州入內廷，命其鑒別內府所藏法書名畫眞贋，因畫山水進呈，得蒙嘉獎。沈永年、袁江等，均以繪事供奉內廷。高宗，尤天亶聰明，遊心翰墨，擅山水花卉，梅蘭竹石，以中鋒草隸之法，得古秀渾逸之趣。尤精鑒識，海內名畫，幾被徵收殆盡。如覓馬和之之國風圖，歷數十年，始全獲，藏於學詩堂。又因得韓滉之五牛圖，特設春藕齋以藏之。以致內府縑緗，盈千累萬，因敕張照、梁詩正、勵宗萬、張若靄等，編輯秘殿珠林，（乾隆八年，敕編，凡二十四卷。專載內府所藏釋典道經之書畫，允稱專門著錄之書。）石渠寶笈（乾隆九年敕編，凡二十四卷。記錄內府乾清宮，養心殿，三希堂，重華宮，御書房，學詩堂，畫禪室，長春書屋，隨安室，攸芋齋，翠雲館，漱芳齋，靜怡軒，三友齋，諸處所藏名蹟。）舉凡內府所藏書畫，及箋素尺寸，款識印記，諸收藏家題詠跋尾，與奉旨御題御璽者，悉誌無遺。乾隆五十六年，復敕撰二編，其品題甲乙，悉本睿裁。（嘉慶乙亥春，詔輯三編。）可知內府收藏之富矣。其獎重畫士，亦為有清一代之冠。一時院中畫人，至近百人之多，並以張憕為畫院總管，韜養安筆記云：「張憕，吳縣人，號樂齋，乾嘉間，供奉內廷，總管畫院，食二品俸。」可知侍遇之寵渥。又高宗出巡，每以畫臣自隨；丙寅巡幸五台山，迴鑾至鎮海寺，積雪在林，天然圖畫，因命侍臣張若靄圖之。又辛巳西巡，嘗命董邦達即景圖繪雪山，均御筆題詩其上。朱黼、嚴宏滋、許蔭材、羅孝旦、彭進、朱方靄等，均以獻畫稱旨，而得褒榮。兼以當時天下淸平，海宇豐晏，士大夫詩詞文酒之暇，多嫻習畫事，以為風雅。以致一時畫人輩出，如畫中十哲（朱文震青雷，嘗效吳梅村畫中九友歌，作畫中十哲歌。）之高翔、李世倬、董邦達、黃愼、李師中、王延格、陳嘉樂、張士英、高鳳翰、張鵬翀，揚州八怪之羅聘、李方膺、李鱓、金農、黃愼、鄭燮、汪士愼、高翔，小四王之王宸、王昱、王愫、王玖，（或謂王宸，王玖，王昱，冠以麓臺，稱小四王。）以及華新羅、錢維城、張宗蒼、方士庶、勵宗萬、張庚、蔣溥、張敔、沈銓、鄒一桂、方薰、翟大坤、沈宗騫、陸曒、上官周、高其佩、柳堉等，均以能畫有名於世。仁宗以後，內亂漸起，外患並乘，在上者，自無暇注意繪事，遂見衰退之

狀。故嘉、道、咸豐之畫家，雖爲數殊多，然有特殊造詣，能貢獻於一時畫學者殊鮮。僅有湯貽汾、王學浩，錢杜、黃鉞、張問陶、戴熙以及浙西三妙之黃易奚岡吳履等，允稱後起之勁。同光之際，畫家之集於姑蘇、上海諸地者，仍不乏人，然除一二有特殊之天資功力者外，則等諸自鄶以下矣。故總有清一代之繪畫而言，以清初至乾隆爲最盛，然以繪畫之形式言，則以順、康之際，承明代門戶派別之遺，較多不同之面貌焉。玆將清代之繪畫，分類敍述於左：

（甲）清代之畫院　胡敬國朝院畫錄云：「國朝踵前代舊制，設立畫院。凡象緯疆城，撫綏撻伐，恢拓邊徼，勞徠羣師，慶賀之典禮，將作之營造，與夫田家作苦，藩衞貢忱，飛走潛植之倫，隨事繪畫，昭垂奕禩。材藝之士，先後奮興，百數十年，祕笈瑯函，載在御府圖編者，難以悉數。高朝時，兩次命詞臣纂輯歷朝名畫，均以四朝院畫附後。」考清代，實無獨立之畫院。有之，卽爲設立於啓祥宮南之如意館，計館屋數十楹，延諸畫史於中，以爲供御。故其規模設備等，殊不及兩宋、朱明之美備。館中諸畫人，初類工匠，與雕琢玉器，裝潢帖軸之諸工人雜居。當時諸臣之工書畫者，多在南書房行走。後漸用士流與西洋教士，或由大臣引薦，或獻畫稱旨召入，並畀以供奉、待詔、祗候等官秩；唯與詞臣供奉，體制不同耳。清史稿唐岱傳云：「清制畫史供御者，無官秩，設如意館於啓祥宮之南，凡繪工文史及雕琢玉器，裝潢帖軸，皆在焉。初類工匠，後漸用士流，由大臣引薦，或獻畫稱旨召入，與詞臣供奉，體製不同。」然清初世祖、聖祖、世宗、高宗等諸帝，均極尊崇獎重，足以繼兩宋朱明之後。如順治時，孟永光以工人物寫眞，祗候內廷，爲世祖所眷，命內侍張篤行受其筆法。黃應諶，以工人物，祗候畫院，聖祖命刱閱武圖稿，賜官中書。聖祖時，以能繪畫供奉內廷及如意館者，有焦秉貞、王原祈、王敬銘、王崇節、王簡、李和、吳璋、禹之鼎、孫阜、吳桂、沈喻、（國朝院畫錄作喻，內務府司庫。）金昆、冷枚、孫威鳳、姚康、

顧見龍、鄒元斗、程鵠、供奉南薰殿。薛周翰、馬文湘、佘熙璋、劉餘慶、張然、祇候葉洮等。當時院中畫人所作諸圖，進呈御覽，以邀榮獎者甚多。如焦秉貞之耕織圖，冷枚之萬壽盛典圖等，皆得寵眷。世宗時，以能畫供奉內廷者，有謝松州、袁江、袁濤、袁曜、待詔陳善、祇候陳枚等。高宗尤於繪畫有所特嗜，常臨幸如意館，看諸畫人作畫，每於成績優異者，厚與獎寵，或嘉與品題，有於筆墨等未妥者，輒備承指示，時以爲榮。國朝院畫錄云：「列聖幾餘，游藝於畫院，優其錫賚，限以資格，備承指示，嘉與品題，榮荷宸章，獎勵裁成。」則其情形大與徽宗宣和時督教諸院人者相似。又當時江陰有繆炳泰者，嘗爲南書房翰林某學士勒一像，神氣宛然。及學士由江蘇還京，以此像懸值廬，一日高宗臨幸，見之，詫爲神似，問何人所作，學士以繆對，立命兵部以八百里排單往取，學士惶恐奏曰：「繆某布衣，恐不堪供億。」即命賞舉人。既至，命恭繪御容。繆跪對良久，逡巡不下筆。諭曰：「毋乃矜持耶？可毋用頓首。」奏曰：「臣實短視。」即命侍臣出眼鏡盈盤，令擇戴之，一揮遂就。時高宗壽高，耳竅毫毛叢出，他人繪御容者，多不敢及此；繆特兼繪之。既進，高宗攬鏡比視，大悅。即日賞中郎，補內閣中書，入值畫院。高宗詔畫紫光閣功臣像，皆出繆氏一人之手，無不畢肖。故一時院中畫人之盛，實駕宣和、紹興而上之。計當時西洋教士之供奉畫院者，有郎世寧、康熙時即供奉畫院。艾啓蒙、王致誠、潘廷璋、安德義等，或由大臣引薦，或由獻畫稱旨，或由朝廷徵召而入內廷者，有供奉徐璋、丁觀鵬、丁觀鶴、畢大椿、陸吉安、馮寧、華冠、孫祜、陳永介、陳基、嚴鈺、顧天駿、羅福旼、李敬思、孫琰、張問達、張爲邦、金穉、張雨森、金竹溪、張舒、王芳岳、阿爾稗、陸吉安、張廷彥、沈映輝、沈源、沈慶瀾、姚文翰、曹夔、顧銓、賈全、鄒文玉、程梁、賀金昆、賀鋐、賀清泰、徐名世、徐廷壐、徐揚、門應兆、方琮、楊大章、袁瑛、謝遂、李秉德、黎明、樊珍、戴正泰、戴洪、杜元枝、黃增、莊豫德、蔣懋德、福隆安、葉履豐、趙九鼎、許祜、繆炳泰、

永治、張鎬、王幼學、以及祗候張宗蒼金廷標余省陸授詩陸遵書等，計近百人之多，可謂盛矣！高宗乾隆三十年，既平準噶爾及回部，敕繪乾隆準噶爾回部等處得勝圖，卽爲郎、艾諸西洋畫士所作。伯希和所著之乾隆準噶爾回部等處得勝圖考，述之甚詳。計圖凡十六，送法國雕版印刷。一、平定伊犂受降圖，艾啓蒙作。二、格登鄂拉斫營圖，郎世寧作。三、鄂壘札拉圖之戰，作者無考。四、和落霍澌之捷，王致誠作。五、庫隴癸之戰，安德義作。六、烏什酋長獻城受降圖，安德義作。七、黑水圍解圖，郎世寧作。八、呼爾滿大捷圖，安德義作。九、通古斯魯克之戰，作者無考。十、霍斯庫魯克之戰，作者無考。十一、阿爾楚爾之戰，王致誠作。十二、伊西洱庫爾淖之戰，安德義作。十三、拔達山汗納款圖，安德義作。十四、平定回部獻俘圖，王致誠作。十五、效勞回部成功諸將圖，安德義作。十六、凱宴成功諸將圖，作者無考。蓋郎、艾諸氏，均精長歐西繪畫，得高宗之眷寵，供奉畫院有年。其畫本西法而能以中法參之，所繪花鳥走獸等，咸具生動之姿，非若彼中庸手，詹詹於繩尺者比。蓋當時爲吾國歐西畫派，自明代利馬竇後，一有勢力之發展時期。當時院內外作家，如門應兆、羅福旼、張恕，均受其影響，爲吾國繪畫上之一小變化焉。高宗以後，畫院漸廢。嘉、道、咸、同間，僅有尤英、沈振麟，供奉內廷。至光緒中葉，慈禧太后嘗欲怡情翰墨，學繪花卉，又學作擘窠大字，常書福壽等字，以賜大臣等。每欲得一二代筆婦人，不可得，乃除旨各省督撫覓之。時有繆嘉蕙者，雲南人，字素筠，適陳氏，隨夫宦蜀，工花鳥，能彈琴，小楷亦楚楚合格。適夫死子幼，甚苦歸滇，四川督撫乃驛送至京師，慈禧召試，大喜，置左右，朝夕不離。與阮玉芬、蘋香同爲福昌殿供奉。蘋香，文達公後裔，工畫花卉翎毛，入手超逸，妙於點染，慈禧太后極賞之，一時恩寵，不亞於素筠云。然諸院人中，以禹之鼎、唐岱、郎世寧、張宗蒼爲特出，卽簡傳於左：

禹之鼎　江都人，字上吉，一作尚吉。號愼齋，康熙間，供奉內廷。善人物故實，山水初師藍氏，後出入宋、元諸家，獨闢蹊徑。白描寫眞秀媚古雅，爲當代第一，名重藝林。其生平傑作，有王會圖一卷傳於代。

唐岱　滿州人，字毓東，號靜巖，一號墨莊。工山水，與華鯤、金永熙、王敬銘、黃鼎、趙曉、溫儀、曹培源、李爲憲等同出王原祈之門。聖祖召入內廷論畫法，御賜畫狀元。山水沉厚深穩，得力於宋人居多。乾隆時，祗候內廷，深邀高宗眷寵，著有繪事發微行世。

郎世寧　意大利人，耶穌教士，家世善畫。康熙五十四年，至北京，隨入値內廷。工花卉翎毛，尤擅寫眞，本西法而能以中法參之，故所作具生動之姿，非若彼中庸手，詹詹於繩尺者比。其畫蹟見於石渠著錄者，五十有六。畫馬尤夥，其百駿圖，掩仰俯側，姿態各異，陰陽明暗，純屬西法，可謂得形似之至。乾隆三十一年，卒於中土。

張宗蒼　吳縣人，字默存，一字墨岑，號篁邨，又號太湖漁人。工山水，出黃尊古之門，用筆沈着，山石皴法，多以乾筆積累，林木間間用淡墨與乾擦合湊，神氣葱蔚，格趣高卓，一洗畫院甜熟之氣。乾隆十六年南巡，獻吳中十六景畫册，稱旨入都，祗候內廷，恩遇殊常。乾隆十九年，授戶部主事。踰年，以老允歸。

(乙)清代之道釋人物畫　清代道釋繪畫，繼元、明衰勢之後，無法復爲振起，作家人數，僅約占全畫人中百分之一二，其寥落可以想見。著名者，如楊芝、丁觀鵬、金農、羅聘等，尤不過三五人而已。

楊芝　錢塘人，善人物仙佛鬼判，筆力雄健，愈大愈妙。嘗自言曰：「安得三十丈大壁，磨墨一缸，以田家除場大帚蘸之，乘快馬以掃數筆，庶幾手臂方舒而心胸以暢也。」西湖天竺寺有其觀自在像，惜已燬於火。第不善

作小幅，故留傳殊少。

丁觀鵬　乾隆時內廷供奉，善道釋人物，學其同宗聖華居士筆，有出藍之譽。其畫蹟見於石渠著錄者，八十有三，而道釋畫軸，實占三分之二焉。

金農　錢塘人，流寓揚州，字壽門，號冬心，乾隆丙辰，荐舉鴻博。嗜奇好古，精鑒賞，收金石文字千卷。工書，分隸尤妙。喜為詩歌銘贊雜文，出語不同流俗。年五十，始從事於畫，涉筆即古，脫盡畫家之習，良由所見古蹟多也。初寫竹，號稽留山民。繼畫梅，號昔邪居士。又畫馬，自謂得曹、韓法，趙王孫不足道也。後寫佛，號心出家盦粥飯僧，所寫佛像，布置花木山石，奇柯異葉，不落恆蹊，設色尤異。間作山水花果，亦點染閒冷，非塵世間所覩。問之，則曰：「貝多龍窠之類也。」生平好遊，客維揚最久，妻亡無子，遂不復歸，著有冬心題畫及冬心畫記等行世。

羅聘　揚州人，（安徽通志，作歙縣人，僑居揚州。）字遯夫，號兩峯，夙躭禪悅，嘗夢入招提曰：花之寺。髣髴前身即其中主持，遂稱花之寺僧，金冬心高弟也。工詩畫，筆情古逸，思致淵雅，墨梅蘭竹，道釋人物，山水花卉，無不臻妙。尤著名者，則有鬼趣圖；或謂其生有異禀，雙睛碧色，白晝能覩鬼魅，生平所覩不一，故所作亦不止一本。錢竹汀引龔聖予之言曰：「人以畫鬼為筆戲，是大不然；此乃書家之草聖也。豈有不善眞書而能草書者？」羅山人雖好奇，其筆墨足以形之，又豈凡工所及哉。」

次於四家之外者，順天黃敬一應諶，鬼判人物，傳染一遵古法。侯官李雲谷根，佛像極靜穆，見之令人增道念。石門呂賡六律，粗筆道釋人物，奇崛生動。嘉興丁原躬元公，晚年專工佛像，老而彌秀，工而不纖。宜興徐輔高承宗，仙釋

鬼判，於刻削中見風骨蒼秀中見丰神。錢塘徐人龍，與楊芝同時，長仙佛鬼判，許遜於楊，然一時罕匹。吳縣汪宗晉喬，所畫慈悲者流水行雲寂滅枯槁而威嚴者雄傑奇偉激昂頓挫見者莫不駭慄。如皐李佐民泰，曾寫七寶瓔珞金粟如來妙像，張於京師護國寺，一時王公貴人朱輪翠幰駢塡雜遝，感稽首膜拜，歎息欣悅，得未曾有。山陰金雲門禮嬴，嘉興王仲瞿繼室工翰墨，凡人物士女山水花卉悉能師心獨運，妙奪古人。尤精佛畫，曾作觀音圓通二十五像，為仲瞿祈祐，莊嚴妙麗，當並禮天竺。廣寧傅紫來雯工指頭畫，得高且園法，尤工像佛，京師仁慈寺，有奉敕畫勝果妙因圖，紙本大幅幀高丈許長二丈，中寫如來、天王、羅漢約百餘尊，備極神采。上海俞人儀宗禮，特擅白描道釋人物，曾貌十六尊者，有龍眠復生之譽。杭人吳羽仙元，畫鬼判人物，得戴進三昧，均為清代道釋畫能手。其餘如華亭張照之善簡筆白描大士，烏程金廷標之兼工白描羅漢，常熟揚龘之專工仙佛，南匯王錫疇之兼善觀音，而新安姚宋之能於瓜子上畫十八阿羅漢，長洲陸靖之能水墨仙佛，尤見別致。又松江葉舟，山陰王奐，以及釋弘瑜、月蓬等，亦均以兼工道釋著稱一時者。

清代人物故實及士女畫，約略可分為五系：一、十洲派，精密工麗者多歸焉；二、老蓮派，高古樸偉者，多宗之；三、龍眠派，清勁簡淡與專工白描者，多以此派為淵源；四、水墨寫意派，法吳、戴之水墨蒼勁派附焉；五、折中派，康、乾間、郎世寧等折中中西畫法而開新格者，為清代人物畫之別體。十洲派，順康間，有吳縣鈕漢藩樞，太倉顧雲臣見龍，吳縣柳仙期遇，高郵王漢藻雲等。乾嘉間，有無錫吳朝英楙，長安馬岡千振，常熟畢小痴瀓，休寧吳彥侶求，婁縣張幼華儼等。其中以顧見龍、柳遇、吳求三家為有名。

顧見龍　字雲臣，太倉人，（畫徵錄作吳江人。）居虎丘。康熙初，祗候內廷，善人物故實，兼長寫眞。擅臨古蹟，雖個中人目之，一時難別眞僞。論者謂爲雖非虎頭復生，堪與十洲分席云。

柳遇　字仙期，吳人。工人物，精密生動，布置樹石欄廊，點綴雜花細草，以及玩物器皿，色色佳妙，不亞仇英也。

吳求　休寧人，初名俅，字彥侶。能詩畫，人物學仇英，思致雋異，筆墨工麗，每一稿成，舉國倣效。有豳風圖等傳於代。

其餘吳縣谷士桓之師鈕漢藩，吳人徐玫之師柳仙期，以及錢塘劉度之樓臺人物，細麗工緻；華亭吳賓，順天楊芝茂之寸馬豆人，設色絢麗，均屬仇氏一派。老蓮派，清初時，繼起者，有老蓮之子小蓮，山陰金古良史，嚴水子湛，王眉山崿，仁和王原豐樹穀，乾隆時，有秀水陳及鋒世綱，道光時，有掖縣張鞠如士保，同光時，有蕭山任渭長熊，任阜長薰，任立凡豫，山陰任伯年頤，以王樹穀任熊任頤爲有名。

王樹穀　仁和人，字原豐，號無我，又號鹿公，自稱方外布衣，圖章有慈竹居、笨凷、一笑先生等。工人物，筆法出於陳老蓮而得其清穩，所謂善學柳下惠者也。論者謂其衣紋秀勁，設色古雅，一時工人物者無能出其右云。

任熊　蕭山人，字渭長，工花鳥山水，尤擅人物，堪與陳老蓮並駕齊驅。論者，謂山陰諸任，以渭長爲白眉，澤古深厚，脫去凡近，非襲貌遺神，虎虎作態者同日語也。嘗居蛟川姚梅伯家，爲作大梅山民詩意圖一百二十幀，興酣落筆，不一月而成。設境之奇，運筆之妙，令人但有讚歎。有列仙酒牌等畫譜行世。

任頤　山陰人，字伯年，率眞不修邊幅。人物花鳥，仿宋人雙鉤法，白描傳神，頗近老蓮。間作山水，沈思獨往，忽然

有得，疾起捉筆，淋漓揮灑，氣象萬千，橐筆海上，聲譽與胡公壽並重云。

龍眠派，順、康時，有仁和陸興讓謙，無錫華羲逸胥等。乾、嘉時，有山陰楊六生謙，錢塘顧西梅洛，相城姚伯昂元之等。道、咸間，有西域人改七薌琦，烏程費曉樓丹旭，以及金匱顧雲鶴應泰等。又常熟徐蘭，無錫華冠，壽州汪喬年，錢塘康濤，均特擅白描人物，亦屬此派。其中以華胥為有名，以改琦為後起。

華胥　無錫人，字羲逸。一字希逸。善人物士女，密緻而不傷於刻畫；冶而清，麗而逸，古意獨多。其水墨者，直參龍眠之座。

改琦　西域人，家松江，字伯蘊，號香白，又號七薌，別號玉壺外史。幼通敏，詩畫皆天授。人物佛像士女，出入龍眠松雪六如諸家，愈拙愈媚，跌宕入古，允稱脫盡凡蹊。山水花草蘭竹小品，亦皆本諸前人，世以新羅山人比之。有紅樓人物圖等。

水墨寫意派，作家亦尚不少，如閩人黃瘿瓢慎，江西閔正齋貞，嘉祥七道士曾衍東，長洲吳春圃元實，相城方耕堂勳，大興朱達夫沆，常熟陳山民岷，錢塘顧虞東升，丹陽蔣鐵琴璋，以及鄞縣包雲汀楷等，均多擅大幅，落筆風捷，其中以閔貞為特出。

閔貞　江西人，僑居漢口，字正齋。善山水，魄力沈雄，頗得巨然神趣。人物，筆墨奇蹤，衣紋隨意轉折，豪邁絕倫。士女，善作直筆，鉤勒益遠益妍；兼善寫眞。有孝行，稱閔孝子云。

又江都禹上吉之鼎之師藍瑛，鄞縣黃幼直堅之法吳偉，吳江沈朗山宗維之師石恪，嘉定仲肇修升，寫意人物，

得吳小仙、戴文進兩家筆趣。雖全重用筆之健拔，屬於北派範圍之下。然均以水墨作畫，以寫意之態度出之，則全與水墨寫意派相同，故附入焉。中西折中派，純出於西洋教士之手，其勢力全在宮廷之內，影響於當時繪畫者殊少。作家亦僅有郎世寧、艾啓蒙、王致誠、安德義等諸西人而已。

此外如無錫嚴蓀友繩孫之兼工人物，功能精妙。祥符劉伴阮源超之高邁古健，堪與立本並駕。三韓李漢章世倬，宗吳道子而得其妙悟。錢塘馮子揚箕別饒深韻，自成一家。松江姜曉泉勳，傳粉施朱，自然入妙。長州杜友梅元枝之精工細麗，德清沈南蘋銓之得不傳之祕，長汀上官文佐周之工夫老到，臨汀華秋岳嵒之脫去時習，保定王樸天津郭昆之有名於北方，均爲清代史實風俗畫之較有名者。又徐州萬年少壽祺之善士女，楷模周昉，得靜女幽閑之態。順天劉陽升九德之精深華妙，山陰徐子揚時顯之鮮麗精絕，無錫王春苑鼎標之韻致古雅，太原王魯公鏳之布置佳妙，山陰王湘洲元勳之得閨閣窈窕之態，揚州朱滁齋文新之宗法六如；以及仁和余蓉裳集之丰神靜朗，有余美人之目；山陰包子梁棟之於改七薌、費曉樓二家外，別樹一幟；均爲清代能士女著稱一時者。

祕戲圖，見於前漢書廣川惠王越傳後，明仇英等所畫特工。至清大同馬相舜，太倉王式等，均擅祕戲人物，予曾見一小册，人身僅三寸許，眉睫瑟瑟欲動，眷戀燕昵之態，如喃喃作聲。其勾勒點染布置種種，悉本宋人法，有嫣媚古雅之趣。不知爲誰人手筆？蓋此種繪畫，多不著作者姓名也。然祕戲圖，不工不可畫，工則誨淫矣。昔山谷好作艷詞，秀師以爲口業，當墮泥犂地獄，況肖其形而畫之乎。

清代寫眞人物，殊見興盛，作家既比明代爲多，派別亦比明代爲繁。一、波臣派，有清初葉，傳之者殊衆。如上虞謝

字文彬之名聞南北，嘉興沈爾調韶之秀媚絕倫。莆田郭無疆鞏之如養氏之射，百發而不失一。山陰徐象先易之衣紋法身，大雅不羣。婁縣徐瑤圃璋之不獨神肖，至筆墨烘染之痕，亦與之具化。以及秀水沈紀、閩人廖大受等，均爲曾氏之高弟。又山陰馮檀，吳江周杲，寫眞得曾氏之奧名重京師。汀州劉祥開，海陽余頴，寫眞得曾氏之傳。江陰瞿上之得曾氏之祕，錢塘戴蒼之得謝彬三昧，金壇陳森之幾欲駕曾氏而上之。以及曾氏之孫鎰等，均屬曾氏一派。其中以郭鞏徐璋爲有名。康雍之際，寫眞人物，實以此派爲盟主。循至乾隆時，上官周之晚笑堂畫傳出，乃集波臣派之大成焉；二、秉貞派，亦被感歐化，繼曾氏之後而別成一家者。

焦秉貞　濟寧人，康熙初，欽天監五官正，善繪事，祗候內廷。人物樓觀山水花卉寫眞等，無不精妙。其所作山水、人物、樓觀，自遠而近，自大而小，不爽毫髮，蓋西洋法也。嘗奉詔繪耕織圖四十六幅，村落風景田家作苦，曲盡其致；稱旨命鏤版印賜臣工。胡敬院畫錄云：「秉貞職守靈臺，深明測算，會悟有得，取西法而變通之。聖祖之獎其丹青，正以獎其數理也」云。

蓋明末清初，西洋教士，布道中國，每以宗教畫爲宣傳之具。且清初欽天監中，復多西洋教士；焦氏日相濡染而受其默化，與明末之曾氏，同其情形焉。傳焦氏之法者，有膠州冷吉臣枚，三韓崔象九鏏等爲最有名。然波臣一派，重墨骨而後傳彩渲染，雖其作一圖，烘染必至數十層，然仍不過中法中參以西法，而成異軍突起之新派。焦氏亦約略與曾氏相同，爲揉合中西兩法而成一新體者。當時尚有純粹之西洋寫眞派，卽供奉畫院及主事欽天監之諸歐西教士，如郎世寧，艾啓蒙，王致誠，安得義等，均兼擅之。其畫材，全用油布油彩，世稱之爲油畫寫眞者是。福開森中國畫史云：「王致誠，初至北京，以畫受知於高宗，於郎世寧爲後進，高宗不喜其油畫，因命工部轉諭曰：『王致誠，作油畫，雖佳，而乏神韻，應

令其改學水彩，必可遠勝於今，若寫眞時，可令其仍用油畫。』然此派爲純粹之歐西寫眞法，不能列入中國繪畫範圍之內。且不爲吾國畫人所慣習，故除諸歐西教士外，繼起者，亦無一人耳。三、爲以中國畫具純以西法寫眞者，則有莽鵠立等，畫徵錄云：

莽鵠立　字卓然，滿州人，官長蘆鹽院。工寫眞，其法本於西洋，不先墨骨，純以渲染皴擦而成，神情酷肖，見者無不指曰：「是所識某也。」

傳莽氏畫法者，有弟子金玠等。又錢塘丁允泰及其女瑜，均工寫眞，一遵西洋烘染之法，亦屬莽氏一派。乾隆季世，西教被禁，歐西教士之來中土者漸少。於是糅合中西以及一遵西洋烘染法之諸寫眞派，亦斬然中絕矣；四、白描派，如江都禹上吉之鼎，無錫華慶吉冠等。上吉，白描寫眞，秀媚古雅，稱當代第一。時名人小像，皆出其手。慶吉，擅白描寫眞，高宗南巡，恭寫御容，賞賚優渥。又崑山陳君祚佑，寫眞下筆神肖，亦屬是派。顧是派全以古法寫眞，亦可謂古法寫眞派，無畫工作氣；惟作者殊不多耳；六、江南派，爲兼用描寫渲染者。即以淡墨鈎出五官部位之大意，全用粉彩渲染，仍不失爲古法。除以上諸派外，均可畫入此派範圍之內。如華亭張漣、太倉顧見龍、嘉興顧銘等，筆墨精細，雖未能有頰上添毫之妙，不脫畫史習氣，然均爲康、雍間寫眞名手。嘉興沈行、鮑嘉、海寧俞培、丹徒王繡等，皆其流亞。其他丹陽丁皋及其子以誠，運思落墨，直臻神妙；隨人之妍媸老少，偏側反正，並其喜怒哀樂，皆能傳之，著有傳眞心領二卷，續傳眞心領四卷，稱寫眞名手。又泰州王汶，南匯雪崑，婁縣卞久，雲間李岸，順天劉九德，上虞夏杲，婁東陸燦，晉江郭士雲，華亭吳賓，漳州陳維邦等，均以專擅寫眞名一時者。嘉、道以後，寫眞一藝，漸漸歸匠人之手，時人亦以俗工目之。至光、宣間，攝影盛行以後，更有攝影放大之畫法，江南寫眞派等，亦均見衰歇焉。當時僅有山陰任伯年頤，以白描水

墨寫眞，草草鈎勒，獨闢恆蹊，其筆墨格趣之高超灑落，尤非江南中西折中諸派，所可望塵則及，爲寫眞人物後起之健者、然已強弩之末，不復有人繼任氏而興起者矣，惜哉！

(丙)清代之山水畫　吾國山水畫，自明代沈、文崛起，莫、董唱道以來，其勢力幾爲吳門所獨占。明、清之季，王奉常時敏，王廉州鑑，上承思白，下開麓臺，清初山水，咸以王氏一門爲盟主。雖當時承明季學風，盛倘門戶，顧未有能奪王氏之席而代之者，亦有所因也。蓋煙客運腕虛靈，筆墨之間，若含稚氣，此種造詣，惟煙客獨步，謂爲冠冕諸王，誰曰不宜。圓照臨摹董、巨，精詣神深，翠巒青嶂，百歲不凋，設色工能，尤勝諸家，實淵源之遠有所自也。繼奉常而起者，有孫原祈；繼廉州而起者，有虞山王翬；世稱清初四大家。

王時敏　太倉人，字遜之，號煙客，自稱西廬老人，明崇禎初，以蔭仕至太常，資性穎異，淹雅博物，工詩文，善楷隸，而於畫有特慧，少時，卽與董思白、陳眉公，揚榷畫理，多所啓發。家本富於收藏，故凡布置設施，鈎勒斫拂，水暈墨章，悉有根柢，於大痴墨妙，早年卽窮閫奧，晚年益臻神化，淵深靜穆，推爲第一，其用筆在着力不着力間，尤較諸家有異。萬曆二十年壬辰生，康熙十九年庚申卒，年八十九。

王鑑　字圓照，號湘碧，自稱染香庵主，弇州王世貞之孫，由進士官至廉州太守。精通畫理，摹古尤長，唐、宋、元、明四朝名繪，無不臨摹。故其蒼筆破墨，時無敵手，風韻沉厚，直追古哲。於董北苑、僧巨然兩家，尤爲深造，皴擦爽朗，不求工細。圓照視煙客爲子姪行，而年實相若，互相砥礪，並臻其妙，世之論六法者，以兩人有開來繼往之功焉。

王翬　常熟人，字石谷，號耕煙散人，自號淸暉主人，又稱烏目山人，劍門樵客。幼卽嗜畫，運筆特超，王廉州命學古法，引謁王奉常，挈遊大江南北，盡得觀摩收藏家祕本。其論畫曰：「畫有明有暗，如鳥雙翼，不可偏廢。」又曰：「以元人筆墨，運宋人邱壑，而澤以唐人氣韻，乃爲大成。」又曰：「余於靑綠靜悟三十年，始盡其妙。」蓋石谷以絕頂工能，運以天分，鎔合南北二宗，而自成一家者。時人重其畫，至稱爲畫聖云。然議之者，猶謂其筆法過於刻露，每易傷韻。蓋石谷畫，每有無韻者，學之者，稍不留神；易於生疵耳。卒年八十有六。

王原祁　字茂京，號麓臺，王時敏孫，康熙庚戌進士。專心畫學，山水能繼祖法，氣味深醇。中年秀潤，晚年蒼渾，凡作一圖，沈雄駘宕，筆端如金剛杵。而於大痴淺絳尤爲獨絕，熟不甜，生不澀，淡而厚，實而淸，書卷之氣，盎然楮墨之外。當時虞山王翬以淸麗傾中外，麓臺以高曠之品突過之。康熙朝，以畫供奉內廷，鑒定古今書畫，充佩文齋書畫譜總裁官。工詩文，藝林稱爲三絕。所著雨牕漫筆，足爲後學矜式。

奉常廉州後，婁東胡竹君節，筆墨超逸，骨格秀整，超羣拔俗，而能嚴守師規，爲深有得於耕煙者。王異公撰，親承家學，最似奉常，樹石峯巒，幾無不肖。林屋則雅近廉州。至麓臺，衣鉢衍傳，弟子遍大江南北，遂大開婁東一派。蘇州金明吉永熙之具體而微，嘉定王丹思敬銘之淸腴閒遠，上海曹浩修培源之神味渾厚，太倉李匡吉爲憲之筆致雅秀，稱爲麓臺四大弟子。無錫華子千鯤之瀟疏淡逸，滿州唐靜巖岱之沈厚深穩，太倉趙堯日曉之渾樸沖潤，三原溫可象儀之見解獨超，以及秀水吳振武，歸安吳應枚，釋覆千等，均出麓臺之門，而稱入室者。而王氏諸彥，如王東莊昱，王林屋愫，王蓬心宸，以及王學浩椒畦等，莫不家學休承，蜚聲先後。又盛逸雲大士，蒼莽深秀，風格不羣。伊雲峯大麓，筆

疎氣厚，大異時流。當塗黃左田鉞，晚年專學麓臺，筆更蒼厚。以及華亭關午亭炳，太倉毛宿亭上炱，圓津寺僧丹崖等，均傳婁東正派。又歷城朱青雷文震，蕭縣劉雲巢本銘，崑山郎芝田際昌等，均受婁東影響而深有所得者。然多囿於師承，未能擺脫，而唐岱晚年，則去宗墨井。蓋司農畫體，書卷之味太多，故意爲之便成結習耳。獨常熟黃尊古鼎，工醇臨古，益以遍覽名山，多用枯筆焦墨，漸近倪黃，師麓臺不爲師法所囿，實婁東之一變。吳縣張墨岑宗蒼，以焦墨積累山石林木，以乾筆積擦而成，神氣蒨蔚，其法即出自尊古。其從子月川洽，秀逸幽閒，韻致尤勝。元和黃穀原均，武進錢稼軒維城繼之，黃則筆墨蒼楚，仿北宗尤入妙境，錢則氣韻沈厚，迥不猶人，大有欲出婁東之勢。然乾嘉之際，錢塘奚岡，字鐵生，號蒙泉，以金石名手，規橅三王，殊見精湛。故蒙泉一派，遂代尊古而興起。奚氏與黃小松易，吳竹虛履同爲浙西三妙。竹虛山水，造景幽異，落墨疎簡，錢叔美跋其秦淮圖小帙，謂得元人冷趣，使南田生見之，亦當斂手。尤足與奚氏相頡頏。石門方蘭坻薰，結構精微，風度閒逸，錢塘屠琴隖倬，沈鬱秀渾，直追前人。武進湯雨生貽汾，老筆紛披，脫盡時史習氣。以及石門吳伯滔滔等，均先後同師於奚氏，爲蒙泉派之健者。錢塘戴醇士熙，雖貌似耕煙，濕墨焦點，兼收松壺，然淵源仍出自奚氏。咸、同以後，鹿床畫派，更繼奚、湯而代之，婁東一系，已久無正傳矣。同光間，雖長洲顧若波澐，爲婁東後起能手，亟其全力，冀挽頹波，然已強努之末，未能回其尺寸，亦勢然也。石谷繼廉州之後，兼合南北，采擷宋、元，以絕頂工能，運以天資，大開虞山一派；三百年來，衣鉢相承不絕。然自石谷諸弟子，以至乾嘉間，著名者，亦不過二三十人。秀水金成章學堅之筆意古健，布局綿密。閩人蔡自遠遠之點色風華，筆情幽雅。華亭顧若周昉之骨氣清雋，雅致森然。常熟楊子鶴晉之秀勁工緻，三韓李穀齋世倬之秀雋潤逸，秀水張浦山庚之鑒辨精博，常熟宋求聲駿

業之淸韻可挹，吳江徐杉亭溶之淺絳尤妙，常熟沈石樵桂、瞿翠巖麘之學石谷，功力並深，特著聲譽。以及石谷曾孫玖字次峯號二癡，胸有邱壑，特饒別趣。丹陽蔡松原嘉，山水與錢塘奚蒙泉齊名，均爲虞山畫學之傳人。然子鶴蒼而不潤，浦山學力不周，穀齋略無氣勢，若周之骨氣單弱，二痴之具體甚微，翠巖之囿於師承，杉亭求聲之僅工小品，石樵之轉注力於耕煙；承石谷而差可人意者，僅董邦達、張鵬翀、方士庶等幾人而已。董邦達，字孚存，號東山，富陽人，官禮部侍郎，諡文恪。山水取法元人，善用枯筆，勾勒皴擦而多逸致。後參董、巨，更爲超軼。張鵬翀，字天飛，號南華，嘉定人，官編修。山水長於倪、黃法，雲峯高厚，沙水幽深，筆淸墨潤，設色沖淡，兼有麓臺、石谷之風。方士庶，字循遠，號小獅道人，歙人，家維揚。山水用筆靈妙，氣韻駘宕，早有出藍之目，時稱妙品。近人則僅吳江陸廉夫恢允稱後起，可謂難矣。蓋石谷雖師法婁東，實叢匯宋、元，瓣香子畏，處天下承平之際，習爲恬淡靜穆，學之者，易蹈深穩甜熟之病，此點實不能爲虞山諱矣。然與石谷同時，馳驅藝林，而能獨立一幟於四王之外者，有吳歷惲壽平。

吳歷　常熟人，字漁山，因所居有言子墨井，故又號墨井道人。畫法宋、元，多作陰面山，林木蓊翳，溪泉曲折，不僅以仿子久叔明見長。筆力沈鬱深秀，高閒奇曠，愜心之作，深得唐子畏神髓。尤能擺脫北宋窠臼，宜在石谷之上。晚年墨法一變，多作雲霧迷漫之景，論者謂其歐西畫法所化。蓋漁山信奉天主教，嘗遊澳門等處，其畫亦往往帶西洋色彩焉。

六如學李晞古，一變其刻畫之習。漁山學六如，又去其狂放之容，純任天機，是爲可貴。傳其法者，有遂昌陸日爲暍，嘉定陸上游道淮等。上游，工山水花卉，爲漁山高弟。日爲山水，喜用挑筆密點，布置奇癖，能爲尋丈大幅，世稱陸痴；

惟古拙稍不逮漁山耳。武進惲南田壽平，有子畏天仙之姿，遙承衣鉢，別開毗陵。惟親炙婁東，不能盡存子畏面目。然號國淡妝，鉛華淨盡，與六如可稱二絕。繼起者殊少有人耳。僅陽湖畢焦麓涵，遠宗古法，近師南田，近人吳縣吳愙齋大澂，筆墨秀逸，書卷之氣盎然，是承南田而以文氏爲歸者，尙稱後起能手。繼項元卞嘉興一派者，有其孫聖謨、字孔彰，號易庵，樹石屋宇花卉人物，皆與宋人血戰而來。山水承文唐而兼元人氣韻，功力至深。其從子東井奎繼之，擅山水蘭竹，筆墨秀雅，得元人枯淡之趣。雖云不如孔彰之神，亦足當逸品。爲吳門之支流，是後，其下者流爲江湖劣習，與雲間、金陵諸派同爲人所厭棄耳。

明季之亂，士大夫之高潔者，恆多托迹緇流，以期免害。其中工畫事者，尤稱四高僧，曰八大山人，曰弘仁，曰髡殘，曰道濟。八大開江西，弘仁開新安，髡殘開金陵，道濟開黃山，畫禪宗法，傳播大江南北，與虞山、婁東鏖戰，幾形奪幟。

八大山人　江西人，俗姓朱氏，名耷，字雪個，亦作雪个，故明石城府王孫。國變後，遁入奉新山中爲僧，自稱個山，又作個山驢，嘗持八大人覺經，因號八大山人。襟懷浩落，慷慨嘯歌，書法有晉唐風格，畫以簡略勝精密者。尤妙絕山水、花鳥、竹石，筆情縱恣，不泥成法，而蒼勁渾樸，翛然無俗韻。喜飲，貧士及市人屠沽，邀之飲，輒往。醉後，墨瀋淋漓，不自愛惜。貴顯人欲以數金易一石，不可得。一日，忽發狂疾，或大笑，或痛哭，裂其浮屠服，焚之，獨身佯狂市肆間，履穿踵決，拂袖蹁躚，市中兒隨觀譁笑，人莫識也。後忽大書啞字於門，自是對人不交一言，或招之飲，則縮項撫掌，笑聲啞啞然；蓋其胸次滂浡鬱結，別有不能自解故也。常題書畫款，八大山人四字，必連綴，類哭之笑之字意，亦有在焉。案讀畫輯略，玉獅老人謂山人名由桵，姓朱氏，故明宗室，與思宗兄弟行，邵青門爲之傳，馮鈍吟作墓誌。又謂見許邁孫所藏山人畫册，

乃王惕甫舊物，款署丙子由楳畫，蓋崇禎九年所作也。是說頗新，故並識之。

弘仁　歙人，字漸江，人稱梅花古衲。俗姓江氏，名韜，字六奇，號鷗盟，明諸生。少孤貧，以鉛槧養母，母棄世，不婚不宦，乙酉，自負卷軸入閩游武夷後，依古航禪師爲僧。山水初學宋人，後師雲林，得淸閟三昧。嘗居黃山齊雲，既而遊廬山，歸，卽怛化。論者言其詩畫俱得淸靈之氣，係從靜悟中來。

髡殘　字介邱，號石溪，又號白禿，自稱殘道人，晚號石道人。幼而失恃，便思出家，一日，其弟爲覆一氈巾，取戴於首，覽鏡數四，忽舉剪碎之，並剪其髮，出門竟投龍山三家庵爲僧。旋遊諸名山，參悟後，至金陵，受衣鉢於浪丈人，住牛首寺。性寡默善病，每以筆墨作佛事，不類拈椎竪拂惡套。山水奧境奇闢，緜邈幽深，引人入勝，筆墨高古，設色淸湛，誠得元人勝概。自言「嘗慚愧兩腳不曾遊歷天下名山；又慚兩眼不能讀萬卷書，閱編世間廣大境界；兩耳未親智人教誨；縱有三寸舌，開口便禿。今日見衰謝，如老驥伏櫪，奈此筋力何？」觀石溪所言，固多寓興亡之感。所畫皆由讀書遊山兼得良朋友磋磨而來，故能沈穆幽雅，爲近世不經見之作。

道濟　俗姓朱氏，名若極，字石濤，號淸湘，又號大滌子，晚號瞎尊者，自稱苦瓜和尚，明楚藩後。阮元所藏石濤畫册後，有江都員燬題識，謂石濤於畫後，往往鈐靖江後人印。靖江王，係明高皇伯兄，南昌王孫守謙，以洪武三年封。至末季，嗣王亨嘉，僭號於桂林，丁魁楚討平之。石濤，名若極，應是亨嘉之嗣云。工山水人物，蘭竹花果，筆意縱恣，脫盡窠臼。嘗客粵中，所作每多工細，矩矱唐、宋。晚遊江淮，粗疎簡易，頗近狂怪，而不悖於理法。王麓臺嘗云：「海內丹青家，未能盡識，而大江以南，當推石濤爲第一。予與石谷皆有所未逮。」其推重如此。所著畫語錄，鈎玄抉奧，獨抒胸臆，文辭亦簡質古峭，直上擬諸子。案道濟與八大同時，嘗乞書畫於八大，有致八

大書札，款書大滌子，大滌草堂，眞須和尚，濟有冠有髮之人，向上一齊滌等語，是道濟蓋逃於禪而非釋也俟考。

漸江蕭疎澹逸，孤標自芳，同時休寧汪無瑞之瑞，海陽查梅壑士標，徽州孫無逸逸，與漸江同稱新安四家。又當塗蕭尺木從雲與孫逸齊名，又稱孫、蕭。無瑞，渴筆焦墨，直逼元人，無逸簡而意足，滌盡俗塵。梅壑，法清閟參以梅花道人董思翁，意用筆不多，惜墨如金，風神嬾散，氣韻荒寒。各以郊、島之姿，行寒瘦之意，而成新安一派。尺木宗倪、黃而自成一家，又開姑熟一派，爲新安派之支流。

蕭從雲　字尺木，號無悶道人，當塗人，一作蕪湖人。崇禎丙子壬午兩科副車，入清不仕。精六書六律，工詩文，善山水，得倪、黃筆法。晚年放筆自成一家，淸疏韻秀，饒有逸致。兼長人物，采石磯太白樓下四壁，畫五岳圖，是其手筆。

又丹徒江上外史笪重光，意趣艱澀，高情橫逸。萊陽姜鶴澗實節，蕭疏簡淡，備極荒寒。以及休寧汪公素樸，歙縣鄭慕倩旼等，均屬此派健者。然元季四家，雲林歛南北宗風，歸入平淡，品格獨絕。自題獅子林圖，謂「此卷非王蒙諸人所夢見。」其自許如此。石田翁亦曾謂倪迂淡墨爲難學，宜乎三百年來，雲林一派，杳然如空谷足音。漸江諸公，僅能得其疎簡一端，而別開新安一派耳。

髡殘洒脫謹嚴，出於九龍山人，住金陵牛首寺殊久。孝感程青溪正揆，繼之，山水得董思翁指授。蓮北派而入南宗，枯勁簡老，設色穠湛，已開金陵之先。崑山龔半千賢，流寓金陵，師北苑，獨出幽異，以濃厚縝密之筆，盡陰陽開闔之奇。但用墨濃重，有沈雄深厚之氣，少淸疏秀逸之趣。同時江寧樊會公圻，杭州高蔚生岑，吳縣鄒方魯喆，金溪吳遠度宏，華亭葉榮木欣，以及江寧胡慥、謝蓀，皆同寓白門，筆墨投契，互通師承，號金陵八家。然八家中，有類於浙派者；有類

於松江派者；有類於華亭派者；畫風頗不一致。然其結習，過嫌凝滯，乾、嘉以後，靈氣索盡；僅秀水王安節概，漢陽彭念堂湘懷，承半千遺法。王則筆墨沖淡，彭則深厚雋逸，堪稱後起。至近人上元吳石僊慶雲，以西法渲染陰陽相背，則葉公之龍耳。其支派傳於淮、揚間者，有丹徒潘蓮巢恭壽、張夕庵崟等。蓮巢山水規模文氏，得其清勁之致。然頗近西法，與吳漁山、劉雲巢晚歲之作，趨於一理。王蓬心曾以宿雨初收，晚煙未泮八字評之，頗為當時人士所推重；世稱丹徒派。繼之者，有其弟思牧及其子岐等。夕庵初師蓮巢，後改宗石田、宋、元諸家，傍搜博採，彙集豪端，幾欲自成一家，與石谷諸弟子鏖戰。一時學者爭法之，稱鎮江派。此三派皆以氣韻見長，不以魄力超勝。雖能矩法唐、宋，摹習李范，而骨氣弱矣。至其末流，形貌僅存，為紗燈派，不振殊甚焉。

石濤專主氣勢，以充沛為能，不事摹仿，然其工力卓絕，偶一迴腕，幾於針縷皆見，遂開黃山一派。繼之者，有宣城梅清，歙縣程鳴、釋弘智等。梅清，字淵公，（一作遠公。）號瞿山。為人英偉豁達，工詩文，以博雅稱於世。山水，蒼渾鬆秀而有奇氣。嘗作黃山圖極煙雨變幻之趣，稱入妙品。畫松尤氣韻蒼鬱，饒有古趣。程鳴，字友聲，號松門。乾筆枯墨，運以中鋒，純以書法成之，不加渲染，蒼古可愛。蓋學苦瓜而又參以垢道人也。弘智，桐城人，字無可，俗姓方氏，名以智，號密之。山水淡煙點染，多用禿筆，不求甚似。嘗戲示人曰：「此何物？正無道人得無處也。」全以禪機而入畫意，得生趣天然之妙，為黃山之別開法相者。又泰州朱鶴年，字野雲，山水老筆紛披，意趣閒遠，不染時習。休寧江鼎梅，號浣雲，行筆疏曠，設色濃古。甘泉高西塘翔，字鳳岡，撫法漸江，而參以石濤，亦近此派。然當時盛行虞山、婁東，殊少恢奇卓絕者流，為之繼起。同、光間，常熟翁松禪同龢，以勁筆作畫，自謂是石濤，實出於冬心。仁和高邕之邕，以偏鋒取勝，亦自謂是石濤，而實

近雪个，非石濤本色也。論者謂其流派縈迴，已爲休寧、臨汀平分而取。蓋黃山一派，天姿、人力、氣魄、學養，四者並重；之者，每不易得其全。休寧、臨汀，僅挹黃山局部之長，而別開面貌耳。歙縣程穆倩邃，號垢道人，山水純用枯筆寫僧巨然法，沈鬱蒼涼，別具澀老生辣之味。論者謂如老將用兵，不立隊伍，而頤指氣使，無不如意，已開休寧之始。休寧戴本孝，常熟黃向堅繼之，遂大開休寧一派。本孝，字務旃，號鷹阿山樵，山水以枯筆寫元人法。向堅，字端木，山水乾筆皴擦，天然蒼秀，有黃鶴山樵遺意。黃山、休寧兩派，均以流覽名山，足跡遍天下自負。然黃山主氣，休寧主韻，大小之間，殊有軒輊耳。石濤晚遊江淮，一時來學者殊衆，於花卉則開揚州；於山水則開臨汀。華嵒，字秋岳，號新羅山人，閩之臨汀人，客維揚甚久，善人物花鳥草蟲，脫去時習，力追古法。山水縱逸，點宕粉碎，虛空機趣，天然超越流輩，遂割婁東之席。繼之者有錢塘吳倬雲霽等。揚州羅兩峯聘，雖出冬心之門，而筆情古逸，思致淵雅，實出臨汀。近人有合休寧、臨汀爲一體者，則僧人虛谷也。

八大，排奡奔肆，出於子久，能拙規矩於方圓，鄙精研於彩繪，使學者每覺可望而不可卽。除牛石慧能得其神趣者外，雖有羅飯牛牧等繼起，號江西派，皆非後勁焉。

此外直承停雲一派者，則有華亭張詩舲祥河之氣韻特勝，而存書生本色。休寧汪竹坪恭之泛濫各家，而以文氏爲歸，高者與五峯並肩。錢塘錢松壺杜，字叔美，以梅花道人法作胡椒點，連山蔓嶺，層累不差，而書卷之氣盎然。間爲金碧雲山，尤妍雅絕俗；耕煙所謂以元人筆墨，運宋人丘壑者，庶幾近之，此眞師文氏而能變者也。世稱松壺派。繼之者，有昭文蔣寶齡父子，以及松壺之妹林、女佩等。寶齡，字子延，號霞竹，山水宗文氏，得松壺指授，鬆秀超拔，雅有師

傳。子莅生，字仲雛，山水能承家學，停雲至此，其面目又非昔時矣。直承雲間一派者，有泰興曹秋崖岳之疏秀淹潤，丘壑鬆靈。華亭顧見山大申之清和圓潤，綽有風情。婁縣祁盧白子瑞之筆墨蒼秀，魄力沈雄，堪稱後起。至同光間，胡公壽遠之力以振興此派自任，頗得葱蒨淹雅之長；然已江流日下，不足挽其頹勢矣。浙派開自戴進，論者謂為盡於藍瑛。繼藍氏之後者，僅有江都禹之鼎宜興周世臣等幾人而已。

清代山水畫人不在以上諸派範圍內者，尚大有人在。如太原傅青主山之皴擦不多，丘壑磊落，純以骨勝。武進鄒衣白之麟之圓勁古秀，鈎勒點拂，恣態縱橫。錢塘吳塞翁山濤之殘山賸水，揮灑自然，在青溪梅壑之間。武進惲香山本初之學董巨，懸筆中鋒，骨力圓勁，墨汁淋漓，自成一派。興化顧瑟如符稹之學小李將軍，細入毫芒。江寧柳公韓堉，山水遒逸蒼茫，最得董巨遺法。嘉興翟雲屏大坤，山水下筆深秀，奄有諸家之長。江都袁文濤江，山水學宋人，樓閣精工，稱清代第一。順德黎二樵簡之簡淡鬆秀，得文人之逸致。崑山孫鑑堂銓，山水宗黃鶴山樵，思致蕭散，氣韻清逸，而帶荒率之趣。錢塘趙次閑之琛之師子久雲林，蕭疎幽淡，足與奚鐵生媲美。均為清代山水畫之能手。

(丁)清代之花卉畫　清代繪畫，以花卉為最而有特殊光彩；專門作家亦特多。擅山水人物者，亦多能兼畫花卉。雖清初時，其勢力似不及山水之盛，雍、乾以後，花卉畫非特變化大多，且有直駕山水而上之勢。清初釋八大石濤，承明代林良、徐渭寫意之長，運以天姿學力，獨開蹊徑。八大，筆簡而勁，無獷悍之氣。石濤，孤高奇逸，縱橫排奡，筆潛氣斂，不事矜張，其奇肆處，有靜默之氣存焉。二家各樹特幟，卓然為後世法，為清代大寫派之太斗。開江西揚州二派之先河。康熙間，惲南田以寫生稱一代大家，其法斟酌古今，以北宋徐崇嗣為歸，一洗時習，獨開生面，為純沒骨派。蓋徐

氏沒骨畫，先有墨稍勾匡子，而後掩塡色彩；惲氏則全以顏色渲染，如今之水彩畫然，世稱常州派。

惲壽平 初名格，字壽平，以字行；又字正叔，號南田，別號雲溪外史，晚居城東，號東園草衣；遷白雲渡，號白雲外史。工詩古文辭，爲毗陵六逸之首。初善山水，力肩復古。及見石谷度不能及，則謂之曰：「是道讓兄獨步，格耻爲天下第二手；」於是舍而學花竹禽蟲，以徐崇嗣爲歸，簡潔清致，設色明麗，天機物趣，畢集毫端，大家風度，於是乎在。論者比之天仙化人，不食人間煙火，洵超絕古今，爲寫生正派。山水亦間爲之，一丘一壑，超逸高妙，不染纖塵，其氣味之雋雅，實勝石谷。康熙二十九年庚午卒，年五十有八。

承惲氏畫法者，有新陽章佩玖紳，常熟馬扶曦元馭，以及惲氏之甥張子畏，女冰等，均得惲氏親傳。無錫俞蓉汀大鴻，色艷趣逸而存書卷之趣。仁和錢東臯東之雋逸妍雅，無畫史習氣。錢塘錢叔美杜之妍雅絕俗，得南田三昧。休寧朱綵章繡之喜遊覽，貌深山異卉，人多不識。陽湖管薇院管之花卉秀逸，竹柏蒼健，得寫生心法。以及武進閨秀習忍，海寧陳邦直，常熟徐蘭，錢塘奚岡，松江姜壎，僧人上睿等，均系常州正派。又吳縣繆椿，字丹林，號東白，花卉翎毛，輕倩淡逸，宗南田稍易其法，名噪一時。論者謂吳中寫生，自忘庵老人後，以補齋爲巨擘，而東白繼之，又靡然從風，有繆派之目。爲常州派之支流。此外馬扶曦得南田親傳，又與南沙討論六法，故特工沒骨，其女荃，字香江，妙得家法。常熟張仲若景，從學扶曦，粗枝大葉，別饒韵致。毗陵莊義門存，擅花鳥，似馬扶曦。丹徒潘恭壽，兼工寫生，取法甌香。秀水陶淇，柔和妍雅，得南田神趣，亦屬惲氏一派。其中以馬元馭爲最有名。

馬元馭 字扶曦，號棲霞，又號天虞山人。爲人孝友，與交誠信而有義氣。工詩，善書法，擅寫生，得毗陵惲壽平親

傳。特工沒骨花卉，活潑生動。石谷嘗稱之曰：「扶曦神韻飛動，不泥陳迹，高於陳道復陸叔平矣。」扶曦亦自以爲得包山石田遺意。生平所作，以水墨居多，墨花橫溢，逸趣飛翔，允稱功能雋逸之作。

當時蔣廷錫，承黃筌鈎勒法，並影響於明代周之冕之鈎花點葉體，略爲變更，自成格調，世稱蔣派。

蔣廷錫　字揚孫，號西谷，一號南沙，常熟人。康熙四十二年進士，授編修，官大學士，謚文肅。工詩，善花卉，未第時，與馬棲霞顧雪坡遊，並討論六法，以逸筆寫生，或奇或正，或率或工，或賦色，或暈墨，一幅中恒間出之，而自然和洽，風神生動，意度堂堂。點綴石坡，無不超妙，擬其所至，直奪元之席。士大夫雅尚其筆墨者，多奉爲模楷焉。通籍後，矜重不苟作；偶爲一二，又爲宮禁所寶重；流傳世間者，每爲馬南坪、曹石苑、潘西疇諸人所代作。

南沙畫法，雖直承黃氏，然其面目，大與黃氏不同；與南田之宗徐崇嗣，不與徐氏同派者相似。蓋學術與時代，有相承連續之關係，清代繪畫，固難舍元、明而追宋代；則惲氏之不能直追徐氏，與蔣氏之不能直追黃氏，則一也。然南沙之畫，與南田較，則大爲規矩。蓋惲飄逸，而蔣莊重，爲二家風趣上之大異點。傳蔣氏畫法者，有婁縣鄒元斗，字少微，號春谷，又號林屋山人。工寫生，尤長設色桃花，風致嬋娟。所作花卉，天趣物趣，兩能有之。常熟馬逸，扶曦子，字南坪，號陔南，花鳥得蔣氏之傳。長洲張畫，字文始，號研山，花鳥入能品。均爲蔣氏高弟。嘉定徐頌閣郁，武進湯充閭祥祖，常熟曹石苑秀，均得蔣氏正傳。以及其子溥，字質甫，號恒軒；孫尙垣，字實夫，號虛齋等，均能克承家學。此外海鹽錢埜堂元昌，好作折枝花卉，得蔣南沙法，而獨行己意，能以拙取媚，以生取致。嘗自題畫云：「象形者失形；守法者無法。氣靜則神凝；意淡則韵到。」允爲畫學名言，爲學蔣氏而一變者。興化李復堂鱓，爲蔣弟子，作畫不同於蔣。蓋學於蔣而受石

濤等寫意派之影響，一變面目，世人謂李畫能化板爲活，是由蔣而轉入大寫一派者。又當時長洲王武，花卉介於惲、蔣之間，而略近於蔣，亦係莊重一派。

王武　字勤中。號忘庵，自稱雪顚道人。精鑒賞，富收藏，先世所遺，及平時購獲，率多宋、元、明諸大家名蹟；往往心摹手追，務得其遺法，故所寫花鳥動植，落筆皆有生趣。煙客嘗亟稱之曰：「近代寫生家多畫院氣，獨吾吳勤中所作，神韻生動，應在妙品中。論者謂前輩陳道復、陸叔平不能過也。

傳王氏畫法者，有山陰姜廷幹，字綺季，工山水，尤精花鳥，得忘庵之傳，家藏名跡甚富，故摹古功深。其鈎花，筆法轉折，無一直筆。點葉，墨汁淋漓，天然濃淡，筆墨入妙，爲王氏高弟。吳縣王亦亭仲純，工山水，兼長花卉；無錫華海初文滙，工畫石，尤長花卉，均學忘庵而得其遺韻。又崑山葛西樓唐，善花鳥，學南田、忘庵兩家，筆意疎老，設色明艷，世稱能手。亦近王氏一派。

惲、蔣、王，三家外，雍乾間，有無錫鄒一桂，松陵吳博垕，爲南田忘庵後僅見之作家，近似南田忘庵而獨闢門戶者。吳縣石廷輝，長洲謝士珍，均爲吳氏之入室弟子。吳縣周元贊笠，工花卉，畫品正如三河少年，風流自賞，動中規矩，韻妍法備，論者謂爲小山之亞，亦係鄒氏之系耳。

鄒一桂　字元褒，一作源褒。號小山，又號讓卿，晚號二知老人，雍正丁未傳臚，累官禮部左侍郎，耿直廉介，鶱諤不阿，立朝三十餘年。工花卉，分枝布葉，條暢自如，設色明淨，淸古艷雅，爲南田後僅見之品。卒年八十七，著有小山詩鈔、百花畫譜、小山畫譜等行世。

吳博垕　松陵人，僑吳門，號補齋。初託業於寫眞，頗有法度。已而棄寫眞不爲，專工花鳥，尤善草蟲，點綴生動，有荒野之趣。說者謂忘庵南田後，補齋其嗣音矣。

又當時婁縣曹重，初名爾培，字十經，號南垓，自號千里生。才華溢發，詩文絢爛，丹青尤妙，遠視作凹凸形，近看卻平，所謂張僧繇凹凸花法也。與朱雪田諸子，起墨林詩畫社。其母吳氏名朏，妻李氏玉燕，女鑑冰，並能詩善畫，一門風雅，可稱盛事。特開凹凸花卉畫派，惜繼起者無人耳。

乾隆間，以花卉享重名者，有李復堂鱓、金冬心農、羅兩峯聘、陳玉几撰、李晴江方膺、高南阜鳳翰、邊頤公壽民等，世稱揚州派。或爲布衣，或爲卑官，不衫不履，落拓江湖；既非供奉，故不受院體風習所濡染，各肆其新異，機趣天然。細爲分別，諸氏亦各有不同之點；冬心筆力雖不強，自有陰柔之美，往往以古拙取勝。所作花卉果品，不落時蹊，設色亦淡雅多姿。兩峯爲冬心高弟，雖效其師法，已變其面貌，超妙古淡而有神趣。南阜筆力雄肆，設色深厚，與復堂同受影響於青藤、白陽、苦瓜者，爲當時特出人物。

李鱓　字宗揚，號復堂，興化人。康熙五十年舉人，授知縣。書法樸古，款題隨意布置，另有別趣。花鳥從學南沙，參以林良、石濤，縱機馳騁，不拘繩墨，獨立門庭而得天趣。

高鳳翰　字西園，號南村，晚號南阜老人，嘗自稱老阜。病痺右臂不仁，感前人鄭元祐故事，號尙左生。雍正丁未，舉孝友端方。工書及篆刻，嗜研，收藏千餘，大半出於手琢，皆自銘，著有研史。善山水，縱逸不拘於法，純以氣勝。花卉尤奇逸，得天趣。論者謂其筆端，以北宋雄渾之神，兼元人靜逸之氣，雖不規於法，而實不離於法也。

又乾隆間，有張敔張賜寧，與高南阜異曲同工，堪稱鼎峙，亦爲當時特殊作者。

張敔　桐城人，遷江寧，字芑園，號雪鴻，乾隆壬午孝廉。天資高邁，兼三絕之譽。人物、山水、花草、禽蟲、寫眞，無一不妙。性嗜酒，酒酣興發，揮灑甚捷，筆情縱逸，韻致蕭然，豎抹橫塗，生氣勃勃，墨色濃淡，各極其妙。

張賜寧　直隸滄州人，字坤一，號桂巖，所居有十三峯草堂，人遂稱之曰：「十三峯老人。」山水人物，靡不工，花鳥，筆力勁逸，設色尤稱絕技，亦工墨竹。

至乾嘉間，有華喦出，獨開生面，影響當時花卉畫者甚大。原清初花卉畫，惲南田以徐氏精研秀逸之體，樹其新幟，領袖畫壇，爲清代花卉畫之正宗，學者風靡。同時蔣南沙、王忘庵，亦以精工妍麗，樹範於康、雍間，爲世所宗法，其勢力雖不及南田之盛，然亦不弱。至乾隆間，李復堂、高鳳翰等崛起，以白陽、青藤意致，參以苦瓜和尙，大肆奇逸，一變清初之花鳥畫風，足與南田抗衡。學南沙、忘庵者因大爲減少。然往往自放大過，不免流於粗獷，所謂畫史縱橫習氣，乏蘊藉和雅之態。及華喦出，則又歛爲秀逸，爲清代花鳥畫之又一變焉。

華喦　字秋岳，號新羅山人，閩之臨汀人，僑居杭州，客維揚殊久。善人物山水花鳥草蟲，脫去時習，力追古法，動物尤佳。論者謂其神趣清新，機趣天然，標新立異，直可並駕南田，超越流輩。惟山水未免過於求脫，反有失處。工詩善畫，不愧三絕。

傳新羅畫法者，有錢塘徐九成岡，仁和徐桐華嶧，吳江沈竹賓焯等。又錢塘趙次閑之深，工山水，兼善花卉，傳色鮮雅，格超韻逸，大有新羅神趣。西城人改七薌琦，花草蘭竹，比似新羅，亦屬新羅一派。

清代花鳥畫，除以上諸統系外，直承明代包山、服卿或白陽、青藤者，亦大有人。尤以白陽、青藤一派爲興盛。秀水南樓老人陳書，海鹽錢綸光室，花鳥草蟲風神簡古。吳人蔣樹存深，字蘇齋，蘭竹花卉學白陽而用筆稍放。錢塘江石如介，花卉從白陽入手，上窺宋、元，迥絕常蹊。以及吳江顧爾立卓，仁和李散木榮，上元侯觀白雲松等，均爲專承白陽者。南海吳虎泉煒，石竹花卉，不減青藤。武進呂叔訥星垣，學天池得元人高簡之趣。嘉興金心山可埰，雋逸超羣，品近天池。大興舒鐵雲位，師青藤而有奇氣。杞縣杜旭初曙，落筆自適，有天池風骨。吳江計文珍瓊，簡古直逼青藤。以及僧人達受，韻可等，均專承青藤者。山陽張力臣紹，新安汪陛交泰來，海寧查丙堂奕照，曲阜桂未谷馥，新安黃秋山繼祖，巢縣姜笠人漁，嘉善陳原舒舒，仁和孫古雲均等，爲兼承白陽、青藤者。又長洲宋藹若思仁之放筆疎逸，清芬在腕，蔬果尤以荒率勝人。南樓老人曾孫錢籜石載，得曾祖母之傳，簡淡超脫，擺脫俗格。華亭張詩舲祥河，氣韻雅逸，魄力健舉，亦屬白陽、青藤一派。錢塘孫子周杕，花卉竹石，筆墨遒勁，設色濃艷，得古人正派。江都虞晼之沅，花卉翎毛，鈎染工整，賦色妍雅，得古人逸法。德清沈南蘋銓之宗周之冕，參宋元而加精麗。以及桐城張晴嵐若靄，婁縣祁虛白子瑞之深得周服卿遺意。爲得周氏之傳而稍變者。金匱俞敬亭瑩，寫生不在包山、服卿下。句容孔傳薪，花卉得包山、服卿筆意，爲直承包山服卿者。華亭莫汝濤之斟酌白陽、包山，石門沈振銘之得包山、白陽之法，又爲兼承陳陸二氏而爲一派者。

乾嘉以後，習花卉者，不學南田，即追蹤白陽青藤，或規範復堂師法新羅，而南沙忘庵二派，則幾成廢格矣。其工力結實，可遠紹宋元者，亦不可復睹。嘉道間，司馬繡谷鍾，擅寫意花卉鳥獸，落筆豪放，氣勢遒逸，脫盡描頭畫角之習。

玉獅老人云：「其花鳥，具用粗筆點葉，最有古致。寫生家有北派者，自繡谷始。」則花鳥亦有所謂北派矣。咸同間，吳熙載讓之清雅，尚見士氣。光緒初年，任薰、任豫父子，專以勾勒見長，猶見古法。會稽趙撝叔之謙，以金石書畫之趣，作花卉宏肆古麗，開前海派之先河，已屬特起，一時學者宗之。至是南田派亦少人過問矣。山陰任伯年頤，工力天才有餘，而古厚不足，雖爲前海派之特出人才，而奇崛古拙，與李復堂、高南阜較，相差尚屬甚遠。蓋有清季世，國勢漸衰，學術精神，亦多不振展。在繪畫上求造就較深，直如鳳毛麟角，亦時勢使然歟。光宣間，安吉吳缶廬昌碩，四十以後學畫，初師撝叔、伯年，參以青藤、八大，以金石篆籀之學出之，雄肆樸茂，不守繩墨，爲後海派領袖。使清末花卉畫得一新趨向焉。

此外，順、康間之項孔彰聖謨，筆意清雅。徐彥膺邦，摹黃、呂而得其遺意。許子韶儀，傅色取宋人，窮極工麗。葉雪漁舟，善寫生，設色不愧黃筌。馬欣公欣，花卉敏妙，得渾穆之氣。王筠侶崇節之一羽一葉，渲染數四，筆墨之妙，與年俱進。朱與山嶼，特工淡墨，與南田齊名。張珩佩雍敬，本宋人勾染法，工細多致。江堅甫玉，筆意清拔，傅色濃沉，於惲氏外別樹一幟。胡二韓鯱奇花鳥得林良、呂紀之神，毛季蓮公遠，善牡丹，水墨者，一花數葉，疎斜歷亂，咄咄逼眞。文子敬定，善花鳥，與忘庵齊名。建陽遲煓，細勾淡染，得清蒨婉約之致。王子毛士，沈厚遒媚，有林以善風格。雍、乾間之陳怡庭率祖，水墨花鳥，筆意縱恣，爲一時名手。唐逸夫知春，花卉翎毛，與冬心雲屏齊名。陳石生桐，花鳥草蟲，點染如生，名重公卿間。呂孔昭潛，用筆疎放，不越矩度，而神氣清朗。姜香巖恭壽，花卉墨竹，姿致瀟灑。方蘭坻薰，花鳥草蟲，悉增其勝。陳肖生嵩，仿北宋人法，以焦墨勾勒，設色厚沉，意趣入古。王南石岡，隨意寫生，無不入妙。以及乾嘉間之黃均、朱棟、佘文植、

黃鞠，近人僧虛谷等，均爲清代花鳥畫之能手。

（戊）清代之墨戲畫指頭畫及專門作者　清代繪畫，自寫意派大發展後，寫意諸作家，均能以遊戲態度，作簡筆之水墨花卉以及梅蘭竹菊等；則墨戲一科，可謂全併入寫意畫範圍之內。僅有專門水墨四君子等之諸作家，殊未能列入，而仍歸於墨戲畫焉。明季寫梅諸家，多法王元章，略少變化。及清初金俊民父子出，獨斟酌於華光，補之間，別成雅構，疎花細蕊，丰致翩翩，名重當時。

金俊明　吳縣人，初名袞，字九章，更今名，字孝章，號耿庵，自稱不寐道人，明諸生。經史子傳天文水利，靡不精究，入復社，才名藉甚。一日，篋焦氏易得蠱之艮，愀然太息曰：「天將以我高尚其志乎？」遂隱居市廛，傭書自給，工畫竹石，皆有蕭疎之致。墨梅最工，論者擬以所南翁之墨蘭云。其子侃，字亦陶，號立庵，工梅竹，傳其家法，有聲於時。

繼金氏而起者，有江寧姚伯右若翼，縱橫曲折，意匠經營，絕無重復之病。華亭張得天照，蕊密花疎，極爲雅秀，均有名於康、雍間。錢塘丁鈍丁敬，畫梅，神氣不滯於思，信手取之，橫斜疎影，極亂頭麤服之致。仁和金冬心農，兼工梅花，古秀特絕，獨闢蹊徑。甘泉高西塘翔，筆意鬆秀，墨法蒼潤，時稱特出。山陰童二樹鈺，蘭竹木石，均有功力，梅花尤見蒼古。休寧汪巢林士慎，清妙獨絕，不食人間煙火，論者謂爲與高西塘異曲同工。揚州羅兩峯聘，兼工墨梅蘭竹，均臻超妙，古趣盎然。通州劉淳齋錫嘏，老筆紛披，殊臻古樸。烏程周稻孫農，神似冬心，雖筆力不及二樹兩峯，而水邊籬落，意致過之。兩峯子羅介人允紹，畫梅承家法而變化之，海內獨絕。好事者，稱爲羅家梅派。均以墨梅有名於乾、嘉間。嘉、道

以後，雖作者殊多，然無特出者。僅有衡陽彭雪琴玉麐，鎭海姚梅伯燮等，尙稱能手耳。墨竹，順、康間，有滄州戴道默明說，飛舞生動，大得仲圭遺意。常熟顧湘源文淵，中年棄山水而專工墨竹，獨造絕詣。侯官許有介友，所作枝葉不多，殊有逸致。乾、嘉間，有仁和諸曦庵昇，善蘭石，墨竹尤佳，勁利匀整，得魯千巖法。儀徵尤水邨蔭，墨竹得文、蘇法而參以金錯刀遺意。常熟道士金霖，以左手寫竹，堅勁清麗，得坡翁、石室神趣。以及興化鄭燮等，均以特擅墨竹有名於當時，其中尤以鄭氏爲有名。

鄭燮　字克柔，號板橋，揚州興化人，乾隆丙寅進士。爲人慷慨嘯傲，超越流輩。工詩詞，不屑作熟語。善書畫，尤長蘭竹；以草書之中豎長撇法運之多不亂，少不疎，隨意揮灑，蒼勁絕倫。曾知山東濰縣，後以病歸，遂不出。

墨蘭，清初時，有王邁亭庭，落筆不凡，獨得妙理。松江錢聘侯世徵，以瀟灑取韻，高曠取神，縱橫宕逸，深得所南、子固遺意。曲阜孔蘭堂毓圻，花葉飛舞，筆勁而秀。金陵顧橫波眉，龔之麓室，畫蘭追步馬守眞而姿容過之。青浦汪靜然日賓，瀟灑縱橫，得所南、子昂法外意。以及乾、嘉間之海鹽何元長其仁，長洲顧南雅蒓，睢州蔣矩亭檢予等，均爲清代畫蘭能手。兼擅四君子及樹石者，較專擅四君者爲多。清初間，商丘宋漫堂犖，水墨蘭竹，脫盡描頭畫角之習。會稽馮幼將肇杞，三十後，專寫梅蘭竹石，墨竹尤佳，得文湖州、蘇眉山遺法。臨汾賈可齋鉝，蘭竹，風晴雨露，各有兼擅。揚州佘顒若觀國，擅蘭竹，喜作新篁微雨初洗，嫩籜徐解，令人心爽。乾、嘉間，錢塘吳倬雲霨，兼蘭竹，師魯千巖，得秀穎超拔之致。金壇史岵岡震林，樹石蘭竹，以生秀爲尙，不落前人窠臼。山陰董企泉洵，蘭竹，煙叢晴雨，楚楚多姿。嘉善曹六圃廷棟，畫蘭竹，不拘古法，墨采華鮮，丰神圓朗，一時罕匹。雲南涂叔明炳，梅蘭竹石，具有法度，尤喜畫笑竹，以爲獨絕。南城

吳白庵照，兼工蘭竹。筆力勁利。石門方雪屏𥀬，梅竹雜卉，得趙子固遺意。以及吳縣顧蒓、祁煥、女冠淨蓮等，均以擅蘭竹等，著名於時者。墨菊作家殊少，僅有王仲、董廷桂、涂岫等幾人而已。王仲，河南人，字愚仲，善寫蘭菊，菊則如椀如盤，非尋常籬落間物，抒寫胸臆，縱橫自在，稱翰墨中精猛之將。董廷桂，上海人，字西雲，精水墨花卉，墨菊尤為超妙。此外烏程朱懷仁山，工水墨牡丹，用墨朗秀，雋英奪目。烏程黃蓮溪基，牡丹純用水墨勾染，而生氣逸發，別具姿致，亦屬專門之墨戲畫者。

指頭畫，清以前，未之前聞。僅歷代名畫記張璪傳云「初畢庶子宏，擅名於代，一見驚歎之，異其唯用禿筆，或以手摸絹素，因問璪所受。璪曰：『外師造化，中得心源。』畢宏於是擱筆。」論者輒以張氏之手摸絹素，為吾國指頭畫之先河，實則張氏以運用禿筆見長，雖間於筆線上有未稱心者，每以手塗摸之，以為挽救之方；顧未以指頭作畫也。至清初高其佩出，始全以指頭作畫，稱指頭生活，而開指頭畫一科。遼東高秉指頭畫說云：「恪勤公八齡學畫，遇稿輒橅，積十餘年，盈二簏。弱冠，即恨不能自成一家；倦而假寐，夢一老人，引至土室，四壁皆畫，理法無不具備，而室中空空不能橅，仿惟水一盂，爰以指蘸而習之；覺而大喜。奈得於心而不能應之於筆，輒復悶悶；偶憶土室中用水之法，因以指蘸墨，仿其大略，盡得其神，信手拈來，頭頭是道，職此，遂廢筆焉。曾鐫一印章云：『畫從夢授，夢自心成。』中年畫推篷冊十二頁，自題此意於首幅。」則高之指頭畫，感於心，形於夢，觸機而成之耳。

高其佩　字韋之，號且園，遼陽人，以廕得知州，官至刑部侍郎。天資超邁，工詩，善指畫，凡花木鳥獸人物山水，靡不精妙。雨煙遠樹，簑笠野翁，雲氣拂拂，更為奇絕。人既重其指頭畫，加以年老便於揮灑，遂不用筆。故筆畫流

傳者殊少。雍正十二年甲寅卒。

繼高氏畫法者，有其甥朱涵齋倫瀚，一丘一壑，雖奇自正，設色沖淡，而氣自厚。喜作巨幅，時稱特出。其弟子甘懷園、趙成穆等，亦稱能手。其餘休寧何禹門龍，隨意點抹，情致宛然。滿州西蜜楊阿，奇情逸趣，信手而得，稱高且園後一人。長白人瑛寶，山水花鳥果品，適以簡貴勝人，爲且園後首屈一指。以及奉新帥念祖，滿州明福，丹陽蔣璋，長沙蔡興祖等，均以工指頭畫有名於時。顧指頭畫之特點，全在指頭所作之線與色，有樸厚雅拙之趣，爲毛筆所未及。高氏用功筆畫十餘年，感未能脫古人樊籬，偶以夢中指頭作畫之法，取其特具之長，以簡古超脫之意趣出之，自能勝人一等。然其全舍棄毛筆，究非正宗。近世作者，僅出於好奇炫世之心理，以熟紙熟絹取便；所作並求與筆畫相似，遂至流爲江湖惡習，殊可憎也！至其極，竟有以舌頭作畫者，誠不知繪畫爲何物矣？

清代專門作家殊不多，僅有松江黃河、常州徐方、杭州俞齡、昆明錢澧等之善馬。鳳陽尹埜、揚州施原等之善驢。華亭雷櫂等之善龍。滿州常鈞等之善虎。南昌蔡秉質等之善鵝。歸安閔熙、南昌閔應銓等之善蟹。均以專詣有名於時者。

(己)清代之畫論　清代，爲文人畫極度發達時期。畫人之多，亦爲前代所未有。故士大夫之好畫與能畫者，對於繪畫之思想與心得等，往往著之文章；或爲片段，或爲卷帙，著作之多，實不下二三百種。關於論述者，有釋道濟之苦瓜和尚畫語錄，王原祈之雨牕漫筆，王昱之東莊論畫，唐岱之繪事發微，張庚之浦山論畫，沈宗騫之芥舟學畫編，迮朗之繪事瑣言，繪事雕蟲，方薰之山靜居論畫，王學浩之山南論畫、錢杜之松壺畫憶，陳衡恪之中國文人畫之研

究等。關於史傳者，有周亮工之讀畫錄，王毓賢之繪事備考，卞永譽之式古堂朱墨書畫記，魚翼之海虞畫苑略張庚之國朝畫徵錄，厲鶚之南宋院畫錄，陶元藻之越畫見聞，黃鉞之畫友錄，馮金伯之國朝畫識、墨香居畫識，胡敬之國朝院畫錄，徐榮之懷古田舍梅統，湯漱玉之玉臺畫史，蔣寶齡之墨林今話，張鳴珂之寒松閣談藝瑣錄，竇鎮之國朝書畫家筆錄，楊逸之上海墨林，李放之八旗畫錄等。關於著錄者，有孫承澤之庚子銷夏記，卞永譽之式古堂書畫彙考，高士奇江村書畫目、江村消夏錄，姚際恆之好古堂家藏書畫記，安岐之墨緣彙觀，張庚之圖畫精意識，迮朗之三萬六千頃湖中畫船錄，李調元之諸家藏書畫薄，乾隆敕譔之石渠寶笈、祕殿珠林、南薰殿尊藏圖象目、茶庫儲藏圖象目，孫星衍平津館鑒藏書畫記，阮元之石渠隨筆，胡敬之西清劄記，南薰殿圖象考等。關於題跋者，有王時敏之西廬畫跋。王奉常書畫題跋，王鑑之染香廬畫跋，惲壽平南田畫跋，釋道濟之大滌子題畫詩跋，周亮工之賴古堂書畫跋，姜宸英之湛園題跋。朱彝尊之曝書亭書畫跋，吳歷之墨井畫跋，王翬之清暉畫跋，王原祈之麓臺題畫稿，金農之冬心題記，（凡六種）。張照之天瓶齋書畫跋，鄭燮之板橋題記，陳譔之玉凡山房畫外錄，錢杜之松壺畫贅，戴熙之習苦齋畫絮、賜研齋題畫隅錄等。關於作法者，有龔賢之畫訣，笪重光之畫筌，王概之學畫淺說，孔衍栻之石村畫訣，高秉之指頭畫說，蔣驥之傳神祕要，丁皐之寫眞祕訣，蔣和之學畫雜論，湯貽汾之畫筌析覽等。關於圖譜者，有王概、王蓍、王臬之芥子園畫傳，鄒一桂之小山畫譜，蔣和之寫竹雜記，陳達之墨蘭譜，奚岡之樹木山石畫法，張子祥之課徒稿等。關於雜誌及叢輯者，有王槩之讀畫錄，方士庶之天慵庵隨筆，盛大士之溪山臥遊錄，康熙敕撰之佩文齋書畫譜，彭蘊燦之畫史彙傳，張祥河之四銅鼓齋論畫集刻，馮津之歷代畫家姓氏便覽，秦祖永之畫學心印，鄧實之美術叢書

等。殊不煩詳舉，茲擇其較重要與常見者，提要於左。

苦瓜和尚畫語錄　全州道濟石濤著。分十八章：一、一畫。二、了法。三、變化。四、尊受。五、筆墨。六、運腕。七、絪縕。八、山川。九、皴法。十、境界。十一、蹊徑。十二、林木。十三、海濤。十四、四時。十五、遠塵。十六、脫俗。十七、兼字。十八、資任。首尾井然，著詞玄妙，參有禪理。其全旨則在自我作畫。原道濟爲方外人，黃山一派，並主以天下名山水，爲繪畫之師範，所言自與婁東、虞山諸派，僅以功力理法中尋生活者不同耳。

繪事發微　滿州唐岱毓東著。始於正派，終於遊覽，凡二十四篇。靜巖爲麓臺弟子，故首篇謂畫家如儒家有道統，而斥戴文進、吳小僊輩爲非正派，不無門戶之見。然其措辭能盡淺深之義理，殊便初學者之參考。

浦山論畫　秀水張浦山庚著。首爲總論，次爲論畫八則；一論筆，二論墨，三論品格，四論氣韻，五論性情，六論工夫，七論入門，八論取資。總論，敍各派源流及其得失，明季淸初各派名稱，實始見於此。餘亦不抄襲成言，非得此中三昧者，不能道也。

芥舟學畫編　吳興沈熙遠宗騫著。卷一卷二，俱論山水，始於宗派，終於醞釀，凡十六篇。每篇復分數段，持論詳明而有新義。卷三爲傳神，凡十篇，首爲總論，次爲取神，終於活法，於傳神諸要，可謂盡發無遺。卷四爲人物瑣論，筆墨絹素瑣論，設色瑣論三篇，爲雅馴詳備之作。

山靜居論畫　石門方蘭士薰著。雜論諸家畫派及各種畫法，極爲精到，爲蘭坻自抒心得之作。

國朝畫徵錄　秀水張浦山庚著。是編紀淸初至乾隆初年畫家，計三卷，卷上得一百十七人，太半爲明代遺逸；

卷中得一百四人，卷下得四十五人；續編，計二卷，卷上得一百一人，卷下得四十二人，各爲之傳。其合傳附傳，亦具愼重出之，頗合史裁。其評論得失，亦尙平允。傳後所作論贊，亦俱不苟。發揮畫理處尤見精到。其自序略云：「凡畫之爲余寓目者，幀幛之外，片紙尺縑，其宗派何出，造詣何至，皆可一一推識，竊以鄙見論著之。其或聞諸鑒賞家所稱述者，雖若可信，終未徵其蹟也；槩從附錄，而止署其姓氏里居，與所長之人物山水鳥獸花卉，不敢妄加評隲，漫誇多聞」云云。可知其仔細斟酌，非精於畫學各方者，不能爲也。

國朝畫識　南匯馮冶堂金伯譔。始於王時敏，終於豐質，凡一千一百又六家。具采輯前人所錄，彙而成編，所收殊廣，並註明出處，頗便徵考。

墨林今話　昭文蔣霞竹寶齡著。凡十卷；續編一卷，其子茝生譔。約得畫人一千五六十人，記錄各家姓名里居外，又錄其韻事詩篇等；其敍次諸人事實，亦涉及與繪畫無關之事。其名今話，蓋仿詩話詞話而作，故隨得隨編，無一定體例。卷首霞竹自敍云：「墨香畫識，評隲未定，遺漏更多，爰就平生所見，以補其闕。」則是書原爲增補馮氏之書而作。戴醇士嚴保庸小跋，俱謂此書爲張浦山畫徵錄之續，非是。然以之徵乾、嘉、道、咸四朝畫家，固爲絕好資料也。

寒松閣談藝瑣錄　嘉興張公束鳴珂著。凡六卷，始於吳若準，終於辛璁，凡得畫家三百三十一人。其敍次，兼及書法詩詞，其體例與墨林今話相同。其自敍云：「乙巳孟陬，薄遊海上，晤安吉吳倉石大令，謂余曰：『瓜田徵君畫徵錄後，則有馮廣文墨香居畫識，蔣霞竹墨林今話。迄今又五十餘年矣！人材輩出，而記載無聞，將有姓

氏翳如之感，君何不試爲之。」予諾之。以未見諸書，因循未果，越三載，在王福盦處借得墨林今話，疾讀一過，隨筆疏記其未采者，得一百五十餘家，閒居多暇，擬日纂數則，以誌景仰。精力就衰，舊遊如夢，名號爵里，間有遺忘，儋儋小言，無當大雅。」云云。則是書全爲續墨林今畫之作，咸、同、光、宣間諸畫家，可徵於此。

庚子消夏記　北平孫退谷承澤著。乃順治十六年，孫氏退居後所作。起自四月，終於六月，故以銷夏爲名。自卷一至卷三，皆所藏晉、唐至明書畫眞蹟；卷四至卷七，皆古石刻，每條先標其名，而各評隲於其下。卷八爲寓目記，則皆爲他人所藏者，故別爲一卷附之。鑒裁評論，俱甚精到，讀之足以廣見聞而益神智。

江村消夏錄　錢塘高澹人士奇著。書畫不分類，每卷各以時代爲次序言謂「三年僅得三卷。」則一年僅得一卷也。高氏精於鑒賞，編制亦甚周密，爲收藏家所取重。

式古堂書畫彙考　卞令之永譽著。分書畫兩考：書考，前載書評、書旨；畫考，前載畫論，蓋循舊例。其分門別類，綱舉目張，並用大小字體，眉注圈識；又分別正文外錄，使眉目淸顯，一覽了然。可謂集著錄之大觀，盡賞鑒之能事者矣。

墨緣彙觀　天津安麓村岐著。凡六卷：分法書名畫，及法書名畫續錄。所錄至富，並均爲劇迹。蓋安氏富收藏，稱海內之冠。間有同志人士，求其評別者，亦皆罕覩之本。後擇其所藏，與平時寓目之精美者，彙集成此。其考據流傳，品評優劣，均極博雅；知其所見之廣，鑒別之精，實無人能出其右者。前有自序，款題松泉老人。

西廬畫跋　太倉王煙客時敏著。凡十八編，俱題王石谷畫。其推崇石谷，極爲備至，謂「石谷畫，囊括古人，淩駕

近代，眞極藝苑之能事，爲畫禪之大觀。」又謂「五百年來未之見。」又謂「登峯造極，無以復加。」云云。耕煙工力之深固爲有清第一，而於石谷之謙抑褒許，蘊發無遺，足見古人知己之雅。

大滌子題畫詩跋　全州釋石濤道濟著，休寧汪陳也繹辰輯。陳也謂「家藏大滌子畫甚多，因錄題畫諸作，並搜其散見他處者，附抄畫語錄後。」今見畫語錄後無此編，蓋另行刊印者。卷一爲山水詩跋，卷二爲梅蘭竹松詩跋，卷三爲花卉人物詩跋，卷四爲合作雜題。石濤每畫必題，其詩文率有奇古清高之氣。其發揮畫理處，尤多精卓之論，是自蒲團中來。倘廣事搜輯，必更有可觀也。

南田畫跋　武進惲南田壽平著。不分卷，僅分畫跋及題畫詩兩類，多半爲題自作。南田以寫生名世，而編中以題山水爲多，題寫生者絕少。南田天資超絕，其山水之精詣，實不亞於寫生也。其題詠諸作，亦可謂妙絕，不能贊一辭焉。

麓臺題畫稿　太倉王麓臺原祁著。以題自作也，凡五十三則。麓臺畫，多仿前賢名作，其中仿子久者，多二十五幅，尚有仿倪黃合作者，知其畫全得力於大痴。而其傾倒大痴，亦尤覺情見乎辭。通體論說古今，具見卓識，而淡中取濃，濃中之淡，尤得用墨之祕，爲後學南針。

冬心先生題記　錢塘金冬心農著。凡六種：曰冬心自寫眞題記、冬心畫佛題記、冬心畫馬題記、冬心畫梅題記、冬心畫竹題記、冬心先生雜畫題記，皆其題自畫之作。冬心以畫佛爲最工，故其題記，自許亦甚高。其自序云：「語多放誕，不可以考工氏繩尺擬之。」蓋奇情儁語，非有才情者，不克語此。並時惟板橋可稱同調。

畫筌 丹徒笪江上重光著。凡四千數百餘言，專論山水，以駢儷之文出之，詞華至爲美妙。所論畫法，俱極精微透澈，實爲習畫者不可不讀之書。又得南田石谷二公，逐段評註，各抒所見，益覺無蘊不宣矣。

畫訣 金陵龔半千賢著。凡五十七則，專論山水畫法。先畫樹，後畫石，蓋習山水，以樹石爲最先，亦以樹石爲最要，故編中所言，以樹石爲最多。其全旨爲初學者說法，故切實指示，無矜奇立異之談。其論畫柳云：「畫柳，若胸中存一畫柳想，便不成柳矣。何也？幹未上而枝已垂，一病也。滿身皆小枝，二病也。幹不古而枝不弱，三病也。惟胸中先不着畫柳想，畫成老樹，隨意勾下數筆，便得之矣。尤能發前人所未發。

小山畫譜 無錫鄒小山一桂著。專論花卉畫法，分八法四知。八法者，一曰章法，二曰筆法，三曰墨法，四曰設色法，五曰點染法，六曰烘暈法，七曰樹石法，八曰苔襯法，酌取前人微論。四知者，一曰知天，二曰知地，三曰知人，四曰知物，則爲前人所未及者。次爲各花分別，凡一百十五種，各詳花葉形色，而終於洋菊譜，極便學者參考。前人畫譜，多詳於山水而略於花卉，專論花卉畫法，實自茲編始。

芥子園畫傳 凡三集：初集山水，爲秀水王安節概輯。二集爲蘭竹梅菊四譜；三集爲花鳥草蟲，爲王概、王蓍、王臬合編。俱有畫法，歌訣，起手式，由淺入深，有裨初學，良非淺鮮。近世學畫者，多以此爲入門，顧未可以淺近常見而淡視之。

清初畫壇以西廬老人爲宗匠，繼以三王，益以吳、惲，其功力皆從宋、元鏖戰而來，成有清繪畫之中心統系。故清代之繪畫思想，亦以此派爲主體。西廬遙承董、巨，近紹大痴，其言畫學，力主倣古。其言曰：「畫雖一藝，古人於此冥心

搜討，慘淡經營，必參造化，思接混茫，迺能垂千秋而開後學。原其流派所自，各有淵源，如宋之李、郭，皆本荊、關，元之四大家，悉宗董、巨是也。近世攻畫者如林，莫不人推白眉，自詡巨手；然多追逐時好，鮮知學古，即有知而慕之者，有志倣倣，無奈習氣深錮，筆不從心者多矣。」又曰：「唐、宋以後，畫家一派，自元季四大家趙承旨外，吾吳文、沈、唐、仇，以及董文敏，雖用筆各殊，皆刻意師古，實同鼻孔出氣。邇來畫法衰熸，古法漸湮，人多自出新意，謬種流傳，遂至衺詭不可救藥。」其痛詆時流，提倡學古，可謂聲色俱厲。王廉州亦曰：畫之有董、巨，如書之有鍾、黃，舍此則爲外道。惟元季四大家，正脈相傳，近代如文、沈、思翁之後，幾作廣陵散矣。獨大痴一派，吾婁煙客奉常，深得三昧。」石谷繼起，以篤於學古名聞當世，學者趨之，遂成有清繪畫之中心思想。然當時如釋道濟等諸畫人，極主師古人之心而下師古人之跡，與煙客一派之思想，頗爲相反。其言曰：「至人無法，非無法也，無法而法，乃爲至法。」又曰：「古人未立法之先，不知古人法何法？古既立法之後，便不容今人出古法，千百年來，遂使今人不能一出頭地。師古人之跡而不師古人之心，宜其不能一出頭地也，寃哉！」又曰：「此道見地透脫，只須放筆直掃，千巖萬壑，縱目一覽，望之若驚電奔雲，屯屯自起，荊、關耶？董、巨耶？倪、黃耶？沈、趙耶？誰與安名？余嘗見名家動輒倣某家，法某派；書與畫，天生自有，一人職掌一人之事，從何處說起。」又曰：「我之爲我，自有我在。古之鬚眉，不能生在我之面目；古之肺腑，不能安入我之腹腸；我自發我之肺腑，揭我之鬚眉。縱有時觸某家，是某家就我也，非我故爲某家也。天然授之也。」一面則主法自然，師造化。其言曰：「古人立一法，非空閒者，公閑時，拈一个虛靈隻字，莫作眞識想，如鏡中取影。山水眞趣，須是入野看山時，見他或眞或幻，皆是我筆頭靈氣，下手時，他人尋起止不可得，此眞大家也，不必論古今矣。」又曰：「天有是權，能變山川之精

靈；地有是衡，能運山川之氣脈；我有是一畫，能貫山川之形神。此予五十年前，未脫胎於山川也。亦非糟粕山川，而使山川自私也，山川使予代山川而言也；山川脫胎於予也；予脫胎於山川也；搜盡奇峯打草稿也；山川與予神而迹化也；所以終歸之於大滌也。」故黃山一派，以遍遊天下名山水自負。笪重光亦曰：「善師者師化工，不善師撫縑素。」湯貽汾亦云：「畫象也，象其物也。今每畫曰仿某法某，故一搦管，卽以一古人入其胸，未嘗以造物所生之物入其胸。以造化生物入其胸，則象物以古人入其胸，則僅能象其象。」然道濟，亦非全主廢古者，其言變化曰：「古者，識之具也。化者，識其具而弗爲也。具古以化，未見夫人也。常憾其泥古不變化者，是識拘之也。識拘於似，則不廣，故君子惟借古以開今也。」顧當時以四王、吳、惲爲繪畫之正統，道濟之繪畫思想，除黃山、揚州二派，受其影響以外，其勢力殊不大耳。然提倡學古者，亦多主張化古，西廬老人云：「元季四大家，皆宗董、巨，濃纖淡遠，各極其致。惟子久神明變化，不拘拘守其師法。每見其布景用筆，於渾厚中仍饒遒峭，蒼莽中轉見娟妍，纖細而氣益閎，愼塞而境愈廓，意味無窮，故學者罕窺其津涉。」南田老人云：「作畫須優入古人法度中，縱横恣肆，方能脫落時徑，洗發新趣也。」卽爲學古而不爲古法所泥，實足藥專主學古者之偏疾。與石濤具古以化之思想，有殊途同歸之意趣。故清代畫家之有識者，多以是說以昭後學。笪重光曰：「拘法者，守家數。不拘法者，變門庭。叔達變爲子久，海岳化爲房山，黃鶴師右丞而自具蒼深，梅花祖巨然而獨稱渾厚。方壺之逸致，松雪之精研，皆其澄淸味象，各成一家，會境通神，合於天造。」唐岱云：「落筆要舊，景界要新，何患不脫古人窠臼也。」張庚曰：「華亭一派，首推藝苑；第其心目爲文敏所壓，點擬拂規，惟恐失之，奚暇復求乎古。由是襲其皮毛，遺其精髓，流而爲習氣矣。蓋文敏之妙，妙能師古，晚年墨法，食古而化者也。學者當求文敏之

所以師古，所以變化，則不難獨開生面而與文敏抗衡，不當株守而自域。」然學古者，每不易化古，其流弊致各守師承，嚴畫流派，不相容納，互爲詆毀。於是右雲間者詆浙派，祖婁東者毀吳門。石谷曰：「嗟乎！畫道至今日而衰矣。其衰也，自晚近支派之流弊起也。顧、陸、張、吳遼哉遠矣，大小李以降洪谷、右丞，逮於李、范、董、巨，元四大家，皆代爲師承，各標高譽，未聞衍其餘緒，沿其波流，如子久之蒼渾，雲林之澹寂，仲圭之淵勁，叔明之深秀，雖同趨北苑，而變化懸殊，此所以爲百世宗而無弊也。洎乎近世，風趨益下，習俗愈卑，而支派之說起。文進、小僊以來，而浙派不可易矣。文、沈以後，吳門之派興焉。董文敏起一代衰，抉董、巨之精，後學風靡，妄以雲間爲口實。瑯琊太原兩先人，源本宋、元，媲美前哲，遠邇爭相倣傚，而婁東之派又開。其他旁流末緒，人自爲家，未易指數，要之承訛藉舛，風流都盡。」實爲泥於學古之大病，爲清代繪畫思想趨向之大略。其餘關於形神、情意、理趣、氣韻，以及筆墨諸技法等要語名言，揮發尤夥。誠有不堪詳錄之概，祇從略耳。

附錄

域外繪畫流入中土考略

中土爲古文明之國，一切文化，均獨自萌芽，獨自滋長，與域外無相關係。稍後，以文化、武力、商業、交通、進展等諸原因，漸漸發生域外與中土交互之結果。換言之，文化、武力、商業、交通、等愈進展，交互之事實亦愈綜錯，而文化學術之互相影響變化亦愈甚；此爲人羣進化上之自然現象。繪畫爲人類文化之一部，其進展，亦自不能離開自然現象之例。茲爲域外繪畫與中土繪畫交互上便於研究起見，將域外繪畫流入中土之時期及影響變化等，作一概略。

夏禹治洪水，分九州，鑄九鼎，左傳云：「昔夏之方有德也，遠方圖物，貢金九牧，鑄鼎象物，百物爲備，使民知神姦。」有人頗以此爲域外繪畫最先流入中土之證。然考夏代版圖，僅爲九州之地，所謂遠方者，顧無名稱地域之可考，以意度之，總不外九州不遠之邊垂，則仍屬中土範圍，未可以較擴大之域外相看待也。

又拾遺記云：「周靈王時，有韓房者，自渠胥國來，身長一丈，垂髮至膝，以丹沙畫左右手，如日月盈缺之勢，可照耀百餘步。」按拾遺記爲符秦方士王嘉所撰，其言多荒誕，爲齊諧志怪一例，證之史傳，皆不合。而韓房之名，既未見於中土談畫之書記載之事實，亦全近神話。所云日月盈缺之勢，亦不過一種極簡單之形象，不能謂爲較完成之繪

畫。如據此以爲域外繪畫之流中入土，殆始於周季，自是不妥。

域外繪畫之流入中土，比較近於事實者，厥爲秦始皇時騫霄國畫人烈裔來朝一事。故予以秦代烈裔來朝，爲域外繪畫流入中土之第一期。次爲後漢佛教繪畫之流入中土爲第二期。再次爲明代天主教士歐西繪畫之流入中土爲第三期。末爲近時之歐西繪畫之流入中土爲第四期。在事實上較顯著者，自然須從第二期起，即依次簡述於左：

(甲)第一時期

相傳始皇元年，（一說二年。）騫霄國畫人烈裔來朝，能口含丹墨，噴壁而成鬼魅詭恠羣物之象；善畫鸞鳳，軒軒然唯恐飛去。拾遺記亦載其事。謂「烈裔，騫霄國人，善畫來獻。」按秦始皇一統天下，版圖遠擴於中土之西南。並因當時商業之進展，所謂西南夷者，無不與中土通商往來。並由中土西南商人，大開西域之交通。漢書五行志載「有巨人十二，皆夷服，見於臨洮，故始皇銷兵器，鑄而象之。」按臨洮，即今甘肅岷縣之地，足爲當時西域人來中土之證。亦即爲秦與西域交通之實據。以此推論，西域畫士之往來中土邊境及中土內地者，在事實上，自屬十分可能。老友鄭午昌亦以秦代烈裔爲域外繪畫流入中土之始，頗有同感。但烈裔住中土久暫不可考，其藝術雖足稱道，與中土繪畫上，有若何影響？願無痕跡可尋耳。

(乙)第二時期

漢高祖得天下後，至武帝，好大喜功，北征匈奴，遠通西域，雖如波斯之文明，亦漸漸播及中土。並刻意欲從滇，蜀

通印度，不久卽由合浦度海而達印度。換言之，卽當時中土文化已漸漸開始接受西域，印度文化之東來。在繪畫技術上，雖尙未受直接之影響，然以畫材論，如天馬蒲桃鏡之鏤紋等，是取材於大宛所獻之天馬蒲桃，已現顯著之變化。

原佛教之傳來中土，相傳始自後漢明帝。實則前漢武帝之遠通西域時，已開始東移。魏書釋老志云：

及開西域，遣張騫使大夏還，傳其旁有身毒國，一名天竺，始聞有浮屠之教。

魏書釋老志又云：

復若丘山司馬遷區別異同，有陰陽儒墨名法道德六家之義。劉歆著七略，班固志藝文，釋氏之學所未曾紀。案武帝元狩中，遣霍去病討匈奴，至皐蘭，過居延，斬首大獲。昆邪王，殺休屠王，將其衆五萬來降，獲其金人。帝以爲大神，列於甘泉宮，金人率丈餘，不祭祀，但燒香禮拜也。此則佛道流通之漸也。

魏書釋老志又云：

哀帝元壽元年，博士弟子秦景憲，受大月氏王使伊存口授浮屠經，中土聞之，未之信了也。

此則實爲印度佛教傳入中土之始。惟至後漢明帝，遣蔡愔至天竺迎佛後，爲域外繪畫之來中土最明瞭最有影響於中土繪畫而可考查者。晉袁宏後漢記云：

初明帝夢見金人，長大頂有日月光，以問羣臣。或曰：「西有神，其名曰佛，陛下所夢，得無是乎？」於是遣使天竺，問其道術，而圖其形象焉。

後漢書西域傳云：

世傳明帝夢見金人長大頂有光明，召問羣臣。或曰：「西方有神，名曰佛，其形丈六尺而黃金色。」帝於是遣使天竺問佛道法，遂於中國圖畫形像焉。楚王英，始信其術，中國因此頗有信其道者。

佛祖統紀云：

帝夢金人，丈六頂佩日光，飛行殿庭，且問羣臣，莫能對。太史傅毅進曰：「臣聞周昭之時，西方有聖人出，其名曰佛。」帝乃遣中郎將蔡愔秦景博士王遵十八人，使西域，訪求佛道。

佛祖統紀又云：

蔡愔等於中天竺大月氏國，遇迦葉摩騰竺法蘭，得佛倚像，梵本經六十萬言，載以白馬，達雒陽。

案蔡氏於明帝永平初遣赴月氏，至永平十一年，一說九年偕沙門迦葉摩騰竺法蘭東還洛陽。當時以白馬馱經，及白氈釋迦立像，因在洛陽城西雍關外建立白馬寺，並在寺中壁作千乘萬騎三匝遶塔圖。魏書釋老志云：

自洛中構白馬寺，盛飾佛圖，畫迹甚妙，爲四方式。

魏書釋老志又云：

明帝並命畫工圖佛，置淸涼臺顯節陵上。

爲中土有佛教畫之始，亦卽爲吾國畫人作佛畫之始。而僧人迦葉摩騰等，亦曾畫首楞嚴二十五觀之圖於保福院。惟漢代畫家，尚無能作佛畫稱者，是殆佛畫初入中土，不爲中土人士所習耳。

佛教自漢流傳中土以來，歷三國、兩晉，上而君主，下而士庶，崇信者，代有其人。並自魏朱士行，始爲沙門，西行求法後，繼起者，有竺法護、法顯等數十人。挾西域同歸之高僧，則有佛馱、拔陀羅等，皆爲中土人士所崇敬。於是造佛建寺，漸由洛陽及於大江南北。而所謂莊嚴妙相者，更不能不盡量揮發佛畫，以爲宣傳佛教之方便。其時西域及印度僧人，受中土歡迎，陸續由海陸路來中土宣教者，又各挾其佛畫以俱來。中土畫家，應時勢之要求，多取爲範本而傳寫之，因此佛畫乃盛行中土。三國時有天竺僧人康僧會者，遠遊於吳，得吳主孫權之信仰，爲立建初寺於建業。吳人曹不興，得康僧會所挾佛畫之影響，爲中土佛畫家之祖。至晉武帝時，所謂寺廟圖像，已崇京邑，畫家對於佛畫，自易獲得範本，進爲精妙之研求。原來中土漢代繪畫，尚多簡略，技術方法等，似尚不及印度佛畫之精進？至晉衞協出，始就佛畫而陶鎔之，漸趨細密，其藝術手段尤足左右一時之風習。至東晉時，佛畫尤爲輝發，顧愷之即爲當時特出之大作手。相傳東晉興寧中，始建瓦官寺，僧家設會，以請朝賢鳴刹注疏，時士大夫無過十萬錢者。既而顧愷之打刹，注百萬。愷之素貧，衆以爲誇誕。後寺僧請勾疏，愷之曰：「宜備一壁。」遂閉戶，往來月餘，畫維摩詰一軀。工畢，將欲點眸子，乃謂寺僧曰：「不三日而觀者所施，可得百萬錢。」乃開戶，光彩陸離，施者塡咽，俄而果得百萬。於此可見當時之佛畫，得中土天才畫士精心運用之努力，與中土繪畫之陶鎔，大得精妙之進步。中土佛教，自魏、晉以至南北朝，如野火燎原，其隆盛，誠不可以言語形容，佛寺之建築，亦不可以數計。讀唐人杜牧之「南朝四百八十寺，多少樓臺烟雨中？」一詩，即可想其一二。甚至於中土之一切學術思想，無不以佛教爲中心。佛教繪畫，亦自然因佛教之盛隆，而達其極致。當時西方僧侶，如天竺之康僧鎧，佛圖澄，龜茲之羅什三藏，皆以佛畫爲宏道之第一方便。且西僧中，如迦佛

陀、摩羅提吉底俱等，皆善佛畫，來化中土。中印度之新壁畫，卽於此時傳入，張僧繇，更直接得其手法，略加以變化，成中土之新佛畫。曾在建康一乘寺作門畫，近望人物宛然，遠望眼暈如有凹凸，故人稱一乘寺爲凹凸寺。所謂遠望眼暈如有凹凸，大概爲中土所不常用之陰影法，略與日本奈良法隆寺金堂之壁畫出於同一手法者。

中土繪畫至六朝時，全以佛畫爲中心，凡能作畫者，卽能作佛畫。然中印度陰影法之新佛畫，除張僧繇外，繼起者，殊少有人。至唐時，僅有尉遲乙僧，曾在慈恩寺塔前作觀音像，於凹凸之花面中，現有千手千眼之大慈悲菩薩，爲能陰影法而技術精妙。按尉遲乙僧，西域于闐國人，善佛畫，爲于闐王所薦而來中土。然當時佛畫家，如閻立本兄弟，及吳道玄等，均直承顧愷之諸人而下，極盡中、印陶鎔之變化，呈佛畫上之新貢獻。而於中印式陰影一法，則無所影響。蓋因中土繪畫，極重線條骨法，與氣韻之描寫；謝赫六法，卽以氣韻生動，與骨法用筆，爲繪畫上最高之基件，絕不在陰陽形體上之顯現。故中印式之佛畫，雖自張僧繇得其影響，至唐尉遲乙僧再表現於中土，均因不合中土民族之性格而無形淘汰之。

有唐以後，佛教以禪宗興盛，主直指頓悟，不重形式，佛畫因之漸衰，其影響於中土繪畫者，亦由微弱而斷絕。

(丙)第三時期

中土與歐洲之交通，雖開始於元代，然自元人武力衰微以後，並因歐、亞大陸交通之不便，以致中斷。至西曆十四五世紀間，歐、亞兩洲各亟謀彼此之交通；在中土，則有明永樂至宣德時，三保太監鄭和七下西洋；在西方，則有地亞士(Bartholomew Diax)發現好望角等。至西曆一五一四年，葡萄牙人阿爾發耳(Torge Alvares)至廣東之

三洲島後，荷蘭、西班牙、英、法諸國，俱相繼而至澳門廣州等處，並漸漸沿漳、泉、寧波而達北平。西方天主教徒，亦隨之而來中土，亦即爲西方繪畫之隨來中土。

明季天主教徒時由海道來中土之廣東，福建諸沿海地傳教，然多不爲中土官民所信仰，無甚成績。至一五七九年，耶穌會教士羅明堅(Michael Ruggseri)至廣州。一五八零年，利瑪竇繼來金陵，建天主教堂，天主教始植其基礎於中土。後並至北平，於是中土人士之信天主教者，亦漸增多。當時中士學者，如徐光啓等，即爲篤信天主教義而受洗禮者。利氏住中土甚久，通華文華語，東來時，挾有歐西之圖畫及雕版圖像書籍器物等甚夥，西洋之曆算格致哲理等諸科學，亦由利氏之傳教而傳入中土。明萬曆二十八年，西曆一六〇〇年 利氏上神宗表文有云：

謹以天主像一幅，天主母像二幅，即聖母像。天主經一本，眞珠鑲嵌十字架一座，報時鐘二架，萬國圖志一册，雅琴一張，奉獻於御前。物雖不腆，然從西極貢來，差足異耳。

利氏所獻之天主像、天主母像，當然爲其東來時，挾帶圖像中之一部。張紹聞無聲詩史云：「利瑪竇，攜來西域天主像，乃女人抱一嬰兒，眉目衣紋，如明鏡涵影，踽踽欲動，其端嚴娟秀，中國畫家無由措手。」張氏所謂天主像，即聖母像也。當時顧起元既曾見利氏其人，並見利氏所攜之聖母像。顧起元客座贅語云：

利瑪竇，西洋歐羅巴國人也。面皙白，虬鬚深目，而睛黃如貓。通中國語，來南京居正陽門西營中。自言其國以崇奉天主教爲道，天主者，制匠天地萬物者也。所畫天主，乃一小兒，一婦人抱之，曰天母。畫以銅板爲幀，而塗五采於上，其貌如生，身與臂手，嚴然隱起幀上，臉之凹凸處正視與生人不殊。人問畫何以致此？答曰：「中國

畫，但畫陽，不畫陰，故看之面軀正平，無凹凸相。吾國畫，兼陰與陽寫之，故面有高下，而手臂皆輪圓耳。凡人之面正面迎陽，則皆明而白，若側立，則向明一邊者白；其不向明一邊者眼耳鼻口凹處皆有暗相。吾國之寫像者，解此法用之，故能使畫像與生人亡異也。

顧氏所記，較無聲詩史爲詳。且記述利氏談西洋畫用光學以顯明暗之理，是則西洋畫理，亦由利氏而開始萌芽於中土。繼利氏而來中土者，有利氏之徒羅儒望(Toao da Rocha)，德國耶穌會教士湯若望(Toannes Adam)，均挾來相當之畫像器物，並有由郵寄而來中土者。崇禎十二年間，湯若望曾進呈天主降凡一生事蹟像。黃伯祿正教奉褒記其事云：

崇禎十三年十一月。先是有葩槐國(Bavaria)君瑪西理(Maximilianus)飭工用細緻羊韗，裝成册頁一帙，綵會天主降凡一生事蹟各圖，又用蠟質裝成三王來朝天主聖像一座，外施綵色，俱郵寄中華，託湯若望轉贈明帝。若望將圖中聖蹟，釋以華文，工楷謄繕。至是，若望恭齎趨朝進呈。

蓋當時西洋教士，深知中土人士之愛好繪畫，故以此爲宣傳之具。與漢、魏、南北朝時之西域及印度僧人，攜來佛畫，以爲佛教宣傳之工具者，全爲一轍。一六一五年，利瑪竇所着拉丁文中土佈教記(De Christiana expeditione apud Sinas)一六二九年畢方濟(P. Franciscus Samdiaso)所著之畫答，皆言及西洋畫，西洋雕版圖畫，爲中土傳教之輔助，而收大效之事。蓋可想見中土人士，亦因西洋教士攜來之繪畫，應用陰陽明暗之法，儼然若生，爲中土所未見，而生愛好。並因喜新之心，中土畫家，亦漸漸受其影響。然明季傳入中土之西畫，大率爲天主像、聖母像，

及天主一生事蹟等，純係寫像人物畫。故中土最先受西畫影響而採用西法者，厥爲寫眞派。此派之開始者，爲明末閩莆田人曾鯨。鯨字波臣，流寓金陵，寫照如鏡取影，妙得神情；其傅色淹潤，點睛生動，雖在楮素，盼睞嚬笑，咄咄逼眞，若軒冕之英，巖壑之俊，閨房之秀，方外之踪，一經傳寫，妍媸唯肖。然每圖一像，烘染至數十層，必竆匠心而後止。陳師曾謂「傳神一派，至波臣乃出一新機軸，其法重墨骨而後傅彩，加以暈染，其受西畫之影響可知。」蓋波臣流寓金陵，正在利氏傳教金陵之時，定與徐光啓、顧起元等同目睹利氏懸在金陵教堂中之天主、聖母諸像，所謂烘染至十數層者，即爲參用西洋畫法之明證，非曾氏以前之寫眞家所知也。日人大村西崖云：「萬曆十年，意大利教士利瑪竇來明，工歐西繪畫，能寫耶穌、聖母像，曾波臣乃折衷其法，而作肖像，所謂江南派之寫照也。傳波臣之學者殊衆，有謝彬、郭鞏、徐易、劉祥生、張琦、沈韶、沈紀諸人，均有聲譽。徐瑤圃寫眞，不獨神肖，至筆墨烘染之跡，亦與之俱化，爲沈韶入室高弟。

清初，主事欽天監者，多西洋教士，彼輩通歐西之科學藝術，每於無形中，與以西畫入中土有力之幫助。中土人士，亦於潛移默化中，濡染其影響。例如欽天監五官正焦秉貞以西畫遠近諸法，而成中西折中之新派，是以中畫而參以西法者。張浦山畫徵錄云：焦秉貞，濟寧人，欽天監五官正。工人物，其位置，自遠而近，由大及小，不爽絲毫，蓋西洋法也。清聖祖並謂「秉貞素按七政之躔度，五形之遠近，所以危峯疊嶂，中分咫尺於萬里。」按焦氏在康熙二十一年間入直內廷，工山水界畫，深明測算之學，悟會有得，取歐西繪畫之方法，變通而成之耳。焦氏之後，有冷枚、唐岱、陳枚、羅福旻等，均以折中新派見稱於世。

又張恕，字近仁，工泰西畫法，自近及遠，由大及小，皆準法則。崔鏏，工人物士女，學焦秉貞法，傅染淨麗，風情婉約，均屬焦氏一派。

明季西畫之傳入中土，爲數殊夥。然東來之諸教士中，兼通繪事，供奉畫院，從事內庭繪事者，尚屬無人。至清初康熙末年，始有意大利教士郎世寧、艾啓蒙、王致誠等，供奉畫院。按郎氏，康熙五十四年至北平，工歐西繪畫，後兼習中土繪畫，因參酌中西畫法，別立中西折中之新體。人物山水花卉翎毛，無不擅長，住中土甚久。人謂郎氏所繪之花卉等，具生動之姿，非若彼中庸手，詹詹於繩尺者比。畫馬尤工，掩仰俯側，姿態各異，陰陽明暗，盡形體之能事。艾氏亦工歐西繪畫，參以中法，工翎毛。石渠寶笈，載其畫蹟者凡九。其他如潘廷璋(Giusephepanyi)安德義(Tean Damascene)均長中西新體，與郎、艾諸氏，奉清高宗之命，畫平準噶爾部凱旋圖，純爲以西畫爲本而參以中法者。

西畫自明末已逐漸興盛，至郎氏時代，實爲最高潮。一因當時西洋教士之來中土者日多，二爲因喜新而造成時新之潮流，三爲郎氏諸人之技藝，非通常畫史所能希及，實與中土繪畫之一大波動。

此外尚有純以西法寫眞者，莽鵠立爲此派之代表。畫徵錄云：「莽鵠立，字卓然，滿洲人，工寫眞。其法本於西洋，不先墨骨，純以渲染皴擦而成，神形酷肖，見者無不指是所識某也。」傳其法者，有諸暨人金介，又丁允泰及其女瑜，畫徵錄謂其一遵西洋烘染之法，亦屬此派。

總之，西洋畫自明萬曆初年至高宗乾隆末，凡二百年，其勢力殊盛強；宮廷之間，尤爲活動。漸漸由寫眞而至山水花卉，以及於西清研譜等器物圖譜，均受其風化。惟民間畫家，受其影響者較少。自乾隆末年，開始嚴厲之禁教後，

西洋繪畫在中土之勢力與影響，均驟然中絕。其原由固甚複雜，然西洋繪畫，終不甚合中土皇帝人士之目光，實爲一總因。雖當時王致誠、郎世寧等之供奉內廷，頗思以西畫之風趣及明暗遠近諸端，輸之中土；於是寫眞花卉等一遵西法。然色彩之渲染濃淡之配合陰影之投射，終不爲皇帝所懽賞，因強師西土畫家而習中土畫法。王致誠曾馳函巴黎而言其事云：

是余拋棄平生所學，而另爲新體，以曲阿皇上之意旨矣。然吾等所繪之畫，皆出自皇帝之命。當其初，吾輩亦嘗依吾國畫體，本正確之理法而繪之矣；乃呈閱時，不如意，輒命退還脩改，至其脩改之當否，非吾等所敢言，惟有屈從其意旨而已。。見戴嶽所譯之中國美術福開森中國畫史。

福開森中國畫史又云：

王致誠初入北京，以畫受知於高宗，於郎世寧爲後進。高宗不喜其油畫，因命工部轉諭曰：「王致誠作畫雖佳，而毫無神韻，應令其改學水彩，必可遠勝於今。若寫眞時，可令其仍用油畫。」

由此，可見西洋畫家供奉內庭而受束縛拘執之苦矣。當時中土畫家，亦每譏評貶斥，殊少贊許之評論。吳漁山云：「我之畫，不取形似，不落窩臼，謂之神逸。彼全以陰陽向背，形似窩臼上用工夫，即款識，我之題上，彼之識下。用筆亦不相同，往往如是。未能殫述。」鄒一桂亦云：「西洋畫善勾股法，故其繪畫，於陰陽遠近，不差錙黍。所畫人物屋樹，皆有日影。其所用顏色與筆，與中華絕異。布影，由闊而狹，以三角量之。畫宮室於牆壁，令人幾欲走進。學者能參一二，亦具醒法。但筆法全無，雖工亦匠，故不入畫品。」對於西教士及焦秉貞之折中新派，亦多致不滿。張浦山云：「焦氏，

得利瑪竇西洋畫法之意而變通之，然非雅賞，爲好古家所不取。」此蓋爲東西民族性格之不同，與文化基礎之各異，有以致之耳。唯至清代末年之康有爲氏對於郎氏之折中新派，備致推崇。謂「郎世寧乃出西法，他日當有合中西而成大家者，日本已力講之，當以郎世寧爲太祖矣。如仍守舊不變，則中國畫學，應遂滅絕。」見萬木草堂藏畫目。康氏不諳中西繪畫，主以院體爲繪畫正宗，是全以個人意志而加以論斷者。恐與其政見之由維新而至於復辟者相似，不足以爲準繩。

(丁)第四時期

中土自道光二十二年鴉片戰爭後，致成五口通商。隨後即繼以八國聯軍，使中土沿海各門戶，洞然開啓。因之西洋之文化學術等，亦漸由五口等地爲根據，侵入中土內地。中土人士之有識者，亦以國勢衰弱，非維新中土之學術思想等，不足以自強。致釀成戊戌政變，廢科舉，興學校，派遣中土青年，留學東西洋諸舉。西洋耶穌天主諸教士，亦以通商故，重來中土，佈教於中土內地。天主像及雕版圖像等之歐西繪畫，亦隨西教士重來中土。然當時中土人士，對於此等繪畫，一因已屬慣見，大不似明末清初新來時之驚奇駭異。二因天主像等古典派之作品，離純粹之藝術基點尚遠，不足以厭足中土畫家之追求。三因明末清初時，中西折中之新派，終不爲中土人士所欣賞，致被公認爲品格不高之匠品。故西畫雖自道光末年，重來中土，直至光緒末年止，其影響於中土之繪畫者，實屬有限。在江南僅有吳石僊等幾人而已。吳氏，金陵人，光緒末年間，僑寓上海。喜參用西法作烟雨秋山諸景。黃賓虹氏曾評之云：「金陵吳石僊，以字行。初畫山水，略仿藍田叔，喜作秋山白雲紅葉。繼參西法，用水漬紙，不令其乾，以施筆墨，獨詡秘法，淒

迷似雲間派而筆力遒勁之氣泯焉。」自光、宣後，至民國初年，西畫在中土之勢力，始漸漸高張。其原因，一為歐西繪畫，近三五十年，極力揮發線條與色彩之單純美等，大傾向於東方唯心之趣味。二為維新潮流之激動，非外來之新學術，似無研究之價值。三為中土繪畫，經三四千年歷代天才者與學者之研究，其揮發已至最高點，不易開闢遠大之新前程，殊有迎受外來新要素之必要。四為歐西繪畫，其用具與表現方法等，有特殊點，另為一道，而有試驗之意義。緣此中土青年，有直接澈底追求歐西繪畫之傾向。當時日本自明治維新以後，竭力迎受歐西學術，已為迎受歐西學術之先進國。故在光緒三十年間，即有李叔同先生息，叔同先生，為予幼年業師，初名岸，長文學書法，攻歐西音樂繪畫，與曼殊和尚等，同為南社諸子。民國六年間，剃度於杭州，法名演音，號弘一，現雲遊閩省。東渡日本入東京美術專門學校，研習西畫。至宣統初年，即返中土，為中土赴域外專習西畫之第一人。亦為赴域外研習西畫最先返中土之一人。次為陳抱一，約在宣統末赴日本，至民國四年春，回中土，亦算較早。至民國初年，始有李超士王靜遠吳法鼎等直接赴法之巴黎，專習西畫。超士，民國七年返中土，靜遠較遲。此後，直接赴歐，學習西畫者，日漸增多，以致英、美、意、法諸國，無不有人，可謂盛矣！至中土研究西畫之學術機關，以三十年前之南京兩江優級師範學堂民國成立後，改為南京高等師範學校。繼又改為東南大學。國民政府遷都南京後，改為中央大學。為最早。該校開辦在清光緒二十八年，簡派李梅庵名瑞清，號清道人。為監督。即今校長。道人固篤學君子，尤長於書法繪畫，壹志提倡藝術教育；且以既廢科舉而興學校，則直接需要之藝術師資，為數甚夥，與其輸耗鉅大經費，派遣多數學生出洋留學，不如添辦藝術專科，延聘少數外國學者來華教授之為經濟與簡便。但當時該校學制，僅規定開設文學、數理、史地、農博、理化等科，而藝術不與焉。道人乃諮詢校中之諸外國教授，彙集東西各國師範教育設科之成例，擬訂藝術專科

之辦法，條陳學部，奏准添設。乃於光緒三十二年，實行創辦此科，連開兩班，約造就師資五六十人。所聘西畫及中畫教授，爲日人鹽見競、亘理寬之助及蕭厔泉（名俊賢，別號天和逸人。）等。如凌直支文淵，呂鳳子濬以及姜敬廬先生輩，皆該校畢業生也。查該科辦法，約略與東京高等師範之藝術科相仿。當是時，公家財力，尚稱寬裕，物價又低，故設備頗善。關於藝術之中外圖書，及石膏模型，油畫材料，用器畫標本儀器等，皆從東西洋直接採辦。（此等藝教用品，當時國內尚乏買賣之處。上海，僅有別發洋行一家，備有少數油畫顏料，供給少數西人購用。）雖惜於辛亥革命時大好文物，皆燬於兵燹；然此輩藝術人材，多分布服務於蘇、皖、贛、浙、湘、粵、川、晉及北京等各中學師範等校，此爲歐西畫法，直接由國人率先推行於新藝術教育上之嚆矢也。同時北方之保定優級師範，亦援例開辦藝術科一班，造就若干人。又同時上海徐家匯土山灣教會內，亦有若干人練習油畫，且自製油畫顏料。惟所畫，均爲宗教性質之題材；指導者，爲法國教士；學習者，則爲中土信徒；此點，當亦有多少影響於當時之社會。然在此等人材未造成之前，各省師範學校之規模較大者，即普通科之西畫教師，亦多聘日人任之。例如光、宣間之浙江兩級師範學堂圖畫教師，初爲日人吉加江宗二。至宣統三年，以中土既有相當師資，自可收回教育職權，遂辭退客卿，而改聘姜敬廬先生繼任。至民國元年秋，該校長經頤淵先生亨頤，以浙省各中學藝教師資缺乏，特設藝術專科一班，聘李叔同先生主其事。其組織及教學，亦仿行東京高師藝術科之大略；設備及教室等，亦極完善；高年級，均以半身眞人體，爲西畫之基本練習。即所謂人體模特兒者，已見用於中土矣。民國七年間，在上海創辦藝術專科師範之吳夢非等，即在該科畢業者。斯時上海方面，尚無研究西畫之較好團體與學校，茲錄汪亞塵四十自述中云：

高小畢業後，十四歲那年的春天，（民國前三年）。同我的父親，到上海來遊玩，遇着甬人烏始光和陳漢甫。漢甫深知書畫，一見我，便很鼓吹我學習繪畫。那時，小花園文明雅集茶館內，有一個書畫研究會，由漢甫介紹做會員，每晚同漢甫到文明雅集看許多上海畫家，當場揮毫。一位矮胖的蒲作英，常到書畫會作畫。那時吳昌碩一幅四尺整張，不過買十幾塊錢。倪墨耕、黃山壽諸畫家，常常合作。我自入文明雅集以後，每夜必到，差不多就是我研究中國畫的場所；同時就是自己練習。……武昌革命起義，杭州也光復了，我再隨父親來上海，復訪烏始光。那時候，烏始光在一個佈景畫傳習所裏學畫；主辦人是周湘。畫的是照相背景；學的是水彩畫水彩畫，專畫些中西合璧的題材。那時候，上海的洋畫，簡直沒有幼稺的可憐。一般想學洋畫者，專在北京路舊書攤上覓雜誌上的顏色畫；不管是圖案畫，廣告畫，只要看見，就買回來照了模仿。因爲沒有眞正的洋畫，也找不着學習的場所。我們幾個朋友，就杜造範本，還去騙人。我由國畫而改習洋畫的動機，便在於此。當時在上海有伊文思與普魯華兩家洋書店，有西洋畫印刷品經售；將那種印刷品買回來，臨摹臨摹，便充作至上的西洋畫。現在想起，着實可笑！

民國二年春季起，我每天到烏始光家裏補習英文，晚間在四川路青年會夜館念書。這一年冬月，有一天早晨，在始光家裏，遇見了劉季芳，（就是現在上海美專校長劉海粟。）季芳和始光，都是周湘背景傳習所的畫友。從那天起，還合了丁悚、夏劍康、楊柳橋等五六人，想籌備一個圖畫學校。那時候，季芳比我小二歲，始光比我大九歲，始光在上海住得久，普通的英語，很能對付，所以比我們的經驗都富些。我會見季芳那一天中午，始光請客，邀季芳

與我三個人,便到乍浦路日本人開的西洋料理店——寶亭——午餐,正在進餐,從窗門中望出去,看見對過牆上,有一張召租字條;那幢半中半西式的房子又緊閉着,知道是出租。餐後,打聽房價不貴,就由始光去賃定那間房子,試辦學校的起點,也就在那個場所。

上海圖畫美術院,是最初的定名,兼辦臨摹稿本的圖畫函授學校。最初,人數寥寥,繼續二年間,也不過二十餘人。那時候,要在上海社會,樹起美術學校的招牌,確難號召。而且有許多連自己都還弄不清,練習造型藝術,從何處入手?可說茫然不知。不過那時圖畫美術院裏幾個年青小夥子,確抱着知其不可爲而爲之主義,耐心幹去,這一點,我個人便覺得勇氣直衝。

民國四年春,陳抱一,由日本歸來,講給日本人學洋畫的方法,須用石膏模型,爲練習初步。另外又組織一個研究所,定名叫做東方畫會,地點在西門寧康里。起初徵集會員,有二十餘名、因爲每月收納研究費石膏模型既少,研究的興趣便提不起,學員漸漸減少,辦了半年,便收旗鼓。

據上所述,則中士上海方面之西畫,至民國元年,或宣統末年。始有周湘所辦之佈景畫傳習所。至民國二年冬,始有上海圖畫美術院之創立。至民國四年春,陳抱一由日本回中士後,才產生東方畫會,始用石膏模型,爲西畫基本之練習。其幼穉簡略,實非意想所及。大約至民國七八年間,始有上海圖畫美術院所改名之上海美術專門學校,與吳夢非等所辦之藝術專科師範等,較臻完善。稍後,北京亦有中等程度之藝術專修學校之創設;至民國十三年,改爲國立北京藝術專門學校。此後,在上海又有上海藝大新華藝大等之產生;在內地,則有成都、武昌、蘇州、廣州等各藝

專，相繼設立；在南京中大師範院，又有藝術組之添設；眞是爲數不少。然爲五年制之正式大學制者，尙屬無有。有之，自民國十七年，部派林風眠在杭州所開辦之國立杭州藝術院始。又民國十四五年間，上海美專北京藝專，並聘俄國畫人普特爾斯基法國畫人克羅多，任西畫課程，教授中土青年。至此純粹之歐西繪畫，在中土各地之發生滋長，眞是風起雲湧，不可一世矣。然自東西各國學習歐西繪畫而回中土者；或在中土學習歐西繪畫者，大多數祇能周旋於歐西某派某系一部之間者，已屬不弱。若曰，僅此即謂爲有所建樹。則予尙抱奢望。凡吾同道及有志青年，希共同努力之耳。

至中土畫家，受歐西畫風之影響而成折中新派者。民國初年間，在上海則有洪野等，全以西畫爲本而略參中法者。在北平則有鄭錦等，略帶歐西風味，全爲抄自日本者，力量均不強，無特別注意之必要。較有力量而可注意者，則爲廣東高劍父一派。高氏，於中土繪畫略有根底，留學日本殊久，專努力日人參酌歐西畫風所成之新派，稍加中土故有之筆趣；其天才工力，頗有獨到處。其作風，與清代郎氏一派，又絕不相同。近時陳樹人何香凝，及高劍父之弟高奇峯等均屬之。惜此派每以熟紙熟絹作畫，熟絹作畫，始於唐，盛於五代及宋，至元已漸見衰減；明清之世，僅有少數院派及工整作家，尙沿用之。近時東瀛諸畫人，則仍襲吾國唐宋人舊法，以熟絹爲中心畫材。蓋熟絹熟紙，光滑不沁水，易於落筆落墨，尤宜於工描細寫，第不能盡量發揮筆情墨趣耳。並喜渲染背景使全幅無空白，於筆墨格趣諸端，似未能發揮中土繪畫之特長耳。

原來無論何種藝術，有其特殊價値者，均可並存於人間。祇須依各民族之性格，各個人之情趣，仁者見仁，智者見智，選擇而取之可耳。英人秉雍氏 Laurence Bingon 謂：

東方繪畫，最初形為宗教美術，與古意大利之壁畫同宗。其後漸形發達，致入於自然主義一途；然宗教唯心主義之氣味，固時彌漫於其間也。西洋近代之畫學，使無文藝復興以後之科學觀念參入其中，而仍循中古時代美術之故轍，以蟬嫣遞展，其終極將與東方畫同其致耳。

原來東方繪畫之基礎在哲理；西方繪畫之基礎，在科學；根本處相反之方向，而各有其極則。秉雍氏之言，固為敍述東西繪畫異點之所在，實為贊喜雙方各有終極之好果，供獻於吾人之眼前，而不同其致耳。若徒眩中西折中以為新奇；或西方之傾向東方，東方之傾向西方，以為榮幸；均足以損害兩方之特點與藝術之本意，未識現時研究此問題者以為然否？

此後之世界交通日見便利，東西學術之互相混合融化，誠不可以意想推測；祇可待諸異日之自然變化耳。

中華民國十五年九月初版
中華民國二十五年七月大叢本第一版

(75624精)

大學叢書(參考書)中國繪畫史一冊

每冊實價國幣貳元貳角
外埠酌加運費匯費

著作者 潘天壽

發行人 王雲五 上海河南路

印刷所 商務印書館 上海河南路

發行所 商務印書館 上海及各埠

(本書校對者王養吾)

二三四五上 大

中國繪畫史（復刻版）

作　者　潘天壽
責任編輯　徐昕宇　胡瑞倩
裝幀設計　麥梓淇
校　對　趙會明
印　務　龍寶祺
製　作　商務印書館製作部
出　版　商務印書館（香港）有限公司
香港筲箕灣耀興道三號東滙廣場八樓
http://www.commercialpress.com.hk
發　行　香港聯合書刊物流有限公司
香港新界荃灣德士古道二二〇至二四八號荃灣工業中心十六樓
印　刷　中華商務彩色印刷有限公司
香港新界大埔汀麗路三十六號中華商務印刷大廈十四樓
版　次　二〇二三年十一月第一版第一次印刷

ISBN 978 962 07 4688 8（復刻版）
Printed in Hong Kong